SETE FACES DE
EDUARDO
COUTINHO

CARLOS ALBERTO MATTOS

SUMÁRIO

Prefácio 11
Introdução 21

1. ESTUDANTE 33
Paris, primeiros takes 36
Do teatro ao cinema, via CPC 43

2. FICCIONISTA 51
Cinema engajado no Galileia 51
Roteirista e ator 57
O pacto: influência de Nelson Rodrigues 62
O homem que comprou o mundo: Guerra Fria no
Cinema Novo 70
Faustão: cangaço com Shakespeare 77
Contista e pseudoastrólogo 85

3. REPÓRTER 93
Palavras de crítico 94
Cinema Novo na Globo 96
Seis dias de Ouricuri e *Theodorico, o imperador do sertão*:
vitórias sobre o sistema da TV 100

Mais Nordeste no *Globo Repórter*. 107
Cabra marcado para morrer: o cadáver sai do armário. . 112
Volta à Paraíba. 126
Tempo de biscates 129

4. DOCUMENTARISTA SOCIAL 135
Santa Marta – duas semanas no morro: a voz da favela . 137
Volta Redonda – memorial da greve: vozes operárias . . . 144
O jogo da dívida: no turbilhão dos números. 147
O fio da memória: trabalho de bricolagem 149
Sociedade e meio ambiente 159
Boca de lixo: a câmera contra o estigma 160
Os romeiros do Padre Cícero: reverente à reverência. . . . 168
Crianças, mulheres e cidadãos 173

5. CINEASTA DE CONVERSA 181
Santo forte: a oralidade se impõe 182
Babilônia 2000: um dia como outro qualquer 191
Edifício Master: olhar e ser olhado 198
O método se consolida 206
Peões: lembranças de um intenso agora 215
O fim e o princípio: filosofia sertaneja. 223
As canções: emoções *a cappella* 231
Últimas conversas: crise e superação 241

6. EXPERIMENTAL 255
Jogo de cena: a crença posta à prova 256
Moscou: estética do inacabamento 266
Um dia na vida: dossiê da estupidez humana. 275

7. PERSONAGEM 287

Entrevista 305
Biofilmografia 335
Índice onomástico. 343

PREFÁCIO

Muito já se escreveu sobre Eduardo Coutinho. Finalmente surge uma abordagem multidimensional, que abarca com acuidade e riqueza de referências o conjunto de sua obra. Embora modestamente declare na introdução que não alimenta a pretensão de "um retrato exaustivo do criador-pensador", a verdade é que Carlos Alberto Mattos produziu com este livro uma referência incontornável para todos aqueles que venham a se interessar pela vida e pela obra do documentarista.

Para isso foi de fundamental importância o exercício continuado, durante décadas, da crítica cinematográfica, com crescente especialização no campo do documentário. Bem como a convivência com o diretor e a participação em trabalhos dedicados a ele, como as faixas comentadas de DVDs de seus filmes e a formulação de materiais para a imprensa no momento do lançamento dos filmes. O conhecimento profundo da tradição do documentário e dos movimentos que pontuaram sua renovação permitiu a Mattos identificar com precisão os pontos mais marcantes da obra e uni-los, desenhando assim as curvas de uma trajetória que nada teve de linear. Ao contrário, foi marcada por hesitações, dúvidas e o permanente temor do fracasso. Daí surgem as "sete faces" que estruturam este livro iluminador.

Carlos Alberto Mattos nos conduz, a partir dos anos de formação de Coutinho, começando pelo curso no Institut des Hautes Études Cinématographiques (Idhec), em Paris, que lhe proporcionou o primeiro exercício na direção, o curta *Le Téléphone*, no qual inicia um flerte com a oralidade, que se tornará a marca fundamental de seu trabalho na maturidade. E prossegue com as experiências teatrais na volta ao Brasil, junto a Amir Haddad e Francisco de Assis, o encontro com o Centro Popular de Cultura (CPC) da UNE, seu trabalho como gerente de produção do primeiro longa do centro, *Cinco vezes favela*, e o convite para dirigir o segundo, que acabaria por se tornar o divisor de águas do documentário brasileiro: *Cabra marcado para morrer*.

Já no começo do livro, Mattos aponta um movimento que está no âmago da obra que analisa: "Abdicar de adornos audiovisuais e reduzir sua estética a uma ética". Mattos assimilou bem as lições desse movimento rumo a uma ética; e o aplica em sua análise do percurso do biografado e do conjunto dos filmes que dirigiu. Assim é que, sem perder o rigor crítico, identifica os pontos baixos do percurso, momentos de hesitação e desânimo, episódios de crise criativa e o processo de superação dos entraves. Com igual precisão, nos mostra os pontos altos, as intuições, a criação de dispositivos fílmicos e o essencial da contribuição inestimável de Coutinho ao documentário brasileiro e mundial.

A apresentação das "sete faces" de Coutinho é fundamental para nossa compreensão panorâmica do trabalho do documentarista. Não menos importante é a sistematização, em forma de decálogo, do conjunto de opções que o diretor consolidou ao longo de seu percurso: as "prisões" que criou para si mesmo e que proporcionaram notável coerência entre seus filmes. Este livro nos permite compreender o processo que o levou a progressivamente recusar o supérfluo e concentrar-se naquilo que podia resultar do encontro com seus personagens, em uma reinvenção da entrevista, que alguns críticos vinham considerando um recurso repetitivo e desgastado.

O olhar amplo que o livro lança sobre vida e obra de Eduardo Coutinho nos possibilita ter contato com aspectos pouco conhecidos da trajetória de um artista que, além de roteirista, diretor de obras de ficção, teatrólogo e jornalista, foi também, em breves períodos, crítico de cinema e colaborou numa coluna de astrologia na revista *piauí*. Essas passagens não têm interesse meramente anedótico; elas contribuem para situar o caráter multifacetado do documentarista e informam influências insuspeitadas e surpreendentes.

Mattos revela o papel de dois fundamentais colaboradores do biografado: Claudius Ceccon e João Moreira Salles. O primeiro o conheceu durante o processo de finalização de *Cabra*, quando se acumulavam dúvidas sobre os caminhos a serem trilhados a partir dali. Claudius o convidou para integrar a equipe do Centro de Criação de Imagem Popular (Cecip), e proporcionou a Coutinho uma base estável, uma sala que ocuparia por mais de uma década, quando trabalhou em projetos de transição. Mais que prover uma infraestrutura, Claudius o convidou a dirigir uma série de vídeos patrocinados por instituições nacionais e internacionais. Na realização dos filmes com chancela do Cecip, o documentarista reuniu em torno de si um conjunto de profissionais que, imantados por suas ideias e seus métodos de trabalho, teriam grande importância no amadurecimento de um estilo Coutinho de fazer documentários. Entre eles, há que destacar o fotógrafo Jacques Cheuiche, a montadora Jordana Berg e a técnica de som Valéria Ferro.

João Moreira Salles, também talentoso documentarista, estreitou relações pessoais e profissionais com Coutinho no período entre a realização de *Notícias de uma guerra particular* (1999, codireção de Kátia Lund) e o trabalho editorial na revista *piauí*. Salles garantiu ao cineasta um porto seguro: recursos para seus trabalhos seguintes e a consolidação de uma obra que se tornava cada vez mais influente no cinema brasileiro.

Este livro focaliza com precisão algumas certezas sobre o documentário cinematográfico que Eduardo Coutinho sedimentou ao longo de sua carreira. Uma delas é que, no cinema, não existe garantia de acesso à verdade. Nenhuma técnica, dispositivo ou recurso pode legitimar como verdadeiro aquilo que o cineasta filma. Outra premissa de igual importância é que "a realidade é uma quimera e, em última instância, não tem valor cinematográfico". Um documentário nada mais é que um *construto*, um discurso, uma asserção sobre o mundo histórico que compartilhamos. Assim, "cinema-verdade" e "cinema do real" são expressões imprecisas, que podem se tornar mistificadoras quando pretendem atribuir ao documentário poderes de que o cinema não dispõe.

Se, no começo do livro, a formação de Coutinho e as bases de seu exercício fílmico são expostas com meridiana clareza, as últimas "faces" completam esse exercício biográfico de um artista irrequieto, insatisfeito e exigente. Uma passagem especialmente relevante da análise filme a filme é sobre a preparação e a realização de *Santo forte*. Desde a escolha da comunidade, passando pela decisão de não filmar nada fora dela, até chegar ao aspecto diferencial do trabalho do diretor, que é o primado da oralidade, o livro nos fornece os elementos para compreender por que aquele documentário representa uma torção decisiva na trajetória do realizador: um ponto de virada que vinha sendo há muito ruminado e já deixara sua marca em filmes anteriores. Fundamental na descrição desse processo de refinamento foi a decisão de abandonar tudo o que não fosse performance de uma pessoa diante da câmera, quando ela pode se estabelecer como personagem, por meio da fabulação. *Santo forte* foi um momento de renovação, não só na obra do diretor, mas no documentário brasileiro de modo geral. Com propriedade, Mattos afirma que o filme representou "uma vitória da depuração e do rigor".

Rigor, aliás, é a palavra-chave para entendermos como Coutinho conseguiu progressivamente livrar-se de tudo o que não lhe parecia essencial, para concentrar-se em um reduzido número de procedimentos capaz de resultar em uma obra orgânica. Ele se negava a encontrar previamente seus "atores". Essa pesquisa preliminar era delegada a um pequeno número de colaboradores fiéis, assistentes que conheciam bem os objetivos e a metodologia de trabalho do documentarista. O momento da filmagem era sagrado, o "presente absoluto" que possibilitava uma fabulação reveladora, um corpo que fala não só por meio de palavras, mas por meio de toda uma gestualidade que faz parte da performance atorial. Diante da câmera nunca estava um "tipo", representante de alguma categoria, mas um ser humano singular e irredutível, com quem o diretor travava seu primeiro contato.

O mais importante não é o que o ator vivenciou, mas o modo como ele é capaz de narrar suas vivências e seus devaneios, o carisma que investe nessa narração. Na fala diante da câmera, o que interessa não é o caráter veraz de uma passagem da vida que está sendo contada, mas o modo de evocá-la. Ali, entram em jogo as "potências do falso" a que se refere Gilles Deleuze. A verdade é uma invenção social. Documentaristas precisam operar com o falso como potência. E aceitar de bom grado as mentiras sinceras, como parte do jogo que se estabelece no diálogo, quando operam a memória e a imaginação.

Peões é o último filme de Coutinho em que podemos identificar um tema. Já no anterior, *Edifício Master*, não existia um tema claramente definido, mas um conjunto de questões trazidas pelos moradores de um prédio em Copacabana. Esse bairro tão característico do Rio de Janeiro, que inspirou tantas canções, ensaios e romances, já havia sido abordado por Arnaldo Jabor em um filme clássico do cinema direto brasileiro, *Opinião pública*, de 1967 – que por décadas permaneceu uma experiência quase isolada, até *Edifício Master*, primeiro investimento do documentarista em personagens de classe média. Mas enquanto o filme de Jabor seguia o modelo sociológico dos documentários daquele período, *Master* está inteiramente fundado nos corpos falantes dos personagens, segundo o método de trabalho característico de seu realizador.

Mattos aborda cronologicamente a filmografia de seu biografado. Mas já perto do final, esse sistema é quebrado para contemplar um conjunto de três documentários que vão compor uma nova face, a experimental. Assim é que, após a análise de *O fim e o princípio* (2005), o livro dá um salto para *As canções* (2011), filme este que Mattos considera "um retorno de Eduardo Coutinho à zona de conforto depois das iniciativas muito experimentais de *Jogo de cena*, *Moscou* e *Um dia na vida*". O critério mostra-se absolutamente pertinente. De fato, naquele período, Coutinho não queria se deitar sobre os louros que colheu após reinventar o documentário brasileiro por meio de um conjunto de dispositivos altamente refinados. Ao contrário, parecia inquieto, procurando novos desafios.

Aquele que melhor contempla essa busca é *Jogo de cena*, um filme revolucionário, profundamente transformador da linguagem do documentário. Após assisti-lo somos induzidos a rever, sob sua luz, toda a filmografia coutiniana – e, no mesmo movimento, toda a obra documental baseada na fabulação de personagens. Relato espontâneo e representação são imbricados, colocando em suspensão a autenticidade de qualquer depoimento para uma câmera. Em *Jogo de cena*, quando ouvimos atrizes profissionais voltarem a narrar, a seu modo, histórias que já nos foram contadas por personagens reais recrutadas pela equipe da produção, nos prendemos à única coisa que importa, que é a dinâmica da fala, independentemente do fato dessa fala estar ou não ancorada em uma experiência de vida.

O jogo se torna ainda mais complexo quando a fabulação original não antecede sua representação, mas só vai aparecer alguns minutos depois. Ou quando lemos, nos créditos finais, um agradecimento a Maria Nilza Gonçalves dos Santos, cuja história foi contada pela atriz Débora Almeida. Não conhecemos bem essa atriz, diferentemente de Marília Pêra, Fernanda Torres e Andréa Beltrão, que são nomes consagrados. Ao ler o agradecimento, ficamos sabendo apenas que sua história foi mais uma encenação apresentada por esse documentário fascinante, que embaralha nossa crença naquilo que o personagem declara ao documentarista. O texto de Carlos Alberto Mattos explora a riqueza dessas camadas e ilumina aspectos não aparentes do modo como o filme foi construído.

A face experimental é completada por *Moscou*, de 2009, e *Um dia na vida*, realizado no ano seguinte. Após o lançamento de *Moscou*, foi observado que Coutinho quase não aparece em cena. De fato, esse filme é uma pausa no método do encontro do diretor com pessoas que contam suas histórias, que vinha sendo aperfeiçoado filme a filme e parecia ter definido um modelo autoral de realização de documentários. O livro revela a autoavaliação do diretor sobre *Moscou*: "um filme que deu errado", mas que continha certo mistério. O crítico Luiz Zanin Oricchio publicou que "*Moscou* é um esboço. Tem a grandeza das obras inacabadas". O filme foi uma aposta arriscada. Coutinho investiu no que poderia surgir do relacionamento entre os membros do elenco, mas suas expectativas não se realizaram. O documentarista abandonou dispositivos que o haviam consagrado, quebrou seu paradigma, está quase ausente da tela. A obra resultante dividiu opiniões. É seu trabalho mais polêmico.

Uma revisão da crítica cinematográfica da década de 2000 mostra que não foi dada atenção satisfatória aos dois últimos documentários que Coutinho filmou e de cuja montagem participou: *A família de Elizabeth Teixeira* e *Sobreviventes de Galileia*. Esses dois filmes de média metragem foram produzidos por iniciativa da produtora VideoFilmes, para lançamento como capítulos extras de uma tardia edição comemorativa em DVD de *Cabra marcado para morrer*. São documentários singelos, mas que contêm emocionantes momentos de reencontro e surpreendentes revelações sobre personagens de *Cabra*, os poucos remanescentes das Ligas Camponesas e da família Teixeira. Mattos contempla ambas as obras em sua análise filme a filme neste livro, que assim mais uma vez se mostra a mais completa entre todas as abordagens existentes do trabalho desse documentarista que laboriosamente esculpiu seu lugar de destaque na galeria dos cineastas brasileiros.

As últimas filmagens das quais Coutinho participou em vida foram as entrevistas com jovens que cursavam o último ano do ensino médio em escolas públicas estaduais do Rio de Janeiro. Antes de falecer, chegou a assistir a todo o material filmado e fez anotações, que permitiram a sua montadora Jordana Berg editar *Últimas conversas*, em companhia de João Moreira Salles, produtor dos dez últimos filmes do documentarista. Segundo os créditos, coube a João terminar o filme. Missão que cumpriu de modo competente e criterioso.

A primeira sequência de *Últimas conversas* mostra um momento de crise do diretor no quarto dia das filmagens, quando a montadora Jordana Berg foi chamada ao set para tentar contornar a situação. Coutinho se confessou esvaziado, incapaz de extrair daqueles adolescentes aquilo que todos esperavam que extraísse. Em dado momento, declara: "Momentaneamente ou para sempre, perdi a direção de um mundo que eu tinha ou que posso ter tido. Aí é o fim... Ter fé é difícil, recuperar a fé é muito difícil". Não era o primeiro momento de crise de Coutinho durante a realização de um longa-metragem. Mattos, ao relatar o episódio, revela que casos semelhantes já haviam ocorrido durante as filmagens de *Babilônia 2000*, *Edifício Master* e *Moscou*. Coutinho vivia atemorizado pelo fantasma do fracasso. Abrir *Últimas conversas* com essa sequência foi o modo que Jordana e João encontraram de incluir Coutinho no filme e revelar ao espectador um momento de tensão, de certo modo sintomático do processo criativo do diretor.

O resultado final desse filme rompeu a expectativa pessimista que havia sido provocada pela quebra de um modelo baseado no encontro entre diretor e personagens. Coutinho volta ao lugar de entrevistador e mostra que continuavam vivas a sua curiosidade e a sua habilidade para entabular diálogos criativos. É Mattos que formula essa virada final na trajetória do biografado: "Mais ainda que *As canções*, *Últimas conversas* desmentia o prognóstico de que Coutinho, depois de *Moscou* e *Um dia na vida*, filmes nos quais apagou sua presença em cena, não voltaria mais à simples conversa de antes. Ele não apenas renascia no diálogo, como o fazia mais participativo e lúdico".

Importante capítulo do livro é aquele dedicado a Coutinho como personagem, composto por anotações sobre seu estilo de vida, suas preferências e idiossincrasias. Um capítulo como esse só poderia ser escrito por alguém que teve a ventura de privar, ao longo de décadas, de contato próximo com o biografado. Nesse capítulo, temos contato com o fumante inveterado, o "simpático mal-humorado", que detestava voos longos, sua alimentação descuidada e sua saúde frágil.

Entre as pérolas desse capítulo final destaco um desabafo que revela bem a personalidade de Eduardo Coutinho: "Não tenho mais esperança de ser feliz, que meus filmes façam sucesso ou que o Brasil dê certo. A única coisa que me salva é aquela pessoa ali na minha frente. Ela percebe isso e quer me ajudar".

O livro traz ainda dois capítulos extras – uma entrevista e uma biofilmografia. A entrevista expõe arrependimentos, dilemas e convicções, como "não faço mais temas gerais; segundo, não entro em coisas que me deem culpa" –, aprendizados deixados pela filmagem e os resultados de *O fio da memória*. A palavra de Coutinho, seus sentimentos e impressões sobre a própria obra formam uma conclusão bem adequada para este livro biográfico. A lamentar, somente que a entrevista tenha sido feita em agosto de 2003, e por isso não inclua comentários sobre seus últimos filmes, o que certamente a tornaria mais rica do que terminar na época do já longínquo *Edifício Master*.

Um recurso marcante utilizado neste livro são as citações de Coutinho, pontuais e sempre oportunas, como "olhos" que se abrem ao longo do texto. Não podemos deixar de mencionar também o vasto manancial a que recorre o autor, para além dos filmes do documentarista, como capítulos extras dos DVDs, entrevistas, críticas e tudo o mais que pudesse iluminar sua original trajetória, que fertilizou intensamente o documentário brasileiro.

Silvio Da-Rin
julho de 2019

INTRODUÇÃO

Este livro nasce de outro livro. A par do meu interesse pelo documentário brasileiro em geral e pelo trabalho de Eduardo Coutinho em particular, Américo Santos, diretor do Festival de Cinema Luso-brasileiro de Santa Maria da Feira, em Portugal, convidou-me em 2003 para escrever um livro-catálogo a ser publicado em homenagem ao cineasta. Assim surgiu *Eduardo Coutinho – o homem que caiu na real*, que teve apenas diminuta distribuição no Brasil.

Era então o primeiro livro a dedicar igual atenção às diversas fases da obra de Coutinho, contextualizando e analisando seus filmes de ficção, programas do *Globo Repórter*, vídeos que nomeei "de esclarecimento" e documentários de longa metragem. Somava-se a isso a mais extensa entrevista dada por Coutinho até ali, seis horas de conversa em sua mítica salinha do Centro de Criação de Imagem Popular (Cecip). A filmografia do diretor se situava num dos seus pontos culminantes, o formidável concentrado humano de *Edifício Master*.

Desde aquele momento já distante, o cinema de Coutinho dobrou-se sobre si mesmo diversas vezes. Surpreendeu, encantou a muitos, decepcionou a alguns, mas nunca repousou sobre seus louros. O coeficiente de experimentação, sempre presente em suas apostas documentais de risco, ganhou radicalidade crescente em *O fim e o princípio*, *Jogo de cena*, *Moscou* e *Um dia na vida*. De repente, o senhorzinho conversador se transmutava num prestidigitador da oralidade, um equilibrista na arena do real. Nos últimos anos de sua vida, esperava-se tudo daquela figura frágil por trás dos óculos e da fumaça dos cigarros.

Na introdução do livro de 2003, passei em revista o que já se podia afirmar sobre a importância de Eduardo Coutinho para o documentário brasileiro. Retomo aqui o assunto com as devidas atualizações.

CINEMA DE PESSOA A PESSOA

O cinema documental no Brasil só começou a construir uma tradição a partir de fins dos anos 1950 e início da década de 1960, com o advento do som direto e a descoberta dos temas populares, especialmente da região Nordeste. Até então, o filme de não ficção restringia-se ao simples registro de atualidades, produtos institucionais ou cívicos e obras de cunho etnográfico. A grande multiplicidade de estilos e abordagens só viria com o Cinema Novo, já nos anos 1960.

Nessa época, o jovem Eduardo Coutinho mal iniciava sua carreira no cinema, ainda alheio a qualquer preferência entre ficção e documentário. Como que arrastado por uma força centrípeta, passara de adolescente cinéfilo a estudante do Institut des Hautes Études Cinématographiques (Idhec) de Paris. Participaria marginalmente do Cinema Novo, primeiro por meio de projetos didáticos ligados à esquerda estudantil (*Cinco vezes favela*, UNE Volante e a primeira etapa de *Cabra marcado para morrer*); depois, em filmes que procuravam aliar apelo comercial com alguma visão crítica do processo social (*O pacto*, *O homem que comprou o mundo*, *Faustão*).

A curiosa trajetória de Coutinho muda radicalmente a partir de meados dos anos 1970, quando, desiludido com o cinema e voltado para o jornalismo, consegue conciliar os dois ofícios nos programas do *Globo Repórter*. Àquela altura, o documentário brasileiro tomava novas injeções de ânimo, seja por meio de iniciativas da televisão, como o próprio *Globo Repórter*, seja por meio da "caravana" que o produtor e fotógrafo Thomaz Farkas enviou para o Rio de Janeiro e o Nordeste, ajudando a formar toda uma nova geração de documentaristas.

Esse é o momento em que Eduardo Coutinho diz ter "caído na real" – expressão que se refere tanto ao seu percurso pessoal como ao direcionamento de sua carreira. A opção pelo documentário, contudo, não dispensava o aprendizado da ficção. Não que a intenção fosse mesclar registros, mas sim porque compreendia que a realidade era uma quimera e, em última instância, não tinha valor cinematográfico. Desde os tempos de *Globo Repórter*, Coutinho entendeu que o documentário de entrevistas era uma construção da qual participavam, em igual medida, o entrevistador e o entrevistado.

A partir da notável revelação que foi *Cabra marcado para morrer* – coleta de memórias e reflexões sobre o projeto de 1964, feita dezessete anos depois e em contexto histórico radicalmente diverso –, a carreira do cineasta assumiria o caráter exemplar de um método que se depurava e se radicalizava a cada filme.

Para começo de conversa, Coutinho elegeu o encontro pessoal como meio de aproximação ao universo do cotidiano e da cultura popular. Com isso, negou a propalada exaustão da entrevista, renovando-a como veículo de discursos polissêmicos, em que confissão, desabafo, fantasias e mentiras sinceras muitas vezes se misturavam de maneira indissociável. Criou o mito de que ninguém falava como falava para ele. Ou de que lograva extrair de seus interlocutores aquilo que outros não conseguiam. Segundo o mito, isso seria fruto de uma estranha magia, uma vez que Coutinho não se distinguia por uma simpatia especial perante seus entrevistados, não cortejava nem se fazia de amigo.

Uma análise mais detida de seus procedimentos mostra que as veleidades do entrevistador não explicam tudo.

O fato é que, por meio de trabalhos em vídeo, ao longo dos anos 1980 e 1990, Coutinho apurou o senso de escolha de personagens e recorte de contextos. As chamadas "prisões", espaciais e/ou temporais, ajudaram-no a aprofundar o olhar sobre comunidades, favelas e agrupamentos humanos específicos, numa prática que pode ter tido origem no documentário *Seis dias de Ouricuri*, realizado para o *Globo Repórter* em 1976. O realizador assumiu que era preciso escavar para aprofundar. Quanto menor o espaço de ação, mais funda seria a investigação. Essas contenções serviram, ainda, para dar um sentido de urgência ao seu trabalho. E, mais que isso, elas forneciam a possibilidade de fracasso, que era o combustível mais poderoso para a personalidade naturalmente pessimista do diretor.

O itinerário do Coutinho documentarista rumou claramente para longe de toda generalização. Mesmo ao tratar de temas gerais ou conceituais, como a herança da cultura afro-brasileira em *O fio da memória* ou as lembranças de um movimento grevista em *Peões*, privilegiou instâncias pessoais de narração e fabulação. Tratava-se de trocar o abstrato pelo concreto, o didático pelo vivencial, o imediatismo político pela atemporalidade antropológica. Para o realizador, o macro estava contido no micro, e só através deste podia ser alcançado.

O grande desafio de *Santo forte* – abordar o misticismo numa favela usando exclusivamente relatos verbais – abriria uma espécie de terceira vida dentro da carreira de Coutinho, com impacto semelhante ao de *Cabra marcado para morrer*. Havia ali mais que um filme bem-sucedido, um método e uma ética cuidadosamente depurados. A contínua decantação promovida filme após filme, que levaria à essencialidade de *Edifício Master* e *O fim e o princípio*, foi fruto de autocrítica e depuração do supérfluo.

Alguns viram nesse regime uma recusa do instrumental cinematográfico e um purismo inglório. A crítica faria todo sentido, caso Coutinho não oferecesse tanto em troca daquilo que retirava. Ele se insurgia contra o senso comum de que o cinema é fenômeno condicionado somente pela visualidade e no qual a palavra desfruta de estatuto inferior.

À medida que condensava mais e mais o seu cardápio de recursos, mais ricas iam ficando as falas e mais valorizado o carisma daqueles que falavam. A rejeição a materiais de arquivo era parte do seu respeito sagrado pelo momento da conversa.

O regime austero de Coutinho justificava-se por uma proposição fundamental: seus filmes, especialmente os autorais da fase pós-*Cabra*, não são sobre fatos, nem versam sobre um passado já sepultado. Não são nem sequer filmes sobre pessoas ou grupos. São sobre os encontros do documentarista com determinadas individualidades. Encontros com total proximidade física, ainda que a distância social continuasse evidente e não dissimulada. Não existia qualquer atitude por parte do realizador no sentido de buscar uma igualdade temporária que facilitasse o diálogo. A Coutinho interessava o outro, o diferente, social e culturalmente.

Parte integrante desse cinema de pessoa a pessoa era a exposição, em maior ou menor grau, do processo de documentação dentro do próprio filme, de maneira a sublinhar a condição de encontro e o caráter de conversa. Isso compreende as chegadas da equipe ou dos personagens, eventualmente documentadas por uma câmera de apoio; a imagem do diretor face a face com seus interlocutores e quase completamente desligado do aparato técnico ao seu redor; os "ruídos" de diálogo, pagamento de cachês e retalhos de conversas circunstanciais à margem da entrevista incorporados à montagem final. Ou ainda a simples explicitação do dispositivo na abertura de cada filme.

Há, porém, limites muito bem definidos para essa exposição, localizados no campo da ética. A veia humanista de Coutinho, aliada à longa experiência de contato com gente desfavorecida, levou-o a um rigor cada vez maior no trato com as palavras alheias. Sempre norteado pela preocupação de não alimentar estereótipos, não fazer generalizações, nem causar prejuízos de imagem a seus personagens, ele muitas vezes sacrificou cenas dramaticamente fortes ou potencialmente divertidas. Seu limite era a integridade moral e a dignidade social do outro.

Essa ética manifestava-se igualmente na recusa de tratar a entrevista apenas como uma peça na engrenagem de uma história ou de uma tese preconcebida. Sobretudo nos chamados filmes de conversa, Coutinho não retalhava depoimentos segundo a conveniência de uma exposição temática ou visando a produção de contrastes e interações artificiais. Cada pessoa permanecia em cena até se constituir como sujeito de seu próprio discurso, portador de uma história humana consistente, por menor que fosse. Não raro, era no tempo que ocupava diante da câmera, sem interrupções, que o entrevistado conseguia transmitir uma complexa vida interior que pulsava através da fala.

Ao abdicar de adornos audiovisuais e reduzir sua estética a uma ética, Eduardo Coutinho pretendia refrear a vaidade da autoria, dissolvendo-a no ato de simplesmente ouvir os outros. Nisso, contudo, ele vivia uma curiosa contradição. Pois seus filmes, na medida em que se reduziam ao essencial e apostavam na fala popular pura, cada vez mais se tornavam únicos, indissociáveis do seu criador.

Coutinho tornou-se o mais importante e influente documentarista brasileiro da virada do século XX para o XXI não somente por seu modo judicioso de proceder, mas também pelo corpo de obra que erigiu ao longo da carreira. Nela, os temas evoluem como galhos de uma árvore construtivista, comunicando-se de filme a filme e passando de secundários a principais. A religiosidade popular foi objeto de atenção crescente em *Santa Marta – duas semanas no morro*, *Os romeiros do Padre Cícero*, *O fio da memória* e *Santo forte*. A vida na favela esteve presente em *Santa Marta*, *Santo forte* e *Babilônia 2000*. As rivalidades familiares no Nordeste brasileiro estiveram em foco no ficcional *Faustão* e nos documentários *Exu, uma tragédia sertaneja* e *O pistoleiro de Serra Talhada*. O poder no campo foi tema de *Cabra marcado para morrer* e *Theodorico, o imperador do sertão*. A subsistência retirada do lixo foi tangenciada em *A lei e a vida* antes de passar a assunto central de *Boca de lixo*. A autofabulação temperou diversos filmes até saltar para fora de si em *Jogo de cena* e

Moscou. Da mesma forma, quando se tornou matéria-prima de *As canções,* o canto já havia deixado sua marca em dez documentários anteriores. A televisão transfigurou-se de emprego no *Globo Repórter* a objeto de crítica em *Porrada!* e *Um dia na vida*.

Subjacentes a esses grandes temas, destacam-se alguns subtemas recorrentes. Comida e morte, por exemplo, incidem com frequência incomum nas situações e histórias recolhidas por Coutinho. As relações familiares são um terreno fértil para sua dramaturgia do real, tendo como matriz a coleta de cacos da família de Elizabeth Teixeira no *Cabra*. Acrescente-se, ainda, a força afirmativa da mulher, outro ingrediente constante em obras tão distintas como, em especial, *Cabra, Mulheres no front, O fio da memória, Santo forte, Babilônia 2000* e *Jogo de cena*.

AS SETE FACES

Este livro incorpora os textos de *Eduardo Coutinho – o homem que caiu na real* com acréscimos e atualizações, e prossegue na contextualização e análise crítica dos filmes subsequentes, perfazendo a obra completa do realizador. Em lugar de ater-se a uma exposição meramente cronológica da trajetória, observa suas transversalidades e conexões no tempo a partir de uma nova separação em capítulos, correspondentes às sete "faces" a que me refiro no título do livro. Assim, temos o Coutinho estudante, ficcionista, repórter, documentarista social, cineasta de conversa, experimental e, finalmente, o Coutinho personagem de sua própria vida, o homem sempre à borda do pândego e do trágico.

Ele aparece aqui como diretor de teatro e cinema, roteirista, ator e crítico, numa variedade de funções pelas quais passou enquanto não reunia condições de descobrir e assumir, tardiamente, sua verdadeira vocação. É a história de uma carreira de construção aparentemente errática, mas que, examinada com cuidado, revela linhas de evolução menos visíveis e algumas constantes a princípio desapercebidas. Há lugar até para o Coutinho autor de horóscopos, coisa impensável para quem não conhece todas as suas múltiplas capacidades.

Essa atualização se baseou na consulta a seus principais colaboradores históricos, aos livros e textos mais importantes escritos sobre ele, assim como ao seu acervo pessoal conservado no Cecip e hoje entregue aos cuidados do Instituto Moreira Salles. Foram examinados seus cadernos de anotações manuscritas, brochuras de decupagem, projetos inconclusos e reelaborados, documentação de pesquisa de personagens, diários de filmagem, notas de montagem, correspondência etc. Muitos desses materiais eram inéditos aos olhos de pesquisadores.

Não alimento a pretensão de dar um retrato exaustivo do criador-pensador, nem um estudo definitivo de sua obra. Antes desejo oferecer uma visão panorâmica das circunstâncias que forjaram cada um de seus filmes, das escolhas e processos que os construíram, assim como dos saberes que foram sendo acrescentados à consciência do documentário brasileiro contemporâneo. Saberes que vinham do verbo e se encarnavam nos corpos de Coutinho e dos que ele elegia para conversar.

Agradeço a todos que contribuíram para esta edição, a começar por Eduardo Coutinho (*in memoriam*) e pelas equipes do Instituto Itaú Cultural, do Instituto Moreira Salles e da Boitempo Editorial, que se desdobraram para viabilizá-la em tempo hábil. Meu reconhecimento a Rosane Nicolau, Heloísa Coutinho, João Moreira Salles, Américo Santos, Festival de Cinema Luso-brasileiro de Santa Maria da Feira, Vavy Pacheco Borges, Claudius Ceccon, Eduardo Escorel, Fábio Vellozo, Zelito Viana, Theresa Jessouroun, Sergio Goldenberg, Beth Formaggini, Jacques Cheuiche, Cristiana Grumbach, Consuelo Lins, Raquel Zangrandi, Laura Liuzzi, Maria Carlota Bruno, Carolina Benevides, Valéria Ferro, Ernesto Piccolo, Adelina Novaes e Cruz, Eliska Altmann, Carlos Moreira Beto, Julio César de Miranda, Amir Labaki, Cláudia Mesquita, Zeca

Guimarães, Tuca Vieira, Bianca Aun, Ricardo Aronovich, Anna Luiza Müller, Patrícia Monte-Mór, Cláudia Linhares Sanz e aos que eventualmente deixei de mencionar aqui.

ESTUDANTE

ESTUDANTE///

Isto não é uma biografia de Eduardo de Oliveira Coutinho (1933-2014). Ele próprio rejeitava as relações de causa e efeito engendradas pelos biógrafos. Preferia creditar ao acaso grande parte dos fatos de uma vida. "Esse troço todo é uma frescura", disse certa vez em depoimento à Fundação Getúlio Vargas. "Quando eu era criança, era cinéfilo... Cinéfilo é um bunda-mole que nunca fez cinema. De cinéfilo a fazer filme não tem nada a ver. É uma distância gigantesca."

Ok, Coutinho, mas desta vez vou me rebelar contra você, ao menos para estabelecer uma linha de continuidade entre o menino cinéfilo Eduardo e o futuro cineasta.

Eduardo Coutinho com um e aos sete anos.

Filho de uma família quatrocentona paulista, de longínqua ascendência aristocrática, Eduardo Coutinho tinha no cinema um hábito escapista infantil. Saía de casa nos Campos Elíseos para percorrer os bairros de São Paulo à procura de filmes, a princípio norte-americanos, animações de Walt Disney, seriados. Aos sete anos, numa sessão de *Pinóquio* (1940), teve o que chamou de "minha primeira experiência verdadeira de terror em cinema". Ficou horrorizado na cena em que Pinóquio é engolido pela baleia e, ao final da sessão, passou por três minutos de pânico quando se perdeu dos pais. Mais de setenta anos depois, ele iria elaborar esse episódio no texto de ficção "Por que as crianças gostam de Valtidisnei", publicado com o pseudônimo de Stephen Rose (ver capítulo "Ficcionista").

Aos filmes de Hollywood vieram se juntar os argentinos, as chanchadas brasileiras e, mais adiante, quando a Segunda Guerra terminou e o cinéfilo se tornou "culto", as obras do neorrealismo italiano e do cinema de qualidade francês. Mas ele continuava a chorar nos melodramas mexicanos, origem talvez do seu interesse pelos dramas das pessoas comuns, presentes nos seus futuros documentários. Outro elo que o cético Coutinho desprezaria foi levantado por Milton Ohata ao falar da tia materna Talina, habituada a contar com talento especial os filmes que as crianças ainda não podiam ver. "Estaria aqui uma das raízes do interesse de Coutinho pela fabulação alheia?", pergunta Ohata[*].

Segundo sua irmã Heloísa, Eduardo herdou da tia Talina o hábito de acumular cadernos onde anotava fichas técnicas e colava anúncios de jornal e críticas dos filmes a que assistia. Fez isso durante sete anos, até o dia em que jogou tudo fora quando tentaram lhe ensinar que a cultura de massa era lixo e que ele devia gostar mesmo era de Buñuel. Comprava regularmente a revista *Photoplay* e colecionava textos não só de críticos famosos como Rubem Biáfora, como também de resenhistas pouco conhecidos ou mesmo exóticos.

A decisão de entrar para a Faculdade de Direito da USP, em 1952, foi fruto de uma simples conveniência da época: quem quisesse ter uma profissão nobre fazia direito, medicina ou engenharia. Porém, a partir do segundo ano, ele praticamente abandonou os estudos em troca de provas de recuperação e malandragens escolares.

O ano de 1954 mostrou-se decisivo para o *upgrade* do cinéfilo. Já assíduo frequentador do Clube de Cinema de São Paulo e da Filmoteca do Museu de Arte Moderna (embriões da Cinemateca Brasileira), se inscreveu no Seminário de Cinema do MASP e cumpriu extensa programação no I

---

[*] Milton Ohata (org.), *Eduardo Coutinho* (São Paulo, Cosac Naify/Edições Sesc, 2013), p. 8.

Festival Internacional de Cinema, este organizado por Paulo Emílio Sales Gomes e iluminado por palestras de André Bazin e Henri Langlois. No Centro de Estudos Cinematográficos, fez um curso com o italiano Ruggero Jacobbi, concluído com uma dissertação sobre a criação coletiva no cinema, que ele confessava ter copiado de livros estrangeiros. A opção de fazer cinema passava pela cabeça de Eduardo, mas não estacionava. A Vera Cruz tinha fechado, o cinema independente ainda não existia, e documentários se resumiam a curtas de encomenda ou de produção oficial.

Coutinho pagava as primeiras contas com o que ganhava em empregos diversos. A princípio como revisor de textos e autor de glossários para livros da hoje extinta Editora das Américas. Depois redator e copidesque da revista *Visão*, igualmente finada, onde bateu ponto por três anos. Seus trocados se destinavam não só às bilheterias do cinema, mas também a ingressos do Teatro Brasileiro de Comédia e do Teatro de Arena, que frequentava com a irmã Heloísa. Se faltava dinheiro, ele se juntava a um grupo que "furava" a entrada no Theatro Municipal e no venerável Theatro Sant'Anna. Com ou sem grana, viu Jean-Louis Barrault, o Piccolo Teatro de Milão, o New York City Ballet e outras atrações desse nível. O palco viria a ser uma atividade marginal no início da carreira do cineasta, como veremos adiante.

O rádio era outro objeto de fascinação para o jovem paulistano. Mas aqui por uma razão diferente. Coutinho estava disposto a ganhar dinheiro com sua memória, então prodigiosa. Começou por decorar músicas de carnaval, entre quarenta e cinquenta por ano. Na adolescência, resolveu aplicar esse superpoder em programas de maratona de memória, comuns nas rádios da época. Preparando-se para os microfones da Tupi e da Record, decorava trinta estrofes de *Os Lusíadas,* nomes dos autores de oitenta óperas, os quatrocentos municípios de São Paulo e outras preciosidades do tipo.

Nos anos 1950, a televisão herdou esse tipo de programa com títulos como *O céu é o limite, Quem sabe mais: o homem ou a mulher?* e *O dobro ou nada.* Coutinho estreou diante das câmeras na TV Tupi, respondendo a perguntas sobre cinema em *O céu é o limite*. Diante do apresentador Aurélio Campos, foi gongado já na primeira etapa. Não se lembrava dos três intérpretes de um filme de Humberto Mauro. Mas não desanimou. Em 1957, inscreveu-se no programa *O dobro ou nada*, da TV Record, para responder sobre Charles Chaplin. Havia praticamente decorado a biografia escrita por Georges Sadoul, além de ler e sublinhar trechos de tudo o que encontrou sobre Chaplin em todos os idiomas decifráveis. Passou por várias edições do programa apresentado por Blota Júnior, apostando sempre na etapa seguinte, que dobrava o prêmio ou o cancelava totalmente. A certa altura, resolveu parar e não se arriscar a perder tudo. Com o correspondente a 2 mil dólares nas mãos, era quase um homem rico. Gastaria sua nova fortuna na Europa.

PARIS, PRIMEIROS TAKES

Aqui é onde o acaso se encontra com os clichês da biografia. O prêmio da Record foi providencial para que ele pudesse comprar uma passagem para Moscou, viagem que mudaria sua vida. Era em voo fretado por um grupo ligado ao Partido Comunista. Dessa *troupe* fazia parte o seu tio paterno Fernando, um juiz do trabalho pertencente à diminuta ala esquerdista da família, que mais tarde seria cassado pelo AI-5. O destino era o 6º Festival Mundial da Juventude e dos Estudantes, em julho de 1957, historicamente a maior edição desse evento, da qual participaram 34 mil jovens de 131 países. Ao fim do festival, Coutinho e alguns colegas de viagem passaram dez dias em Praga. Pelos planos iniciais, acabaria aí a viagem. Mas ele decidiu ficar na Europa até acabarem seus dólares.

Instalou-se em Paris, *bien sûr*. Quando as reservas se extinguiram, empenhou sua Rolleiflex e foi a Londres em busca de trabalho. O destino, porém, continuou a empurrá-lo para o cinema. Um amigo de São Paulo o inscreveu para uma bolsa de estudos no Idhec. Cartas de recomendação de

Coutinho com um chefe de trem em Moscou, 1957.

Alberto Cavalcanti, Vinicius de Moraes e Paulo Emílio Sales Gomes azeitaram sua entrada na mais famosa escola de cinema do mundo à época.

Em que pese essa reputação, as lembranças de Coutinho a respeito do Idhec não eram as melhores:

> O diretor do curso era um ex-delegado de polícia, um débil mental que não tinha o menor interesse em cinema, em cultura. Ele não ficava lá, mas, enfim, administrava aquela porra como um cavalo. E fora disso, quem dava aula lá – é o velho problema de escola de cinema – era gente que tinha fracassado ou estava velho para a profissão. Os professores eram todos caras fora do mercado, que nunca foram bons em nada.*

---

* Depoimento ao CPDOC da Fundação Getúlio Vargas, 2012.

Na volta ao Brasil, Coutinho costumava dizer que seu aprendizado se limitava a um macete infalível para rearrumar películas emboladas na lata.

O ex-aluno livrava a cara somente do curso de fotografia, ministrado pelos competentes Ghislain Cloquet, que já trabalhava com Alain Resnais, e Pierre Lhomme, que viria a fotografar para Chris Marker e Joris Ivens. Afora isso, era esperar que viesse alguém como Agnès Varda para alguma conferência esporádica.

Entre os trabalhos que fez no Idhec, sabe-se que Coutinho produziu uma dissertação sobre o clássico soviético *Quando voam as cegonhas* (1957), de Mikhail Kalatozov, e outra sobre a obra de D. W. Griffith. Rastros nos arquivos do Idhec indicam também que ele colaborava na catalogação de filmes, redigindo fichas e compilando informações. Dos colegas de curso, aparentemente, só lhe ficaram na memória o holandês Rolf Orthel e o alemão Peter Fleischmann, que se tornaria conhecido mais tarde como diretor do filme *Cenas de caça na Baixa Baviera* (1969).

Também a título de exercício escolar, Coutinho participou da realização de um "filme-reportagem" sobre a Maison du Brésil, residência de pesquisadores e estudantes brasileiros na Cité Universitaire, onde estava hospedado. Os créditos do pequeno documentário de dez minutos de duração apontam "Coutinho – Brésil" como realizador. A cópia disponível na Cinemateca Brasileira, em preto e branco e sem som, começa com imagens noturnas de Paris e prossegue com a chegada de um novo estudante à casa. Em tratamento mais afeito ao filme ficcional, a câmera desvenda os interiores do prédio modernista projetado por Le Corbusier e acompanha o novo hóspede até o seu quarto. Segue-se a rotina do rapaz no dia seguinte, nos momentos de banho, café da manhã e uma caminhada que serve para mostrar diversas dependências do edifício. Há um flash de futebol e a sequência final em que o protagonista é apresentado aos demais participantes de um concorrido coquetel. Prova de sua pronta integração ao grupo é já estar dançando com uma das moças na última tomada do filme.

Cena de *Le Téléphone*.
Elie Presmann e Irène Chabrier.

Foi igualmente no Idhec, em 1959, que Coutinho assinou seu primeiro filme de ficção. Com cinco minutos de duração, o curta *Le Téléphone* é uma adaptação ultrassintética da ópera cômica *The Telephone ou L'Amour à Trois,* do ítalo-americano Gian Carlo Menotti. Os ares da Nouvelle Vague já refrescavam Paris, mas a regra escolar ditava que o filme tinha que ser rodado inteiramente em estúdio. A ação se passa numa pequena sala, onde Elise (Irène Chabrier, mulher de Pierre Lhomme) recebe a visita do amigo Alfred (Elie Presmann). Ele traz flores e quer declarar seu amor, mas a moça interrompe a conversa seguidas vezes para atender ao telefonema de amigas. Ela troca deliberadamente os nomes das interlocutoras e diz frases de inspiração surrealista: "Quantos membros você tem? Quatro?", "Claro que a minha boca tem uma língua e 32 dentes!", "No campo, as refeições de festas de família são fartas", "O passarinho amarelo voou no céu azul", "Os bascos são uma raça muito

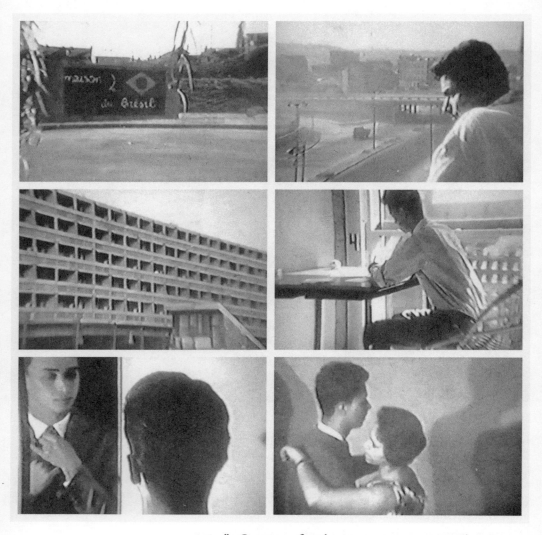

antiga". Os papos furados prosseguem mesmo depois que Alfred, cada vez mais irritado, corta o fio do telefone. Por fim, titubeante, ele consegue dizer: "Eu, você, mim, nós... I love you, my dearest one!". O casal parece enfim se entender ao custo de um vaso de flores quebrado e um telefone atirado ao chão.

A decupagem de *Le Téléphone* busca tirar humor do gestual dos personagens, com destaque para os pés, e principalmente do caráter absurdo das falas, escritas por Coutinho a partir de frases de um livro de gramática, ditas com dramaticidade. Esse recurso cômico irá reaparecer em pelo menos dois momentos da trajetória do cineasta. Na comédia *O homem*

ACIMA
**Fotogramas de
São Bartolomeu.**

À ESQUERDA
**Fotogramas de
La Maison du Brésil.**

que comprou o mundo (1968), a noiva vivida por Marília Pêra relaciona uma lista de compras cheia de itens bizarros, como uma geladeira de 51 pés, 400 bonecas, a Festa da Penha, uma refinaria de petróleo, um vulcão e as obras completas de Pedro Américo. Bem mais tarde, já nos anos 2010, Coutinho idealizou um filme composto da leitura de citações absurdas tiradas de textos burocráticos, manuais de instruções, manifestos políticos *et caterva*. Anote-se ainda que em *Le Téléphone* já despontava o interesse do realizador pela oralidade, que seria explorado extensivamente ao longo de sua carreira.

Seu segundo ensaio de documentário teve lugar numa pequena aldeia dos Alpes franceses, Saint-Barthélemy, onde

Coutinho e o colega Rolf Orthel foram parar enquanto faziam caminhadas e viajavam de carona durante as férias. Levavam uma câmera Paillard-Bolex 16 mm sem captação de som. O lugarejo, praticamente desabitado, chamou sua atenção. Os homens do local tinham formado um batalhão que foi dizimado na Primeira Guerra Mundial. A população decresceu até praticamente desaparecer, com exceção de meia dúzia de veranistas. No estábulo da casa de um destes, a dupla de aventureiros encontrou hospedagem por um par de dias. Nas saídas para filmar, Rolf operava a câmera e Coutinho fingia que dirigia.

O material resultante nunca chegou a ser montado e repousa, desbotado, na Cinemateca Brasileira, com o título de *São Bartolomeu*. São imagens de abandono: carcaças de automóveis, fachadas depauperadas, o mato invadindo as ruínas das casas de madeira e pedra, móveis avariados, a igreja vazia com imagens de santos caídas no chão, o cemitério entregue às almas. Em meio à degradação, a câmera vez por outra localiza vestígios de vida como a estampa de uma *pin-up*, uma bota perdida, um jornal de 1934, um livro de história da França.

Rolf Orthel e Coutinho pouco se encontraram depois disso, mas guardavam boas lembranças das andanças por Paris e arredores. Em depoimento colhido em Amsterdã, em 2013, o holandês agradeceu ao brasileiro por lhe apresentar Murnau, Rimbaud, a Cinemateca Francesa e os cafés parisienses[*].

Nas horas vagas, que eram muitas, o estudante frequentava o Théâtre des Nations para ver Brecht com o Berliner Ensemble, Sarah Bernhardt com o Piccolo Teatro de Milão, a Ópera de Pequim, entre outros. De longe, bisbilhotava ensaios de Ingmar Bergman e Luchino Visconti. Esse interesse pelo teatro acabou aproximando-o do jornalista francês Michel Simon, apaixonado pela cultura brasileira. Para Simon, ele fez um rascunho de tradução das peças *Gimba, o presidente dos valentes*, de Gianfrancesco Guarnieri, e *Pluft, o fantasminha*, de Maria Clara Machado.

---

[*] Milton Ohata (org.), *Eduardo Coutinho*, cit., p. 326

Cena da peça *Pluft, o fantasminha*, na Maison du Brésil.

No último ano parisiense, 1960, Coutinho teve sua única passagem pela direção teatral. Num pequeno teatro da Maison du Brésil, reuniu Paulo Villaça, Gilda Grillo, Lucila Ribeiro (futura esposa de Jean-Claude Bernardet) e um ator mirim francês para uma montagem francófona de *Pluft*, que passou desapercebida, como um fantasma. De qualquer maneira, o vírus do teatro também corria nas veias do recém--formado em direção e montagem do Idhec quando tomou o rumo do aeroporto de Roissy, de volta ao Brasil.

DO TEATRO AO CINEMA, VIA CPC

Com o diploma do Idhec nas mãos, Eduardo Coutinho parecia mais inclinado ao campo do teatro que ao do cinema. Entre as amizades feitas em Paris estavam Antônio Abujamra e Antunes Filho. Em São Paulo conheceu Augusto Boal, Gianfrancesco Guarnieri, o pessoal do Teatro de Arena e toda uma turma do teatro ligada ao Centro Popular de Cultura (CPC) da UNE. O primeiro convite de trabalho que recebeu ao voltar foi para ser assistente de direção de Amir Haddad na peça *Quarto de despejo*, baseada no livro de Carolina Maria de Jesus, montada pelo Teatro de Arena em 1961. No ano seguinte, colaborou numa montagem especial de *Mutirão em novo sol* pelo grupo de Chico de Assis no âmbito do I Congresso Brasileiro de Reforma Agrária, em Belo Horizonte, com a presença do presidente João Goulart e de Francisco Julião, líder das Ligas Camponesas. Para Boal, um dos autores, a peça representava "um momento emblemático do encontro da produção do teatro político com a luta camponesa da década de 1960"*.

A aproximação de Coutinho com o CPC da UNE foi feita por seu fundador, Carlos Estevam, ainda em 1961. O candidato a cineasta começava a se avizinhar da esquerda cultural, primeiro pelo teatro. Passou a visitar o Rio de Janeiro com frequência, onde solidificou uma amizade instantânea com Leon Hirszman. Queria estar perto do Cinema Novo, o que significava estar no Rio. Em dezembro de 1961, as visitas deram lugar a uma mudança definitiva, estimulada pelas novas amizades e pelo desejo de se afastar da família conservadora. Durante os primeiros anos na cidade, viveu como um nômade por casas de amigos, classificando-se como "um parasita".

Em fevereiro de 1962, respondeu a uma enquete de Alex Viany, na qual listou seus diretores e filmes preferidos, na maior parte clássicos europeus, japoneses e soviéticos, mas com lugar também para Orson Welles e uma observação de fã: "Todos os filmes de Chaplin entram na lista". Situava então o neorrealismo "na base de tudo o que se faz de melhor atualmente" e *Rio, 40 graus* (1955), de Nelson Pereira dos Santos, como "o único que, penso eu, pode servir de bandeira aos jovens que querem transformar nosso cinema e nossa realidade". No mesmo texto, fazia uma profissão de fé no cinema do real: "É também importante o simples ato de mostrar o que é a realidade brasileira, sem propostas

---

* Orlando Senna, *O dramaturgo Chico de Assis*; disponível em: <https://institutoaugustoboal.org/2014/11/09/o-dramaturgo-chico-de-assis/>. Acessado em 29/3/19.

explícitas: como se alimenta o brasileiro, como trabalha, como sofre, como luta, como fala o brasileiro". E, citando alguém que não se lembrava no momento, ainda lançava uma garrafa ao mar do seu futuro: "Gostaria de fazer filmes de ficção que parecessem documentários e documentários que parecessem filmes de ficção"*.

Em meio a trabalhos ocasionais no CPC, Coutinho foi convocado por Leon a assumir o posto de gerente de produção do primeiro longa-metragem produzido pelo Centro. Filme pioneiro do Cinema Novo, *Cinco vezes favela*** (1962) foi concluído por milagre, dada a absoluta inépcia de Coutinho para lidar com orçamento, despesas e planejamento. De qualquer maneira, ao percorrer quatro morros do Rio durante a produção, estava fazendo a estreia num tipo de cenário que viria a ser frequente em sua filmografia.

O envolvimento com o CPC o posicionou para tomar parte numa atividade que, uma vez mais, mudaria completamente o rumo de sua vida. O país vivia a efervescência das reformas de base, projeto ambicioso encaminhado pelo governo de Jango, que incluía a reforma agrária e a universitária. Reunidos na UNE, os universitários compreendiam aquele momento político como a oportunidade ideal de se chegar à tão sonhada aliança entre intelectuais e camadas populares. A palavra de ordem era o nacionalismo popular em oposição às forças desagregadoras e exploradoras do imperialismo internacional. O CPC idealizou, então, uma caravana de jovens artistas e escritores a diversos pontos do território nacional, em busca de revelar ao povo, por meio de encenações didáticas, a realidade do país. A turnê pedagógica, intitulada UNE Volante, pretendia estimular a criação de outros centros de cultura pelo país afora. Por sua vez, as Ligas Camponesas mostravam sua força na defesa dos direitos dos trabalhadores rurais e contavam com um discreto, mas firme, apoio do governo federal.

---

*   Acervo Alex Viany, Cinemateca do MAM-RJ.
** Projeto coletivo que reuniu os episódios *Um favelado*, de Marcos Farias, *Zé da Cachorra*, de Miguel Borges, *Escola de samba, alegria de viver*, de Cacá Diegues, *Couro de gato*, de Joaquim Pedro de Andrade, e *Pedreira de São Diogo*, de Leon Hirszman.

Coutinho tornou-se uma espécie de documentarista oficial do périplo da UNE Volante por diversos estados. O filme resultante se chamaria *Isto é Brasil*. O diretor se iniciava nas filmagens de improviso. "Eu chegava nos lugares e perguntava: 'O que é que tem...? Onde é que tem favela? Onde é que tem miséria?', e aproveitava duas ou três horas para filmar. Ninguém pode fazer um filme assim, não é?"*.

Foram colhidas imagens em Manaus, Belém, Fortaleza, São Luís, Paraíba, Bahia, Santa Catarina, Paraná, Rio Grande do Sul e provavelmente outros lugares. Em abril de 1962, a equipe estava em Sapé, na Paraíba, quando topou com um protesto contra a morte, poucos dias antes, do líder camponês João Pedro Teixeira, assassinado a tiros por dois policiais e um vaqueiro a soldo de um latifundiário local. Coutinho filmou a viúva, Elizabeth Teixeira, figura aguerrida na manifestação. Essas cenas passariam à história como as únicas em que Eduardo Coutinho operou uma câmera profissional. Ele nunca deixou de se espantar com o fato de ter conseguido registrar aquelas imagens, que se

* Depoimento ao CPDOC da Fundação Getúlio Vargas, 2012.

Elizabeth Teixeira e seus filhos em 1962.

tornariam célebres em *Cabra marcado para morrer*. À parte a interrupção das filmagens por conta da doença do cinegrafista Acir Mendonça, os materiais captados pela UNE Volante nunca chegariam a ser montados. No entanto, o episódio imprimiu uma marca na memória do diretor, sobretudo pela visão épica que teve de Elizabeth.

Um ano depois, quando foi escolhido para dirigir o segundo longa-metragem do CPC, Coutinho propôs fazer um filme inspirado em poemas sociais de João Cabral de Melo Neto, notadamente *O rio*, *Morte e vida severina* e *O cão sem plumas*. Havia conhecido o poeta em circunstâncias curiosas quando passou por Marselha com Rolf Orthel, nos tempos do Idhec. Cansado de viajar de carona e sem dinheiro para a passagem de trem de volta a Paris, resolveu pedir ajuda no consulado brasileiro. Para sua surpresa, o cônsul era João Cabral, que socorreu o estropiado viajante. A sorte, porém, não foi a mesma quando se tratou de ceder os direitos para o filme. Depois de concordar, João Cabral voltou atrás por razões nunca esclarecidas. Coutinho havia viajado a Pernambuco em busca da nascente do rio Capibaribe. Não a encontrou.

Contudo, o insucesso o desviou para um caminho que ele, desde o comício de Sapé, parecia fadado a trilhar: reconstituir a história de João Pedro Teixeira. Até o final de 1963, dedicou-se a pesquisar o tema e reunir recursos para a produção da primeira versão de *Cabra marcado para morrer*. À época, o trintão Coutinho tentava se desvencilhar das influências familiares e, um tanto por inércia, um tanto por influência do entorno, filiou-se ao Partido Comunista Brasileiro, matriz ideológica do CPC. Durante sua estada na Paraíba, chegou a improvisar um pronunciamento nas Ligas Camponesas em nome da UNE. Mas a falta de identificação com os dogmas do partido fez com que essa passagem de sua biografia durasse pouco menos de dois anos. Na política, Coutinho se considerava "um vacilante". Mais precisamente, queria ser um livre pensador.

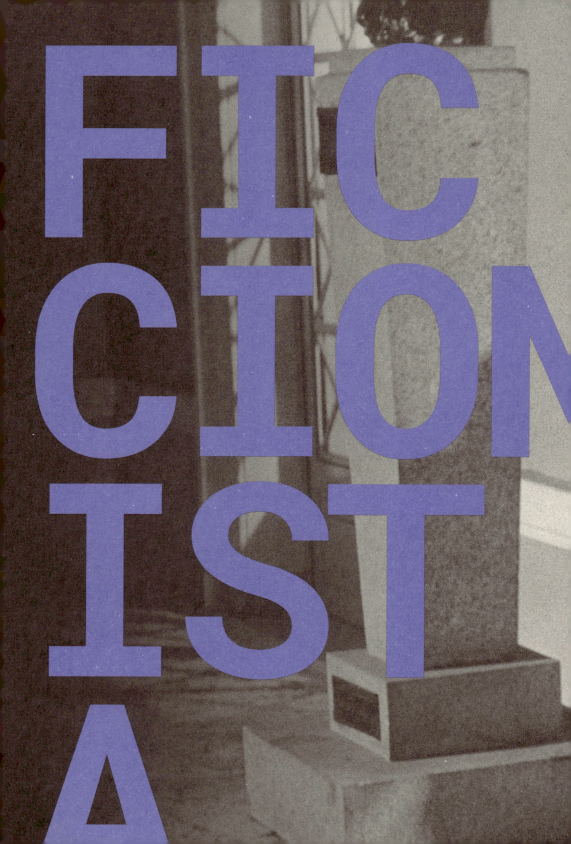

FICCIONISTA///

O curta *Le Téléphone*, trabalho de aluno no Idhec, foi a primeira incursão de Eduardo Coutinho no cinema ficcional, parcela de sua obra usualmente subestimada por estudiosos e pesquisadores. Ele próprio costumava desprezá-la, suspeitando que era um diretor medíocre nesse campo. No entanto, seus filmes de ficção, para além de eventuais problemas de qualidade, não deixam de conter elementos que forjaram sua personalidade de autor e ecoaram em sua obra documental posterior. A começar, é claro, pelo que representaram as encenações de 1964 para o efeito poderoso obtido vinte anos mais tarde com *Cabra marcado para morrer*. Se não houvesse as primeiras, não existiria o segundo.

CINEMA ENGAJADO NO GALILEIA

O roteiro do *Cabra/64* foi resultado de uma série de conversas de Coutinho com Elizabeth Teixeira no período de três meses que ele passou na Paraíba em 1963. Ela contava sua vida com João Pedro e a participação de ambos nas Ligas Camponesas. Ele tomava notas. O roteiro foi submetido a colegas do CPC, inclusive Oduvaldo Vianna Filho, que o aprovou. Uma escaleta continha a enumeração das cenas e descrições sintéticas, como por exemplo:

1. João Pedro batendo na pedra com a picareta;
2. João Pedro carregando pedra;
3. Plano geral da pedreira;
4. Homens carregando pedra;
5. Homem prepara dinamite para explosão;
6. Homens afastam-se, câmera acompanha João Pedro.

Previa-se a participação de um cantador já no início, apresentando o herói:

> João Pedro, um dos que foram expulsos da terra, também veio para a cidade. E em Jaboatão trabalhou cinco anos como pedreiro. Entrou para o sindicato e aprendeu a reivindicar.

Constava do roteiro também um prólogo documental, assim descrito:

> Imagens documentais do Nordeste úmido da Zona da Mata e da Várzea paraibana: confronto entre as usinas, com suas engrenagens modernas, sua chaminé imponente, os vastíssimos canaviais e a miséria circundante – vida miserável dos trabalhadores da usina, casebres de moradores, foreiros, meeiros, roças raquíticas, crianças cheias de vermes etc.

Em fins de 1963, reunindo recursos do Ministério de Educação e Cultura de João Goulart e apoios do CPC da UNE e do Movimento de Cultura Popular do Recife, a produção estava apta a iniciar as filmagens. Leon Hirszman era o produtor executivo. O projeto combinava procedimentos do neorrealismo italiano com a ficção didática politicamente engajada. Como em *A terra treme*, de Luchino Visconti, filme muito apreciado por Coutinho, os camponeses representariam a si mesmos, tendo à frente a bela e desenvolta Elizabeth, que sucedera o marido na liderança da Liga Camponesa de Sapé, e seus filhos pequenos. Tudo seria reencenado nos próprios locais onde os fatos aconteceram.

Mas o projeto haveria de tomar outro rumo. Um conflito entre trabalhadores e capangas do latifúndio deixou um saldo de onze mortos e uma ocupação militar, tornando o clima inviável para rodar o filme em Sapé. Por intermediação de Francisco Julião, Coutinho transferiu os trabalhos para o engenho Galileia, no estado de Pernambuco, onde, além de condições mais favoráveis, havia um legado histórico: ali nascera, em 1955, a primeira Liga Camponesa do país*. Em 1964, o engenho era habitado por uma comunidade camponesa que havia lutado durante vários anos por sua desapropriação.

Elizabeth deslocou-se para o Galileia, sendo então a única pessoa da equipe vinda de Sapé. Camponeses ligados ao sindicalismo rural do Galileia foram contratados para fazer os diversos papéis do filme. Curiosamente, o protagonista João Pedro seria o único vivido por alguém que não militava na liga, o lavrador José Mariano Santana da Silva. Os assistentes de direção eram o paraibano Vladimir Carvalho, que um pouco mais tarde também se tornaria um dos mais importantes documentaristas brasileiros, e o ator Cecil Thiré. Na direção de fotografia estava Fernando Duarte, ex-assistente de câmera em *Cinco vezes favela*. Marcos Farias, diretor de produção, seria parceiro importante nos futuros trabalhos de ficção de Coutinho.

As filmagens, iniciadas em 26 de fevereiro de 1964, não transcorreram sem sobressaltos. Coutinho tinha críticas ao seu próprio roteiro e dificuldades para dirigir camponeses num projeto que, se lhes era próximo como temática (a violência dos jagunços e fazendeiros, a reivindicação de melhores condições de trabalho, a vida em família e no interior das ligas), fugia à sua compreensão enquanto linguagem e estética. Além disso, a temperatura política do país elevava-se dramaticamente. Grupos conservadores da classe média faziam passeatas contra o espectro de uma revolução socialista. Militares

---

* A história do Galileia foi contada por Antonio Callado no livro-reportagem *Os industriais da seca e os "Galileus" de Pernambuco: aspectos da luta pela reforma agrária no Brasil* (Rio de Janeiro, Civilização Brasileira, 1960).

Filmagem no engenho Galileia.

inquietavam-se nos quartéis. O governador de Pernambuco, o esquerdista Miguel Arraes, fora deposto. João Goulart sentia o poder escapar-lhe das mãos.

Na noite de 31 de março de 1964, enquanto a equipe do *Cabra* filmava justamente a cena de uma das várias prisões de João Pedro, o golpe civil-militar abatia-se sobre a democracia brasileira. O perigo rapidamente se espalhou pelos locais onde os camponeses eram mais bem organizados. O engenho Galileia era tido como um foco de subversão. Segundo a paranoia estratégica da extrema-direita, ali ficava um centro de treinamento de criminosos comunistas com apoio de guerrilheiros cubanos e de sofisticado aparato audiovisual. O filme foi considerado como uma óbvia peça de incitação dos ânimos dos camponeses contra os proprietários rurais.

A equipe teve que se refugiar num esconderijo na mata até que as tropas do Exército deixassem o local e eles pudes-

sem escapar ilesos. Os copiões foram levados pela polícia, mas a câmera ficou escondida num matagal, assim como as páginas do roteiro, que seriam depois resgatadas numa prisão por Ofélia Amorim, advogada das Ligas Camponesas. Grande parte dos negativos já havia sido enviada ao Rio de Janeiro para revelação. O grupo se dispersou, e Coutinho chegou a ser preso por algumas horas na cidade de Olinda, onde foi auxiliado por Madalena Freire, filha do educador Paulo Freire. Alguns ajudantes locais também ficaram detidos por dois dias. Coube a Vladimir Carvalho conduzir Elizabeth, nominalmente procurada pela repressão, numa aventura de fuga por vários locais do Recife. Para um desses deslocamentos, a ativista e agora atriz adotou um disfarce, sendo maquiada e vestida de modo a simular uma mulher da cidade. Mais tarde, entregou-se à polícia e passou quatro meses presa. Ao engenheiro Almir Campos de Almeida Braga, por ter autorizado o empréstimo à produção de um caminhão da Rede Ferroviária Federal por vinte dias, coube um processo e condenação a quatro anos de prisão, posteriormente anulada por um *habeas corpus*.

Paradoxalmente, a surpresa do golpe trouxe um alívio passageiro para o diretor inseguro. Coutinho teve tantas dificuldades em encontrar soluções para as últimas cenas filmadas que gostou da ideia de interromper os trabalhos por um tempo. "Mal sabia que iam ser quase vinte anos", lamentou depois em entrevista a este autor. Eduardo Escorel, futuro montador, compartilha a sensação de desafogo. Costuma dizer que a interrupção salvou Coutinho de um desastre.

Cerca de 40% do roteiro tinham sido filmados. Mas dezessete anos se passaram sem que ninguém, exceto os diretamente envolvidos, mencionasse *Cabra marcado para morrer*. Silenciosamente, no entanto, armou-se uma rede de guardiões do filme. Alguém achava uma cópia do roteiro, outro conservava algumas fotos de cena. Os copiões ficaram protegidos em local absolutamente insuspeito: na garagem do pai do cineasta David Neves, um general do Exército. Até que em 1981, já então tarimbado como repórter audio-

Cabra marcado para morrer. Primeiro dia de filmagem, em 1964.

visual, Coutinho pôde retomar o material e prosseguir rumo a sua obra-prima (ver capítulo "Repórter").

ROTEIRISTA E ATOR

A carreira do ficcionista teve continuidade muito por causa dos estímulos de Leon Hirszman, que Coutinho considerava seu "pai espiritual". Leon foi o primeiro de vários amigos com papel decisivo no impulsionamento de sua trajetória profissional. Entre eles, podemos destacar também Zelito Viana – que, por sinal, se considera "uma invenção do Leon" –, Claudius Ceccon, José Carlos Avellar e João Moreira Salles.

Leon contou com a ajuda de Coutinho na produção do curta documental *Maioria absoluta* (1964) e em seguida o chamou para escrever ao seu lado a adaptação da peça *Senhora dos afogados*, de Nelson Rodrigues. A ideia inicial do produtor Jofre Rodrigues (filho de Nelson) era que Glauber Rocha dirigisse uma versão daquele texto. Glauber não se interessou, e o projeto ficou com Leon. Coutinho, porém, o convenceu a optar por *A falecida*, alegando que os temas do subúrbio e do futebol estavam mais próximos do amigo. Os dois trabalharam juntos no roteiro, mas Leon fez questão de colocar o nome de Coutinho em primeiro lugar nos créditos do filme. Por essa época, ainda iniciante aos 32 anos, Coutinho desfrutava da fama de escrever muito bem e ter senso crítico e de dramaturgia, razão pela qual seria convidado a exercer a função em vários filmes ao longo dos anos 1960 e 1970. Ele sempre admitiu que sua competência nessa área vinha não de uma prática cinematográfica, mas da convivência com o texto literário ou teatral.

Sua principal missão em *A falecida* (1965) foi reprimir a veia eisensteiniana de Leon na decupagem do filme, abrindo o campo para os tempos mais distendidos e próximos do que considerava "o real". Apesar do banho de chuva com que Zulmira (Fernanda Montenegro) protagoniza a cena mais famosa do filme, podemos dizer que Leon e Eduardo fizeram uma leitura enxuta da peça. Eliminaram todas as ênfases teatrais e ingredientes mais farsescos, em busca de um estilo próximo do neorrealismo italiano. O subúrbio aparece sem caricatura, mas como um lugar melancólico. Não existe glamour, mas tampouco há zombaria. *A falecida* não é um filme ávido pelos diálogos cortantes de Nelson Rodrigues. Ao contrário, há muitos silêncios. Os atores têm tempo para sentir o que pensam e dizem. As interpretações são sóbrias e interiorizadas.

Ao que consta, Nelson Rodrigues não gostou muito do que viu na tela. Achou tudo "preto e branco demais", e não estava se referindo exatamente às cores. Disse que o filme era ele, sim, mas sem humor. Coutinho duvidava dessa versão. Para ele, Nelson só passou a não gostar do filme quando as bilheterias fracassaram. Nelson tinha lá suas expectativas. Mas basta ver *A falecida* para perceber que tragédia e comédia se encontram às escondidas no filme inteiro, como dois amantes. Para Coutinho, este era o seu melhor roteiro de ficção, aí incluídos os dos seus próprios filmes. Segundo Helena Salem, ele só deplorava a supressão de uma cena, filmada mas cortada no negativo após a estreia, na qual Zulmira se preparava para a morte, estendendo na cama as peças de roupa que usaria no enterro. "Uma cena muito mórbida, mas muito boa, de uma força tremenda. Eu lamentei, mas isso revelava a preocupação do Leon de se comunicar com o público."*

A dupla Hirszman-Coutinho voltou a se formar no roteiro de *Garota de Ipanema* (1967), projeto *sui generis* para o Cinema Novo. Glauber chegou a fazer um argumento muito diferente do que viria a ser o filme. Vinicius de Moraes, junto com Leon e Coutinho, o refizeram, com os dois últimos assinando o roteiro final, baseado em muitas improvisações no dia a dia das filmagens. Na tela, Márcia (Márcia Rodrigues) é vista como uma garota de classe média em crise existencial. Ela namora um surfista, tem um caso meio hipnótico com um homem casado, estuda medicina,

---

* Helena Salem, *Leon Hirszman: o navegador das estrelas* (Rio de Janeiro, Artemídia/Rocco, 1997), p. 159.

toma banhos de mar, frequenta rodinhas de Bossa Nova e posa para ensaios fotográficos. A crônica começa leve e solar, para depois assumir um tom mais reflexivo e triste, enquanto chove em Ipanema. O público não aceitou bem a intelectualização da garota. Coutinho, por sua vez, achava o filme "esquizofrênico" em sua tentativa de ser popular e ao mesmo tempo desmistificador*.

Talvez não seja por acaso que o aspecto mais apreciado de *Garota de Ipanema* sempre tenha sido a visão quase documental da vida da juventude da Zona Sul carioca. O talento de Leon e Coutinho como observadores da cena humana talvez falasse mais alto que a invenção ficcional. De qualquer forma, essa foi uma missão sofrida para o roteirista, que se sentia apartado das intenções um tanto confusas de Leon.

Coutinho voltou a Nelson Rodrigues para um primeiro tratamento da versão do romance *Asfalto selvagem: engraçadinha, seus pecados e seus amores*, que acabou não sendo aproveitado no filme *Engraçadinha depois dos trinta* (1966), afinal dirigido por J. B. Tanko. Mas seus préstimos de roteirista de ficção continuaram a ser convocados, com ênfase nas adaptações literárias. Eduardo Escorel contou com eles na transposição do romance *Amar, verbo intransitivo*, de Mário de Andrade. Nesse caso, Coutinho atuou mais como consultor, lendo e discutindo os vários tratamentos escritos por Escorel para *Lição de amor* (1975). O mesmo se deu em relação a *Índia, a filha do sol* (1982), de Fábio Barreto, baseado em conto de Bernardo Élis. Com Zelito Viana e o poeta Antônio Carlos de Brito (o Cacaso), adaptou o romance *Os condenados*, de Oswald de Andrade, para o filme homônimo de 1975.

Em meados da década de 1970, veio o crédito mais famoso do roteirista ocasional. Mesmo não sendo um apreciador do romance de Jorge Amado, Coutinho aceitou o convite de Luiz Carlos Barreto para trabalhar com Leopoldo Serran na adaptação de *Dona Flor e seus dois maridos* (1976). A ideia era fazer um filme popular e picaresco, com os elementos de chanchada que existem no livro. Apesar de saber as limitações

---

* Ibidem, p. 180.

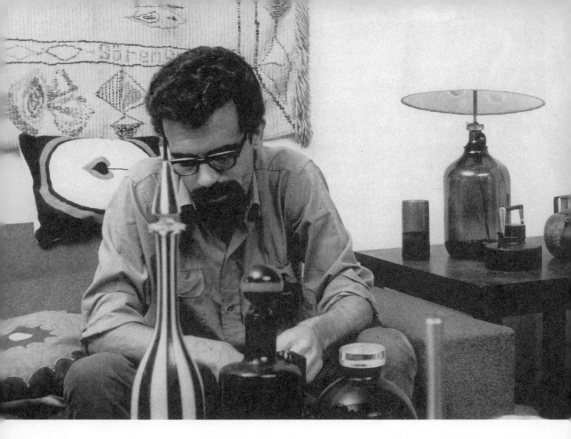

que teria de enfrentar, ele se agarrou à figura de Vadinho como herói de grande popularidade e tipicamente brasileiro.

Nessa fase de ficcionista, Eduardo Coutinho também se experimentou como ator, geralmente a convite de cineastas amigos para pequenos papéis peculiares. A estreia se deu em um dos papéis-título de *Os mendigos*, primeiro longa dirigido por Flávio Migliaccio, em 1963. Era somente um coadjuvante na história vagamente chapliniana de uma jovem (Vanja Orico) que foge do reformatório onde estava confinada e sai à procura de um casamento, mas acaba passando a viver com um grupo de mendigos. Foi também como um mendigo que ele fez a aparição hitchcockiana no seu *O homem que comprou o mundo*, sentado à beira de uma rua e recolhendo esmolas num chapéu.

Em *Garota de Ipanema*, a participação do ator Coutinho é em ambiente mais sofisticado, mas também se resume a duas tomadas sem fala numa sequência em que o Tamba Trio e Nara Leão cantam "Ela é carioca" num apartamento

ACIMA
Coutinho, de bermuda branca, em cena de *Os mendigos*.

À ESQUERDA
Coutinho em cena de *Garota de Ipanema*.

bossa-nova. Na primeira, em grande close, ele aparece fazendo o que mais gostava na vida, que era dar um trago no cigarro, e em seguida olhando com charme na direção do espaço fora de quadro. Um pouco depois, ele está no fundo do plano, refestelado num sofá, aparentemente acometido de uma insaciável comichão no ombro esquerdo.

No experimentalíssimo *Câncer* (1968/72), Glauber Rocha o escalou como um intelectual de esquerda, detido enquanto distribuía panfletos subversivos. Ele está sendo interrogado por um policial, papel de Hugo Carvana. O tom é de sátira política, tendo os dois atores improvisado o diálogo. Na cena, muito divertida, Coutinho fica sentado em posição de inferioridade ao policial. Para se defender, entre uma tragada e outra do cigarro, alega não pertencer "a grupo nenhum", o que reflete a posição real do ator. "Eu sou teórico e tenho um caderninho, só isso", argumenta, aludindo talvez aos pequenos cadernos de espiral que sempre usou para fazer anotações de trabalho. No curso da discussão, defende uma repressão organizada e uma revolução organizada: "Tem que fazer as coisas com ordem, tem que ter horário. A polícia não sabe trabalhar. A polícia tinha que ter um caderninho, entende?".

Em futuro mais distante, Coutinho teria ainda duas atuações apenas orais em *Madame Satã* (2002), de Karim Aïnouz, e no documentário *Nelson Freire* (2003), de João Moreira Salles. No primeiro, ele fez a voz do juiz lendo a sentença que condenou João Francisco dos Santos a dez anos de reclusão em regime fechado. No segundo, emprestou seu timbre rascante à leitura de uma carta do pai do pianista em que recorda as enfermidades infantis e o alvorecer do talento do filho. A escolha de Coutinho para esse áudio deixa entrever a figura paterna que João Moreira Salles nele projetava, junto a uma grande amizade.

O PACTO: INFLUÊNCIA DE NELSON RODRIGUES

Um ensaio de criação de um mercado comum latino-americano de cinema ocorreu em meados da década de 1960. Brasil e Argentina, como os principais produtores da América do Sul, saíram à frente com algumas coproduções. A maioria delas não valeu nem sequer as passagens aéreas entre um país e outro. Armando Bó dirigiu *Favela* (1960), nada mais que um veículo para a sensualidade de sua mulher, a atriz Isabel Sarli. *Pedro e Paulo* (1962), de Angel Acciaresi, mostrava dois padres na árdua tarefa de redimir prostitutas num morro do Rio de Janeiro. *Quero morrer no carnaval* (1962), de Fernando Cortés, tinha o principal trunfo nas filmagens coloridas do carnaval carioca. Até Leopoldo Torre Nilsson aventurou-se com o pavoroso drama *Homenaje a la hora de la siesta* (ou, no Brasil, *Quatro mulheres para um herói*, de 1962), sobre viúvas de missionários em viagem sentimental à Floresta Amazônica.

Nesse panorama, até que *ABC do amor* (1967) não se saiu de todo mal. Seus episódios guardavam, pelo menos, certa coerência no trato do amor burguês como fator de sufocamento dos personagens. O título refere-se às iniciais dos três países envolvidos na coprodução: Argentina, Brasil e Chile. Cada parceiro financiou e realizou seu episódio em regime de independência, numa inspiração que pode ter vindo do nipo-europeu *O amor aos vinte anos* (1962). Foi a primeira coprodução latino-americana em episódios.

O projeto nasceu de ingerências de Leon Hirszman enquanto partilhava o exílio de sua mulher, a economista Liana Aureliano, no Chile. A produção do episódio brasileiro seria da Saga Filmes, empresa que passara pelas mãos dos cineastas Gerson Tavares e Joaquim Pedro de Andrade, e pertencia então a Marcos Farias e Leon. Nelson Pereira dos Santos seria o diretor, mas mudou seus planos às vésperas da viagem ao Chile para acertar os termos da coprodução. Coutinho foi assim designado por Leon para assumir o posto.

Com a interrupção das filmagens de *Cabra marcado para morrer*, Coutinho vinha fazendo biscates em produções alheias, como o de gerente de produção (mais uma imprudência!) na cinerreportagem *Rio, capital mundial do cinema*, dirigida por Arnaldo Jabor durante as badalações do I Festival Internacional do Filme, em 1965. Ao mesmo tempo, a presença de Leon em Santiago lhe valera um convite para fazer um filme sobre a reforma agrária num Chile em que Allende ainda não passava de sonho para o campo da esquerda.

De uma hora para outra, os planos mudavam e lá estava ele na capital chilena, sentado em frente a uma máquina de escrever para rascunhar o roteiro de uma ficção. A influência ainda latente de Nelson Rodrigues o conduziu na criação da história um tanto absurda do episódio *O pacto*. Mário, playboy suburbano, avista Inês numa festinha movida a discos de iê-iê-iê e aposta com dois amigos: conseguirá conquistar a recatada moçoila, apesar da rígida redoma em que a mantém seu pai, um alfaiate do velho estilo. Inês, porém, condiciona o processo de sedução a um pacto de morte, que deveria ser cumprido pelo casal logo em seguida a sua primeira noite de amor.

Os três episódios de *ABC do amor* têm em comum a abordagem das relações amorosas no contexto da classe média às vésperas da revolução sexual. O peso imenso da

instituição familiar ainda sufocava os jovens e suscitava um desejo de libertação que só parecia se realizar por meio de rupturas drásticas (o rompimento de um noivado, a crise ou mesmo a morte, conforme desenvolvido em cada episódio).

O episódio argentino, *Noche terrible*, foi dirigido por Rodolfo Kuhn, e narra as hesitações de um homem na noite anterior ao seu casamento. Como curta isolado, representou a Argentina no Festival de Berlim de 1967. No chileno *Mundo magico*, de Helvio Soto, a maior curiosidade é ver o futuro cineasta Miguel Littín como ator principal. Ele vive um diretor de TV em dupla crise, envolvido com um caso extraconjugal e problemas de consciência na preparação de um documentário sobre a miséria nas favelas de Santiago.

O pacto não tem a sofisticação formal de *Noche terrible*, mas tampouco sofre do truncamento narrativo de *Mundo magico*. Dos três, é o menos ambicioso em matéria de construção cinematográfica, embora resulte o mais efetivo como narrativa. A câmera na mão de Dib Lutfi (o célebre cinegrafista de *Terra em transe*, *O desafio* e um dos autênticos criadores da estética do Cinema Novo) tem uma qualidade fluida e absorve de maneira expressiva a luz natural.

Coutinho mostra a aproximação do casal com requintes de ironia cenográfica. Os encontros furtivos se dão num bonde, no Jardim Zoológico, num elevador, num cinema onde passa *Suplício de uma saudade* (1955), um dos melodramas que arrancou lágrimas de Coutinho em sua mocidade... e finalmente numa igreja, onde trocam juras de

AO LADO
Anúncio de *ABC do amor*.

PÁGINA ANTERIOR
Cena de *O pacto*.
Vera Vianna, Isabel Ribeiro e Reginaldo Faria.

amor e Mário aceita a proposta inusitada de Inês: ela lhe concederia uma noite de amor desde que ele aceitasse um pacto de envenenamento a dois. Mais que prisioneira da ordem paterna, Inês é refém de uma mitomania romântica extrema, que se expressa na admiração por pactos de morte veiculados em jornais.

O retrato da vida suburbana estende-se à faixa sonora, que contém alguns hits da Jovem Guarda. "Ternura", na voz de Wanderléa, se tornaria uma canção mítica no cinema de Coutinho, reaparecendo, a seu pedido, em dois filmes futuros: *As canções* e *Moscou*. A inclusão de "Quero que vá tudo pro inferno" antecipa o desejo do cineasta de fazer um filme sobre a presença de canções de Roberto Carlos na vida das pessoas. Houve também uma preocupação com o ajustamento da linguagem às gírias do momento. Mas são as imagens que falam mais alto. As ruas calmas da Zona Norte carioca, com seus casarões vetustos, contrastam com o ambiente buliçoso da Zona Sul, que dominava o cinema urbano da época e estaria bem representado em *Garota de Ipanema*, surgido um ano depois. Nenhuma antologia do cinema carioca poderá prescindir da sequência em que Mário e Inês atravessam vários bairros em uma lambreta, a caminho do hotel onde se dará o desfecho do filme. Eles passam pela região do estádio do Maracanã, vencem o antigo Elevado da Perimetral (que ligava as zonas Norte e Sul da cidade) e cruzam os Arcos da Lapa, num percurso simbólico de evasão do mundo fechado do subúrbio.

A imagem do casal na cama, presente nos três episódios, só aqui assume um sentido concreto, romântico e libertário. A censura brasileira exigiu um corte na cena em que Vera Vianna aparecia, supostamente, com "parte do busto desnudo", o que para Coutinho significou "uma revolução anatômica" porque só o pescoço estava em quadro. O final feliz não chega a ser uma surpresa para o espectador, uma vez que nada indicara uma mudança no caráter hedonista de Mário. Coutinho conhecia os roteiros dos outros episódios e queria para o seu um tom menos depressivo.

O pacto marcou o início efetivo da carreira do diretor Eduardo Coutinho, pouco afetado pela agenda temática e formal do Cinema Novo. Ao mesmo tempo, mantinha-se ainda muito distante do que viria a se tornar a partir de sua futura opção pelo documentário. O que vemos aqui é um diretor em busca de uma linguagem clássica de ficção (campos e contracampos, alternância de planos gerais e planos próximos, interpretações naturalistas) que fosse ao mesmo tempo leve e aberta à interação com as locações. Um pacto a ser rompido em breve.

Vera Vianna em *O pacto.*

O HOMEM QUE COMPROU O MUNDO: GUERRA FRIA NO CINEMA NOVO

O homem que comprou o mundo surgiu em 1968, momento em que o Cinema Novo brasileiro iniciava um processo de autocrítica. Os filmes de maior engajamento político-social não tinham comprovado na prática a sua intenção messiânica de atingir a consciência das massas. Os próprios intelectuais questionavam-se sobre sua função – o que seria expresso, melhor que nunca, por Glauber Rocha em *Terra em transe* (1967), no mesmo período.

Registrava-se, entre os cinemanovistas, uma procura por diálogo com o público. Para tanto, buscava-se um tipo de receita que conciliasse atrativos de espetáculo e uma agenda comprometida com as transformações. Leon Hirszman, auxiliado no roteiro pelo próprio Coutinho, flertava com a juventude dourada da Zona Sul carioca em *Garota de Ipanema*. Walter Lima Jr., com *Brasil ano 2000*, aventurava-se numa mistura de ficção científica, filme musical e alegoria política, eivada de ingredientes tropicalistas. Joaquim Pedro de Andrade, dois anos mais tarde, lograria alcançar o povo e as elites com o picaresco *Macunaíma*, baseado no romance de Mário de Andrade.

Todos esses filmes buscavam no colorido uma estratégia de comunicação com as plateias. *O homem que comprou o mundo,* apesar de rodado em preto e branco, assumia as tonalidades de comédia popular, concebida desde o início como uma sátira à posição do Brasil no contexto internacional. O País Reserva 17, onde se passa a história, era uma nação em luta para sair do subdesenvolvimento. No Brasil de meados dos anos 1960, economistas, pensadores e artistas partilhavam um tema – ou um temor – comum: o de que o subdesenvolvimento não fosse uma etapa, mas um estado a que o país estivesse irremediavelmente condenado.

O argumento de Zelito Viana, Luiz Carlos Maciel e Arthur Bernstein foi desenvolvido no interior da produtora Mapa, fundada em 1965 por Zelito, Glauber, Walter Lima Jr. e Paulo César Saraceni. A proposta inicial era que o jorna-

Filmagem de *O homem que comprou o mundo*.
Flávio Migliaccio, Ricardo Aronovich e Eduardo Coutinho.

lista Maciel estreasse na direção com uma comédia política na linha de *Dr. Fantástico* (1964), de Stanley Kubrick, filme que ele cultuava fervorosamente. Mas um desentendimento com Glauber por causa da escalação do elenco acabaria afastando Maciel do projeto. Coutinho seria, então, convidado a dirigir. Como em *ABC do amor*, ele era mais uma vez o diretor substituto.

Coutinho escreveu com Armando Costa o tratamento final do roteiro, bem como as duas melhores cenas do filme: a lista de compras de Rosinha e a parábola satírica sobre a paixão dos brasileiros pelo futebol. O extraordinário elenco contaria inicialmente com o comediante Chico Anysio, irmão de Zelito Viana, que desempenharia sete papéis diferentes. Essa opção acabou sendo afastada quando a caracterização física de Chico para os diversos personagens desagradou a equipe. Flávio Migliaccio e outros seis atores viriam a ocupar seu lugar. No papel de Rosinha, Marília Pêra fez sua estreia no cinema, juntando-se a uma eclética constelação de astros do Cinema Novo (Hugo Carvana, Jardel Filho, Raul Cortez, Cláudio Marzo, Milton Gonçalves, Paulo César Pereio)

e do teatro/cinema "antigos" (Fregolente, Abel Pêra, Eugênio Kusnet, Nathalia Timberg). Havia lugar para a intérprete da *Garota de Ipanema*, Márcia Rodrigues, e para a travesti Rogéria, esta no papel de uma agente secreta de potência estrangeira.

Na ficha técnica brilhavam alguns dos nomes mais reluzentes do momento, como o argentino Ricardo Aronovich na fotografia, Mario Carneiro e Régis Monteiro na cenografia, Francis Hime na trilha sonora original, Maria Bethânia no canto e Roberto Pires na montagem.

José Guerra, o escriturário sem ambições que de repente se transforma no homem mais rico do mundo, é uma versão brasileira do Cândido de Voltaire. Ele não aspira a nada além de se casar com a noivinha suburbana (a ação se passa na antevéspera do dia da cerimônia) e, quando muito, alguma pequena melhora de vida. Sua incapacidade de reagir às ameaças disfarçadas de proteção e sua proverbial falta de articulação verbal refletem uma personalidade alvar, símbolo do cidadão ingênuo e distanciado das grandes questões que, em última instância, regem seu destino. O homem brasileiro comum seria esse doce alienado, que não almeja senão a tranquilidade e o descompromisso.

Mas, a partir da noite em que José se despede de Rosinha e volta a pé para casa, o planeta passa a girar em torno dele. Tudo começa quando ele testemunha a agressão de um misterioso hindu por dois homens de motocicleta numa passarela deserta. A vítima, com uma faca cravada nas costas, não consegue se fazer entender, e mal tem tempo de lhe entregar um cheque no valor de 100 mil strykmas. Levado ao banco, o cheque causa uma pane nos computadores e dispara o alarme de uma grave crise mundial: os strykmas, moeda (fictícia) rara de ouro cru oriunda do Egito Antigo, valem mais do que qualquer ser humano possa calcular. Só um sábio poderá avaliá-la – e garantir que, com aquela quantia, José Guerra poderia comprar praticamente o mundo inteiro.

O roteiro não chega a explorar um dos aspectos mais curiosos da fábula: o abismo entre as pequenas ambições de

José e a quantia desmesurada que lhe cai nas mãos. Ele logo é "convidado" pelo governo do país a "se proteger" numa fortaleza, sob forte aparato policial. Torna-se um caso perigoso de prosperidade instantânea. As grandes potências internacionais o cobiçam. O mundo disputa o privilégio de acolhê-lo. Ele agora é um prisioneiro.

Rosinha é autorizada a visitá-lo em sua cela, e lá mesmo eles se casam. É quando começa a revelar-se a verdadeira face da noivinha pacata, num dos melhores momentos do filme. Deslumbrada com a perspectiva das novas posses, Rosinha desfia uma lista de compras que inclui desde quatrocentas bonecas até a Ursa Maior, passando pelo colar de casamento da Grace Kelly, um vulcão, o bairro de Copacabana e todos os discos do Ray Conniff. Uma leitura poética e absurda das aspirações da classe média brasileira, que Marília Pêra entoa com um enlevo arrebatador.

A sátira à classe média, potencialmente interessada na modernização conservadora proposta pelos militares que tomaram

PÁGINA DUPLA ANTERIOR
Flávio Migliaccio em *O homem que comprou o mundo.*

ABAIXO
Cena de *O homem que comprou o mundo.*
Flávio Migliaccio e Marília Pêra.

o poder com o golpe de 1964, era uma das obsessões dos cinemanovistas. Mas a bateria satírica de *O homem que comprou o mundo* também apontava para muitos outros alvos. A Guerra Fria, o alinhamento do Brasil aos Estados Unidos, o militarismo, a censura à imprensa, os historiadores, a psicanálise, o discurso erudito e a grande confusão ideológica da década de 1960 levam seu quinhão de deboche, em anedotas verbais por vezes inspiradas. Em tudo isso ecoam elementos da chanchada, que tivera seu auge na década anterior – quando o cinema brasileiro se esmerou em parodiar gêneros cinematográficos, costumes e tecnologias do mundo desenvolvido. A chanchada absorvia o complexo de inferioridade como elemento de diversão. O fracasso era sublimado através do humor. Gustavo Dahl definiu *O homem que comprou o mundo* como "uma chanchada filmada como se fosse *O padre e a moça*" (de Joaquim Pedro de Andrade, 1966).

Tanto a "potência anterior" (o capitalismo avançado) quanto a "potência posterior" (o bloco socialista) parecem sumamente interessadas em capturar José Guerra e seus strykmas. Cada uma envia um quarteto de agentes secretos, que satirizam o james-bondismo da época. O apelo do futebol no Brasil sofre uma estocada certeira na sequência antológica em que os agentes capitalistas distraem a guarda da fortaleza com a simples aparição de uma bola nas proximidades. Para o público brasileiro, o efeito dos soldados largando seus postos ao som de uma célebre trilha sonora de cinejornais esportivos, foi de enorme hilaridade.

Em mais de um momento, o filme lança mão da metalinguagem para ressaltar seu caráter de comédia lunática. Há filmes dentro do filme, um personagem "coringa" que comenta a própria posição na trama ("Eu faço a ação caminhar") e uma autorreferência ferinamente irônica: quando os próceres do País Reserva 17 imaginam-se finalmente ricos, proclamam o fim da fome, do analfabetismo e do Cinema Novo, entre outras desgraças.

Ao fim e ao cabo, *O homem que comprou o mundo* pretendia fazer o elogio do descompromisso ideológico em relação tanto à política quanto à estética cinematográfica.

Recorria à paródia, um tanto banida dos receituários de um cinema moderno brasileiro, e propunha um herói cujo desejo maior era o de fugir. Escapar não se sabe para onde, como sugere o desfecho brusco e um tanto decepcionante do filme. Um desejo de simplesmente sair do emaranhado das retóricas ideológicas e retornar à vida mais simples de um mundo antigo, livre, doméstico, subdesenvolvido.

FAUSTÃO: CANGAÇO COM SHAKESPEARE

A década de 1960 chegava ao fim com Eduardo Coutinho tentando se desembaraçar das amarras ideológicas, mas ainda caindo nas malhas da Guerra Fria. Um convite para exibir *O homem que comprou o mundo* o levou a outro Festival da Juventude, desta vez na Bulgária, em 1968. No retorno, resolveu passar pela Primavera de Praga, mas acabou por ver o "inverno" chegar. Foi surpreendido no hotel pela invasão da cidade pelas tropas soviéticas e achou por bem buscar refúgio no consulado da ditadura brasileira. Ficou convencido de que, depois do golpe desabar sobre as filmagens do *Cabra*, ele era mesmo um pé-frio em matéria de política.

De resto, continuava totalmente absorvido pelo cinema de ficção. A intenção de adaptar *Dois perdidos numa noite suja*, peça de Plínio Marcos, não se concretizou por falta de autoconfiança para tocar a empreitada. A oportunidade seguinte surgiu quando a produtora Saga Filmes, fundada em 1958 e adquirida em 1966 por Leon Hirszman e Marcos Farias, lançou-se num projeto de realizar filmes de cangaço que fossem ao mesmo tempo críticos e populares. Uma forma de atingir essa meta, imaginava-se, seria adotar estruturas dramatúrgicas clássicas, adaptadas da grande literatura histórica universal. Em princípio seriam produzidos quatro longas-metragens simultaneamente, a fim de se obter economia de escala, mas somente dois passaram da mera sinopse. Em 1970, Marcos Farias dirigiu *A vingança dos doze*, que transpunha para o Nordeste brasileiro a gesta de Carlos Magno, Rolando e os Doze Pares de França. Coutinho colaborou

no roteiro assinado por Farias e Armando Costa. Ao mesmo tempo, escreveu *Faustão* (1970), que procurava correspondências na trama de *Henrique IV*, de William Shakespeare.

O título é uma aproximação lusófona do personagem Falstaff, ao qual Orson Welles havia dedicado um filme, *Falstaff* ou *Chimes at Midnight*, em 1966. Henrique Pereira, filho de "coronel" que vai parar no cangaço, corresponde ao rei Henrique IV. O contexto é o dos conflitos entre famílias nordestinas cuja rivalidade se estendeu geração após geração, através de dívidas de sangue. Tema que, por sinal, o próprio Coutinho abordaria em dois programas do *Globo Repórter* e chegaria ao cinema brasileiro do século XXI com *Abril despedaçado* (2001), de Walter Salles.

O fenômeno do cangaço abalou as estruturas sociais do Nordeste num período que, grosso modo, foi de 1870 a 1940. As origens encontram-se, de um lado, nas lutas entre latifundiários rivais (os "coronéis"), que formavam seus próprios bandos armados; de outro, na concentração da posse de terras e nas secas, que levaram sertanejos miseráveis

Filmagens de *Faustão*.
Coutinho e o fotógrafo José Medeiros.

a se organizarem em bandos para assegurar a sobrevivência à margem da lei. Houve mesmo quem passasse a integrar grupos marginais apenas para fugir ao alistamento militar obrigatório.

Os cangaceiros ganharam autonomia e por várias décadas fizeram o terror dos proprietários de terras, saqueando alimentos para distribuir aos pobres ou prestando serviços violentos a quem os pagasse. Formou-se uma vasta mitologia popular em torno da ética, do destemor, dos costumes e até do vestuário dos cangaceiros, à medida que estes eram combatidos pelas tropas do governo federal (as chamadas "volantes"). Virgulino Ferreira, vulgo Lampião, e Corisco (o "Diabo Louro") condensaram as principais qualidades do líder cangaceiro, que incluíam a companhia de uma bela mulher – Maria Bonita e Dadá, respectivamente.

O cinema brasileiro encontrou aí um tema fértil a partir de 1953, quando *O cangaceiro*, de Lima Barreto, ganhou o prêmio de melhor filme de aventuras no Festival de Cannes e angariou, no Brasil, fãs até então indiferentes ao cinema nacional. Um novo subgênero – o filme de cangaço – impôs-se durante a década de 1960, com títulos como *A morte comanda o cangaço* (1960), *Lampião rei do cangaço* (1963) – ambos dirigidos por Carlos Coimbra, *O cangaceiro sanguinário* (1969), de Osvaldo de Oliveira e *Deu a louca no cangaço* (1969), de Nelson Teixeira Mendes. Dentro do núcleo do Cinema Novo, Glauber Rocha redefiniu o mito, teatralizando-o com aportes brechtianos em *Deus e o diabo na terra do sol* (1964) e *O dragão da maldade contra o santo guerreiro* (1969).

Embora a tipologia do cangaceiro tenha se prestado a tratamentos os mais distintos, foi o modelo do western que melhor floresceu no período. Em mais uma tentativa de conquistar o público fiel ao espetáculo hollywoodiano, os *nordesterns* exploravam os espaços abertos do sertão nordestino, buscavam uma fotogenia pouco afeita à luz e à estética da região, e forjavam cenas de cavalaria alheias aos hábitos de transporte dos cangaceiros, entre outras "licenças". Como acontece em *Faustão*, não faltavam duelos em poeirentas ruas de aldeia e o repouso do herói entre as "meninas" do bordel.

Rodado no distrito de Fazenda Nova, município pernambucano de Brejo da Madre de Deus, o filme começa e termina sob o signo do elogio à lealdade familiar. Na abertura, lemos alguns versos, atribuídos a Lampião, com votos de fidelidade ao "mano Ferreirinha". Na última sequência,

Cena de *Faustão*.
Eliezer Gomes e Jorge Gomes.

veremos o enfrentamento doloroso entre um homem que não quer matar e outro que faz questão de ser morto por ele. Faustino Guabiraba, vulgo Faustão, e Henrique Pereira estão condenados a pertencer a mundos adversários, mas por um certo tempo se iludem do contrário.

O jovem Henrique é salvo por Faustão ao cabo de uma batalha da família Pereira contra os Araújo. Levado pelo bando de cangaceiros como refém de sequestro, Henrique, porém, se recusa a voltar à casa do pai. Uma nova relação pai-filho se estabelece na medida em que Faustão faz a educação de Henrique nas regras do cangaço e promove a iniciação sexual do rapaz com a sua prostituta preferida. Henrique deixa para trás família e noivado, passando a integrar o bando de Faustão.

O tema da lealdade impossível num contexto de diferenças de classe e sangue – tema subjacente universo ficcional de Shakespeare – torna-se aqui assunto central. Chegará o dia em que os laços sanguíneos cobrarão seu preço, e Henrique herdará a missão de combater os cangaceiros. O quadro da tragédia estará formado.

A ação de *Faustão* se passa em fins da década de 1930, quando Lampião já não se expunha tanto quanto antes, e o cangaço entrava em declínio. O governo federal reforçava a aliança com os latifundiários no combate aos bandos, elegendo-os como principais inimigos públicos. De alguma maneira, a figura de Faustão condensa os dados básicos desse estágio de decadência, sobretudo no terceiro ato do filme. Passado o seu período de glória, o ex-líder se vê transformado num alcoólatra fanfarrão, um pobre coitado que implora por ser bem recebido pelo antigo pupilo. E quando, enfim, compreende não mais pertencer ao tempo do progresso, parte para uma escalada de delitos indiscriminados, como se buscasse a morte à frente de um bando de *freaks* que parecem saídos de um quadro de Hieronymus Bosch.

Bem antes disso, Faustão já havia sugerido um lampejo de compreensão do seu destino. Foi quando logrou fuzilar, friamente, o arqui-inimigo Anjo Lucena, matador de cangaceiros a soldo dos Araújo. Por um momento, sua risada de

regozijo dá lugar a uma crispação apreensiva. O cangaceiro parece se dar conta de que a matança, por mais bem-sucedida que seja, não lhe trará satisfação absoluta ou redenção de qualquer espécie.

Faustão é um personagem deveras curioso. Para começar, é um raro cangaceiro negro em um universo basicamente branco. Mas o filme não faz disso um cavalo de batalha. A condição racial não é tematizada, a não ser por duas breves referências. Anjo Lucena diz, a certo momento: "Esse negro não me escapa das unhas"; e o próprio Faustão se exclui da "briga de brancos" que divide os "coronéis". Não deixa de ser estranho que essa "diferença" de Faustão não repercuta mais intensamente na trama.

Faustão é tratado com relativa "normalidade" como líder num quadro que se pretende abrangente da vida no cangaço. O catolicismo às vezes exacerbado, que podia levar a uma autopercepção messiânica por parte dos bandoleiros, está bem representado pelo beato que reza sobre os cadáveres. O código de ética que permite atos sanguinários, mas impõe regras específicas (como a de só sangrar "macacos", ou seja, soldados, e não bater em mulher bonita) também transparece com clareza nas ações do bando.

Como todo cangaceiro, Faustão encarna um tipo a meio caminho entre o bem e o mal. Herói e anti-herói ao mesmo tempo, incorpora uma visão macro da realidade do sertão nordestino. Sabe que as lutas do campo não são a única praga a se abater sobre o sertanejo. "Não é o homem. É o sertão", ele diz. "É a volante, é a seca, é a sezão…" Euclides da Cunha, autor do clássico romance-reportagem *Os sertões*, não seria capaz de síntese mais feliz.

O sertão fotografado pelas lentes de José Medeiros (um dos mais célebres cultores da luz realista para criar uma estética tipicamente brasileira) não tinha os excessos cromáticos de outros filmes de cangaço. Suas cores são mais frias, buscando as tonalidades da terra seca e da vegetação agreste. Mas toques de estetização aparecem nos enquadramentos que valorizam mais a composição do que a espontaneidade. Há uma certa busca da "bela imagem", com a disposição de

PÁGINA ANTERIOR
Eliezer Gomes em cena de *Faustão*.

pés de mandacaru em primeiro plano, marcações um tanto rígidas e movimentações humanas monolíticas dentro do quadro. Daí o cotidiano dos cangaceiros parecer eficientemente arrumado "para a câmera". Como um western em câmera lenta.

Ao diferencial contido no argumento do filme não corresponde uma inquietação formal significativa. A linguagem é pesada, sobretudo nos dois primeiros atos, com uma solitária utilização de câmera na mão na cena da luta de facas, perto do final. As muitas mortes presenciadas pela câmera sofrem de uma visível orientação para que os atores estrebuchassem e grunhissem como animais agonizantes. Os diálogos, em sua grande maioria, ferem os ouvidos, não só porque carecem de naturalidade, mas também por causa da irregularidade do elenco. O roteiro, por sua vez, não dimensiona bem o tempo decorrido entre a separação de Henrique e o decaimento moral de Faustão. A produção foi tumultuada, com a equipe técnica – que já vinha com salários atrasados de *A vingança dos doze* – fazendo uma greve logo no primeiro dia de filmagem.

Em seu derradeiro *opus* ficcional, Eduardo Coutinho estava mais engessado do que nunca no molde do produto semi-industrial. Alguma coisa precisava acontecer em sua carreira para resgatar o grande cineasta ali contido. Isso acabou por ocorrer ao longo da década de 1970, por meio do jornalismo impresso e dos documentários para a televisão. Deixando para trás cangaceiros nordestinos e bardos ingleses, Coutinho começava a cair na real.

CONTISTA E PSEUDOASTRÓLOGO

Antes de passarmos à fase do repórter, convém mencionar algumas incursões posteriores de Eduardo Coutinho no campo da ficção escrita. Seus roteiros ficcionais continham diálogos e monólogos inspirados, bem como tiradas de humor surrealista. Já mencionamos falas de *Le Téléphone* e de *O homem que comprou o mundo*. Havia ali um ficcionista talentoso, que nem sempre passava com sucesso do papel para a tela.

Depois de se transferir de corpo e alma para o documentário, Coutinho também se afastou da escrita. Exuberante na expressão oral, refugava quase sempre que lhe pediam para redigir um texto. É famoso o primeiro parágrafo de "O olhar no documentário", sua carta-depoimento para Paulo Antônio Paranaguá, onde se leem coisas assim:

> Colocado diante do compromisso de escrever quatro a cinco laudas sobre a questão do olhar no documentário cinematográfico e na televisão, sinto-me angustiado além da medida. [...] Em geral, acabo cedendo aos compromissos desse tipo e produzindo, arduamente, um texto que é uma "média" de minha opinião destinada a uma "média" de leitor previsível. Depois de completado o compromisso, sinto-me covarde, omisso, superficial, e rezo aos deuses para que não seja interpretado, compreendido através desses textos de compromisso, "médios", sem sangue nem paixão.*

Nos últimos tempos de sua vida, ele se permitiu criar textos diletantes, assinados com pseudônimos e publicados na revista *piauí*, editada por seu amigo e produtor João Moreira Salles. Num deles, o conto bizarro "Por que as crianças gostam de Valtidisnei"**, Coutinho explorou o choque que sentiu ao se perder de seus pais depois da sessão de *Pinóquio*. A partir de episódio real, descreveu em primeira pessoa sua suposta ida a um reformatório e as duas semanas que viveu dentro de um cinema onde passava outro filme da Disney, na esperança de que seus pais aparecessem por lá. Um belo dia, os encontrou numa sessão de *Bambi*, quando enfim retornou ao lar. Já era então líder de uma quadrilha que planejava assaltar a própria casa.

A essa altura, o relato assume um caráter intertextual, quando outro personagem se apresenta para contar a história do autor do conto original, um certo Stephen Rose, ou Estêvão Rosa, ou ainda Etienne Rose. Stephen Rose era

---

*   Catálogo do Festival Cinéma du Réel, 1992.
**   Revista *piauí*, n. 13, out. 2007.

o pseudônimo que Coutinho gostava de adotar em bilhetes e dedicatórias de livros. Mas não era o único. Uma de suas diversões prediletas era redigir dedicatórias falsas em nome dos autores de livros alheios. Em páginas de rosto de livros da mãe, escreveu mensagens como "Sincerely yours, Oscar Wilde" (em *O retrato de Dorian Gray*), "Amicalement, Gustave Flaubert" (em *Madame Bovary*) e "With love, dear friend. Will" (numa antologia de Shakespeare). Um exemplar de *Memórias do cárcere* foi presenteado a sua assistente Laura Liuzzi com o seguinte petardo: "Com irritação e desinteresse [...] Com mau humor, Graciliano, 17/10/1954".

Nos doze primeiros números da revista *piauí*, diversos autores produziram textos para uma coluna de horóscopo satírico sob o pseudônimo de Chantecler. Os nomes eram sempre revelados na edição posterior. Coutinho escreveu previsões e aconselhamentos para duas edições, as de novembro de 2006 e abril de 2007. Eram notas de grande mordacidade, que testemunham o seu gosto pela paródia e

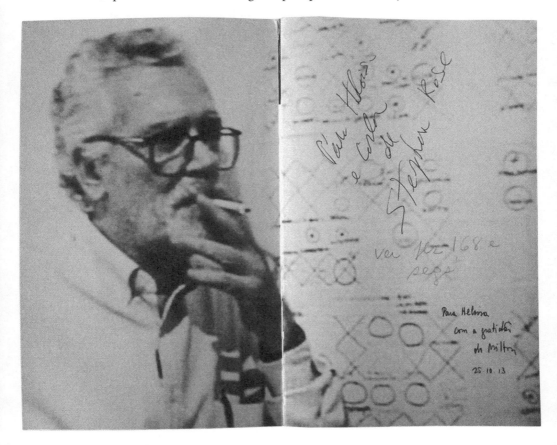

Autógrafo de Stephen Rose.

o pastiche, mas também, nas entrelinhas, a veia tragicômica inerente ao seu humor particular. Eis alguns exemplos:

ÁRIES [21.3-20.4] Querido leitor, infelizmente você não verá o fim desse período. Para evitar o eufemismo dos fracos: você não viverá até o fim do mês. Consultei todos os luminares, o nodo lunar, as casas dos planetas, os ângulos, todas as configurações astrais e a resposta é a mesma. Seja qual for seu sexo, raça, religião ou posição social, não há saída.

CÂNCER [21.6-22.7] Os cancerianos devem basear todas as suas relações na questão da compatibilidade dos signos. São compatíveis aqueles que não têm a letra A no nome: Touro, Virgem, Gêmeos e Peixes. Evite qualquer contato direto com pessoas de outros signos.

SAGITÁRIO [22.11-21.12] Consultei toda a minha imensa biblioteca especializada, auscultei os céus. Pela primeira vez em meus setenta anos de profissão, confesso humildemente meu fracasso. Simplesmente, não posso lhe fazer nenhuma previsão. Se quiser, consulte outro astrólogo – nove entre eles, charlatões; o décimo ainda não nasceu.

AQUÁRIO [21.1-19.2] Aquariano, vou deixá-lo na mão. Os estudos mais recentes do maior astrônomo-físico do mundo, Fritz Loewental, professor sênior da Universidade de Princeton e diretor do Departamento Especial de Pesquisa de Fraudes Astronômicas, revelam que o signo de Aquário simplesmente não existe, nunca existiu e os signos do Zodíaco são apenas onze. Portanto, desde os maias, estivemos errados.

LEÃO [23.7-22.8] Perigo para o leonino, que almeja sempre ser o centro das atenções – como o sol. Entregue-se à mais humilde das ciências experimentais, baseando-se nas seculares tradições de sabedoria popular: os provérbios. Teste-os em seu sentido literal – o figurado não existe. Eis exemplos preciosos: "de grão em grão a galinha enche o papo", "de pequeno se torce o pepino", "cão que ladra não morde", "mais vale um pássaro na mão que dois voando" etc. Em sua observação participante, dedique pelo menos uma hora a cada provérbio. Não confunda pepino com pássaro, sob pena de crime ecológico.

ESCORPIÃO [23.10-21.11] Como indivíduo dedicado a tarefas ligadas à morte e à tecnologia, você investirá todos os seus esforços numa invenção que o imortalizará: o celular além-túmulo. A comunicação com o mundo exterior, superando a barreira do caixão e de sete palmos de terra, eliminará o pavor comum a todos de ser enterrado vivo. Milionário com a venda da patente, torne-se filantropo, garantindo que até os indigentes tenham direito a esse kit vivo.

Alguns verbetes do horóscopo vinham acompanhados de uma indicação bibliográfica como esta: "LIVRO – A versão original, não expurgada e pornográfica de *Sentei às margens do rio Piedras e chorei,* de Paulo Coelho". Ou esta: "LIVRO – *Sidharta,* de Herman Hesse. Pule as páginas pares".

Mais adiante, no capítulo "Cineasta de conversa", vamos abordar a importância da ficcionalização da vida, da mentira e da fabulação nos documentários de Eduardo Coutinho. Mais à frente ainda, no capítulo "Experimental", veremos as iniciativas mais ousadas do cineasta nas fronteiras entre o documentário e a ficção, entre a matéria bruta do real e as sinuosidades da invenção.

REPÓRTER

REPÓRTER///

O insucesso de crítica e bilheteria de *O homem que comprou o mundo* e *Faustão* só fez confirmar uma intuição de Eduardo Coutinho: ele não era talhado para o cinema industrial de entretenimento. Saiu insatisfeito daquelas experiências, embora mais tarde reconhecesse a importância de ter passado pela ficção para fazer documentários, como afirmou na entrevista constante deste livro: "Você tem duas pontas: o jornalismo de um lado e a ficção do outro. É bom passar pelas duas. [...] Dirigir atores é uma experiência que acaba te ajudando de alguma forma a não dirigir não atores".

Durante as filmagens de *Faustão*, em Pernambuco, Coutinho conheceu Maria das Dores de Oliveira, contratada pela produção local. Ele a trouxe para o Rio e se casaram no mesmo ano de 1970. Dois anos depois, já tinham dois filhos, Pedro e Daniel. Coutinho era responsável por uma família e não podia mais viver de trabalhos ocasionais. Empregou-se por dois meses na redação da revista *Realidade*, suprassumo do bom jornalismo na época. Em seguida, bateu à porta de Alberto Dines para pedir um emprego no *Jornal do Brasil*. Foi acolhido como copidesque, função já desempenhada no passado por outro futuro grande cineasta, Nelson Pereira dos Santos.

PALAVRAS DE CRÍTICO

Foi nesse período que floresceu a breve passagem de Coutinho pela crítica cinematográfica. De agosto de 1973 a dezembro de 1974, escreveu cerca de quarenta artigos, entre resenhas, comentários informativos e até perfis biográficos de astros de Hollywood. Todos sobre filmes estrangeiros, com a solitária exceção de um texto intitulado "As riquezas do subdesenvolvimento". O time oficial de resenhistas do *Jornal do Brasil* era composto por Ely Azeredo, José Carlos Avellar, Alberto Shatovsky e Alex Viany. Como bem notou Milton Ohata, que compilou os textos em livro*, a predominância da produção de Coutinho é sobre o *mainstream* do cinema norte-americano e adaptações literárias.

A leitura desses textos permite sondar alguns interesses peculiares do autor, assim como a agudeza de sua veia crítica. O artigo "A melancolia do crepúsculo", por exemplo, é perpassado por um sentimento de compaixão por diretores veteranos que não mais conseguiam sustentar os melhores momentos de suas carreiras. Ele descreve as incapacidades físicas e o declínio de George Cukor, Luis Buñuel, Vittorio De Sica, John Ford, Alberto Cavalcanti, Humberto Mauro, Luís de Barros, Ademar Gonzaga e, naturalmente, Chaplin, seu talismã da época dos *quiz shows*. Há no artigo uma espécie de solidariedade futura a si mesmo, dadas as dificuldades que enfrentaria nos últimos trabalhos de sua vida e sua permanente indagação sobre a morte.

A sofisticação de análise pode ser vista nesta comparação entre os clássicos *Gilda* (1946) e *Casablanca* (1942):

> Os dois filmes têm numerosos pontos comuns: exploração do exotismo de países coloniais (Marrocos, num caso, Argentina e Uruguai, no outro), concentração da ação num cabaré, a presença obscura do passado sobretudo através da música, o policial delicado (Claude Rains e Joseph Calleia) que se deixa corromper pelo sentimentalismo. Mas enquanto *Casablanca* é feito de impulsos éticos permeados

---

* Milton Ohata (org.), *Eduardo Coutinho*, cit., p. 49-163.

de ambiguidade – o que lhe valeu a consagração oficial de vários Oscar –, *Gilda*, com toda a sua amoralidade e cinismo, permanece de certa forma irrecuperável para os bem-pensantes da moral e da gramática cinematográfica.

O resenhista podia se mostrar bastante condescendente com o cinema comercial, como neste parágrafo sobre a comédia de Ernst Lubitsch:

> Em *A oitava esposa de Barba Azul* [1938] a máquina da comédia ligeira de Hollywood funciona a pleno vapor. Não há razão para um intelectual franzir de testa: Lubitsch não engana quanto a seus objetivos de puro divertimento, e por isso suas obras envelheceram menos que certas comédias moralizantes, de ingênuas ambições políticas, realizadas pela dupla Frank Capra-Robert Riskin.

A crítica ao intelectualismo reaparece neste trecho de uma resenha de *Cantando na chuva* (1952):

> No conflito inicial entre Don e Kathy estabelece-se uma defesa do cinema como arte popular contra o teatro sério, com suas gloriosas palavras consagradas pela história. Essa mesma defesa poderia valer em relação aos críticos que menosprezam o musical, com toda a sua maravilhosa vulgaridade, e estão prontos a fazer ensaios sobre filmes ambiciosos, eruditos e com pretensões sociológicas muitas vezes equivocadas.

Em outras ocasiões, é ríspido para com espetáculos de pretensões humanistas:

> Adaptação falsamente fiel de um realismo romanesco anacrônico, *Os emigrantes* (de Jan Troell) é canhestro quando quer ser simples, e demagógico quando quer ser denunciador. A narrativa dessa odisseia de um grupo de lavradores empobrecidos que emigra para alcançar a Terra Prometida é pretexto para um álbum de imagens estereotipadas [...] esvaídas de uma verdade mais profunda e ficando quase sempre no nível do pitoresco e do humanismo de algibeira.

> **"** *Lubitsch não engana quanto a seus objetivos de puro divertimento, e por isso suas obras envelheceram menos que certas comédias moralizantes..."*
> Eduardo Coutinho

Sobre o documentário sensacionalista *África secreta* (1969), concluía enfático: "Felizmente, a projeção do Bruni-Flamengo é muito ruim, o que diminui a eficácia dessa aula objetiva de racismo e fascismo".

Por outro lado, é possível reter desses textos algumas indicações que formariam o seu credo a respeito dos documentários. Ao falar do escritor Henry James, destaca a frase de um personagem: "Há uma coisa que eu sempre disse: não se descobre jamais verdadeiramente a verdade". O filme brasileiro *Aves sem ninho* (1939), de Raul Roulien, lhe inspirou uma observação premonitória do seu próprio cinema: "Roulien coloca em seu filme um raro sopro de realidade, favorecido pela participação de não atores – rostos e expressões simplesmente do povo, de uma rudeza incomum no cinema brasileiro vigente".

A futura recusa aos grandes temas e a importância do olhar inquisidor se prenunciam nesta citação de Buñuel:

> Um filme não é uma equação algébrica, um filme não pode provar nada. A verdade é que nunca escolhi um assunto *a priori* – a caridade, por exemplo, ou a virgindade, ou a crueldade – para em seguida colocar nele, à força, meus personagens. Não tenho respostas prévias. Eu olho, e olhar é uma maneira de colocar perguntas.

Por fim, como já assinalou Ohata, uma resenha de *Meu corpo em tuas mãos* (1973), de Larry Pearce, trazia uma possível semente longínqua de *Jogo de cena*: "[...] o que interessa mais são as relações entre intérpretes e personagens, os toques da vida pessoal que interferem nas imagens. Dessas relações ambíguas nasce a melancolia de alguns planos da atriz (Elizabeth Taylor), naquela confusão entre sinceridade e fingimento típica dos atores".

CINEMA NOVO NA GLOBO

Depois de quatro anos editando matérias no *Jornal do Brasil*, Eduardo Coutinho foi convidado por seu ex-chefe

Nilson Viana para a redação do *Jornal Nacional*, na TV Globo. Recusou em face do salário pouco atraente. Mas, em agosto de 1975, acabou sendo indicado a Paulo Gil Soares para a equipe do programa *Globo Repórter*. Além de pagar melhor, o programa funcionava a poucas, mas prudentes, centenas de metros do prédio principal da Vênus Platinada, numa casa de dois andares com quintal e relativa independência. A pequena distância em relação à sede funcionava como um álibi para os cineastas de esquerda que hesitassem em trabalhar para a Globo, notória apoiadora da ditadura.

O contexto do surgimento do *Globo Repórter* explica muita coisa. A televisão brasileira viveu uma crise de credibilidade entre as elites culturais em fins da década de 1960. Era acusada de banalizar o gosto do público médio, excluir as manifestações da legítima cultura popular e voltar as costas para a realidade do país. A TV Globo, particularmente, já instalada na liderança das pesquisas de audiência, constituía o maior instrumento regulador de massas a serviço da ideologia dominante no regime militar, que desde 1968 vivia seu auge de repressão às liberdades políticas. Aí compreendia-se a aceitação passiva da censura, a abertura de horários nobres para matérias institucionais do governo, a difusão militante da ideia de integração nacional, o monopólio das telenovelas e o projeto de conquista do público jovem.

Foi como um desmentido dessa reputação que surgiu, em 1971, um programa de telejornalismo aprofundado, com patrocínio da multinacional Shell. O *Globo Shell Especial* abriu caminho na TV para um exercício relativamente livre do cinema documental, com filmagens em película de 16 mm reversível* e controle do diretor durante todo o processo. Seria o início do namoro da televisão com os cineastas surgidos nos anos 1960, entre eles Gustavo Dahl, Maurice Capovilla, Walter Lima Jr. e Domingos Oliveira.

O casamento não foi destituído de polêmica. Intelectuais e artistas progressistas identificavam na Globo um inimigo poderoso e insidioso. Quem se dispusesse a colaborar

---

*   Na película reversível, após a revelação, as imagens já aparecem na polaridade correta, e não em negativo.

com ela tinha de enfrentar preconceitos e mal-entendidos. Essa percepção só começou a mudar, de fato, a partir de 1973, quando a Shell se retirou do projeto e a própria Globo assumiu o programa, com o título de *Globo Repórter*.

Pouco a pouco, o programa foi se tornando uma espécie de enclave do Cinema Novo dentro da Globo. Havia núcleos de produção no Rio e em São Paulo. Além dos citados acima, que já vinham do *Globo Shell Especial*, outro grupo de diretores incluía Geraldo Sarno, João Batista de Andrade, Joaquim Pedro de Andrade, Hermano Penna, Paulo César Saraceni, Jorge Bodanzky, Osvaldo Caldeira e Alberto Salvá. Paulo Gil Soares, ex-assistente de Glauber Rocha em *Deus e o diabo na terra do sol*, dirigia o núcleo carioca, ao qual Eduardo Coutinho se juntou em 1975.

O *Globo Repórter* era uma unidade semi-independente dentro da TV Globo. Fazia suas próprias pautas e coordenava suas equipes de produção. A edição final, porém, era controlada pela direção de jornalismo da emissora e submetida a um certo padrão de texto e formato. O apresentador Sérgio Chapelin (e eventualmente Cid Moreira) gravavam as introduções ("cabeças") de bloco e faziam a narração em off. De resto, diretores trabalhavam com boa autonomia, considerando-se o veículo e a época. As relações com a censura eram menos tensas que a média na Globo.

O diretor, na maioria das vezes, era o principal condutor das reportagens, microfone em punho. O som direto permitia um contato mais efetivo com os entrevistados, em documentários de temática frequentemente contundente: seca e miséria nordestinas, extinção de povos indígenas, poluição e violência nas grandes cidades, catástrofes naturais, questões de comportamento etc. Sem prejuízo de assuntos mais amenos, como mitologias populares, perfis de grandes artistas e retratos etnográficos de regiões brasileiras.

O conteúdo crítico, a multiplicidade de abordagens e a consulta às camadas populares fizeram do *Globo Repórter* um programa de referência dentro da Globo, tendo influenciado a própria dramaturgia de novelas e minisséries. Além disso, foi escola para toda uma geração de cineastas, que ali descobriram ou aprimoraram suas capacidades para o documentário.

Eduardo Coutinho foi um deles. Seu plano de documentar o Brasil com a UNE Volante havia sido uma experiência isolada e frustrada. As condições de produção no cinema eram especialmente precárias, ao mesmo tempo que a censura ceifava os melhores impulsos criadores. Entre 1976 e 1984, como empregado fixo do programa, Coutinho trabalhou nas mais diversas funções – escrevendo textos, pesquisando materiais, editando reportagens. Ele assim resumiu o período, tempos depois:

> Eu fiz de tudo: eu traduzia – quando não conseguia traduzir o inglês, eu inventava –, eu adaptava, eu fazia texto para os outros, e algumas vezes eu dirigia e fazia tudo. A diferença entre mim e o Walter [Lima Jr.] e o João Batista [de Andrade] é que eu era pau para toda obra. Eu não estava escalado lá para dirigir, como o Walter Lima; eu estava escalado para resolver tudo o que acontecesse: traduzir, copiar, legendar, plagiar ou o que fosse.*

Coutinho sempre reconheceu, no período do *Globo Repórter*, as vantagens de trabalhar com uma estrutura profissional sólida e equipes competentes, que incluíam cinegrafistas como Edison Santos e Mário Ferreira. Foi na Globo que adquiriu a prática do som direto e da abordagem franca e direta de pessoas comuns. A ficção ia ficando definitivamente para trás, tida como algo excessivamente oneroso, superpopulado e que tolhia a liberdade do realizador. Fazer documentários lhe trazia as vantagens de não precisar escrever roteiro, dirigir ator ou escolher onde botar a câmera. A realidade cuidava de tudo. E ele "deixava de ser artista", embora gostasse que os outros o considerassem como tal.

Nessa passagem pela Globo, Coutinho atuou também como um dos editores do *Domingo Gente*, programa de variedades que enfocava personagens com atividades ou histórias curiosas. A faixa estava a cargo da Divisão de Reportagens Especiais da Rede Globo, responsável por programas

---

* Depoimento ao CPDOC da Fundação Getúlio Vargas, 2012.

com perfis mais próximos do documentário, como *Globo Repórter* e *O Mundo em Guerra*. As entrevistas costumavam ser ilustradas com imagens de arquivo e depoimentos de amigos, companheiros de trabalho ou familiares do entrevistado.

No *Globo Repórter*, seis programas foram integralmente dirigidos por ele, a saber: *Seis dias de Ouricuri* (1975), *Superstição* (1976), *O pistoleiro de Serra Talhada* (1977), *Theodorico, o imperador do sertão* (1978), *Exu, uma tragédia sertaneja* (1979) e *O menino de Brodósqui* (1980, sobre o pintor Cândido Portinari). À exceção do último, todos enfocam o Nordeste brasileiro, o que denota um interesse reprimido no cineasta desde o malogro inicial do filme sobre o líder camponês João Pedro Teixeira, semente de *Cabra marcado para morrer*[*].

SEIS DIAS DE OURICURI E THEODORICO, O IMPERADOR DO SERTÃO: VITÓRIAS SOBRE O SISTEMA DA TV

Tomaremos como objeto de análise mais aprofundada os dois programas que mais contribuíram para a gestação da carreira do documentarista Eduardo Coutinho: os nordestinos *Seis dias de Ouricuri* (1976) e *Theodorico, o imperador do sertão* (1978). No primeiro caso, a visão panorâmica de

---

[*] Segundo levantamento realizado por Heidy Vargas Silva na dissertação "*Globo-Shell Especial* e *Globo Repórter* (1971-1983): as imagens documentárias na televisão brasileira", Coutinho teria assinado os seguintes trabalhos para o *Globo Repórter*, além dos programas que dirigiu:

a) Texto da reportagem: *A crise do progresso, o progresso do homem, o comportamento do homem, a esperança do homem* (1976); *Os Kennedy choram* (primeira e segunda partes, 1976); *As grandes tragédias* (catástrofes, 1978); *A morte do nosso passado* (1978); *Zepelim, a volta do pássaro prateado* (1980); *Transporte urbano: desespero do povo* (1981);

b) Texto e montagem: *Ascenção da violência* (1978); *O desafio do sexo – a presença da mulher no esporte* (1979); *Drácula e sua corte diabólica* (1979); *Zico ou Sócrates* (montagem também de José Antônio Menezes e Washington Novaes, 1979); *Fora do mundo, do outro lado da vida* (casa de detenção, 1979); *O crime de Búzios* (assassinato de Ângela Diniz, 1979); *A nação dos romeiros* (grandes manifestações coletivas do catolicismo, 1979); *O balanço da pílula* (vinte anos da pílula anticoncepcional, 1980); *Ciência versus câncer – a guerra continua* (1980); *Rituais do medo* (1980); *Glauber Rocha: vivo/morto* (1981); *Seleção brasileira* (1982); *Cem anos de Getúlio Vargas* (1983) e *Alô alô, Brasil – 60 anos do Rádio* (1983).

uma cidade de 60 mil habitantes devastada pela seca e pela fome, no sertão do estado de Pernambuco. No segundo, o retrato em profundidade de uma única figura, representativa do autoritarismo de face paternalista praticado amplamente no Nordeste brasileiro.

Seis dias de Ouricuri, o primeiro programa realizado integralmente por Coutinho, reflete em sua estrutura as negociações de poder dentro do *Globo Repórter*. Enquanto a câmera de Edison Santos e as entrevistas de Coutinho descerram uma realidade crua, sem meias palavras, o texto da narração em off desdobra-se em contemporizações sobre a função messiânica do Estado, a união de classes em torno do problema da estiagem e o papel do irracionalismo nas esperanças do povo por dias melhores. É bem nítida a separação entre esses dois eixos narrativos, que se alternam por meio de conjunções adversativas e uma edição rude.

Se um homem chora diante da câmera, contando do seu sofrimento e da sua família, logo em seguida a voz de Cid Moreira informa sobre a chegada do caminhão do governo apinhado de víveres para os famintos. Dados sobre a ação de órgãos governamentais são mencionados imediatamente após o longo plano (pouco mais de três minutos) em que um homem descreve as raízes que a necessidade já o obrigou a comer: umbuzeiro, mucunã, macambira e outros tubérculos normalmente destinados à alimentação de animais. Essa tomada, aliás, foi uma ousadia defendida com unhas e dentes pelo diretor contra o imperativo dos tempos curtos no telejornalismo da época. Pelo resto de sua vida, Coutinho se orgulharia dessa vitória. Para João Moreira Salles, "não seria exagero dizer que todo o cinema de Coutinho será tributário desse único plano, que jamais teria existido sem o encontro fortuito entre um diretor disposto a ouvir e um personagem que percebe ter diante de si alguém que deseja escutá-lo"*.

Assim era o *Globo Repórter* desses primeiros tempos: uma delicada operação dialética entre autonomia crítica e discurso da oficialidade. Coutinho fez as duas coisas – escreveu o texto

---

*   João Moreira Salles, "Morrer e nascer: duas passagens na vida de Eduardo Coutinho", *Cadernos de Antropologia e Imagem*, NAI/UERJ, 2012-3.

conciliador para salvar o material bruto que havia colhido da boca do povo. Flagrou cenas de desnutrição explícita, gente andrajosa, gado magérrimo, lavouras ressequidas. Encontrou homens mais preocupados com o sustento da família que com o seu próprio. Conversou também com comerciantes, o vigário local, o delegado, contratadores a serviço das frentes de trabalho criadas pelo governo para atenuar a miséria na região. Do delegado ouviu que a seca não gera criminalidade, mas produz doentes mentais que acabam à margem da sociedade. De um médico colheu este raciocínio supostamente reconfortante: "O sertanejo sofre muito, mas tem boa resistência orgânica, talvez por viver longe das neuroses das cidades grandes".

Os cidadãos comuns aglomeram-se diante da câmera, preenchendo o campo visual com suas fisionomias cheias de curiosidade, levemente intimidadas. A chegada de uma equipe de filmagem a local tão remoto ainda era uma novidade considerável, e a atitude das pessoas era mais de ver a

Cena de *Seis dias de Ouricuri*.

câmera do que de serem "vistas" por ela. A câmera parece ser tomada ora como uma instância de poder, ora como veículo de uma denúncia ou de um desabafo. Aos que permanecem em silêncio, é algo da ordem do mistério.

Ao contrário das entradas regulares que viriam a ser uma de suas marcas no futuro, Coutinho aparece no quadro uma única vez, como ouvinte. Sentado formalmente diante do padre, faz uma pergunta genérica sobre a seca na região. Como já observaram vários pesquisadores, a cena antecipa as longas conversas com seus personagens de uma cadeira a outra. Mas a sua presença insinua-se nas perguntas em off. Ainda longe de formar seu estilo rigoroso e depurado, utilizou trilha sonora não diegética (inserida na pós-produção) e cobriu depoimentos com imagens ilustrativas, pecados que mais tarde viria a abominar. De todo modo, ressalta, já aqui, sua crença no poder revelador da entrevista em som direto – sobretudo nas conversas alongadas, capazes de plasmar o carisma do entrevistado. As cenas das raízes e do homem que chora por causa da fome dos filhos (plano de quase dois minutos) mostraram a Coutinho o que pode acontecer diante de uma câmera que não interrompe nem força situações.

Para além da crueza do registro, esse programa inaugurava um modelo de dramaturgia documentária que Coutinho levaria adiante por algum tempo. Procedimentos do documentário clássico (narração, flagrantes, depoimentos institucionais) disputavam espaço com a fala popular e as contribuições do imprevisto. Uma dimensão épica ressaltava da estruturação dos elementos, como observado por Simplício Neto ao comparar o programa com uma "pequena *Ilíada* pernambucana, descrevendo os feitos dos homens no campo de batalha das frentes de trabalho, em sua guerra contra a Troia da fome"*.

Em *Seis dias de Ouricuri* nasceu, talvez, o apego do cineasta às unidades bem definidas de tempo e espaço. A reportagem, a princípio, se estenderia a duas outras cidades nordestinas, mas Coutinho persuadiu seus superiores a concentrar-se numa só.

---

* Simplício Neto, "*Seis dias de Ouricuri*: renasce um roteirista", em Eliska Altmann e Tatiana Bacal (org.), *Seis dias de Ouricuri visto por* (Rio de Janeiro, 7 Letras, 2017), p. 60.

A documentação de Ouricuri se dá, nominalmente, de 15 a 20 de janeiro de 1976, terminando no dia de são Sebastião, padroeiro da cidade. Essas delimitações acabariam por lhe fornecer um método, um dispositivo – ou uma "prisão", como ele dizia – que o restringia e desafiava a criar. Assim é que surgiriam, ao longo dos anos, as duas semanas do morro de Santa Marta, a noite de Réveillon no morro da Babilônia, os sete dias passados no edifício Master.

Já em *Theodorico, o imperador do sertão*, de 1978, percebe-se a conquista total do controle do programa pelo diretor – que, num golpe de mestre, repassa uma ilusão de controle à própria personagem, o ex-deputado federal e dono de terras Theodorico Bezerra, senhor absoluto de um pedaço do estado do Rio Grande do Norte. Não há qualquer intervenção do apresentador oficial do *Globo Repórter*, numa época em que a locução em off começava a ser combatida no documentário brasileiro. Theodorico impera absoluto ao microfone e diante da câmera, deixando que o filme se construa em torno de seus movimentos e de seu discurso incessante. Ao permitir que o documentário seja conduzido pela "voz do dono", mas reorganizando-a na edição com vistas a uma análise do poder do "imperador"*, Coutinho revela em toda a sua dimensão a vaidade, a empáfia política, o autoritarismo travestido de generosidade e a ascendência do "Major" sobre os poderes constituídos na região.

Personagem sugerido ao *Globo Repórter* pelo cartunista Henfil, Theodorico tinha uma biografia pontuada por empreendimentos ousados e lances de oportunismo político. Sua fortuna começou ainda nos anos 1930 e multiplicou-se durante a Segunda Guerra Mundial, com a compra de hotéis e a criação de um cassino para divertir soldados norte-americanos estacionados na base aliada de Natal. Mais tarde, foi eleito para o Congresso Nacional e atraiu verbas públicas para o beneficiamento de suas terras e a construção de açudes. Formou currais eleitorais fortes, fundou municípios e se instaurou como patriarca de tudo quanto sua vista

---

* Como bem observaram Cláudia Mesquita e Leandro Saraiva em *O cinema de Eduardo Coutinho: notas sobre métodos e variações*. Catálogo da mostra Eduardo Coutinho – Cinema do Encontro, CCBB, 2003.

Cena de *Theodorico, o imperador do sertão*.

alcançasse. No documentário, explica seu sucesso com duas afirmações singelas: "Não perco tempo" e "Em política, ficar contra o governo é errado".

Coutinho finge "dividir" o filme com Theodorico para melhor capturá-lo. Acabou fazendo o que talvez seja o melhor autorretrato do "coronelismo" do Nordeste brasileiro, uma prática política profundamente enraizada. Theodorico foi instado a entrevistar camponeses, delegado, juiz, cabos eleitorais. Suas perguntas intimidam os entrevistados, a quem só resta responder com anuências e elogios, expondo nas entrelinhas o funcionamento do poder. O senhor absoluto entende o filme como um "agrado", uma espécie de institucional de sua vasta propriedade, que uma vez por ano se exibe num arremedo de desfile militar.

Theodorico fala daquilo como de um paraíso rural. Seu discurso mescla entusiasmo autêntico pelas coisas do campo com uma sólida competência para tirar proveito das circunstâncias. A câmera, porém, quando dele se descola, é para flagrar um povo apático, ingenuamente servil ou conformado com a situação. Em dois momentos, Coutinho confronta o "imperador" com potenciais desafetos. Daí surgem acusações importantes sobre intolerância, fraudes e corrupção, mas Theodorico a tudo reage com a tranquilidade de quem se considera impune. Naquela parte do mundo, ele é a lei.

Emanar leis é um hábito tão contumaz que Theodorico, não contente com a voz e as atitudes, espalhou mandamentos e *slogans* morais escritos pelas paredes de suas propriedades. Quem para ele trabalha deve comportar-se segundo uma rigorosa tábua de proibições. Suas justificativas para a poligamia masculina e explicações antropológicas sobre o atraso nordestino soam tão selvagens quanto "indiscutíveis". Theodorico é um homem que, por desconhecer o mecanismo de percepção forjado pela linguagem audiovisual, oferece de si uma caricatura enquanto pensa que está sendo retratado com simplicidade. Mesmo depois do filme pronto, tomou-o como um elogio, uma peça a seu favor.

Theodorico era alguém de quem Coutinho discordava radicalmente e, no entanto, constituía o personagem único do documentário, um personagem pertencente à classe dominante. Nada disso se repetiria em sua carreira. Em outros filmes, viria a conversar com figuras machistas, racistas e preconceituosas, mas essa foi a única vez em que dedicou um trabalho inteiro ao "inimigo", de certa forma enganando-o e aproximando-se de um limite ético arriscado. Supõe-se que os desmentidos e comentários irônicos produzidos pela montagem compensariam o imenso poder exercido pelo "Major". Além disso, o acordo tácito estabelecido com o personagem tinha, em última instância, o objetivo de expor seu pensamento e suas razões, mas com o cuidado de não deixar parecer que o filme as referendava[*].

Embora a presença de Coutinho se dê apenas com perguntas no extraquadro, aqui já começa a se cristalizar sua personalidade de entrevistador: perguntas curtas e rápidas, como meras propulsões para o relato do entrevistado; curiosidade jornalística substituída por uma impressão de

---

[*] Sobre esse pacto, ver a interessante análise de Marcelo Pedroso, *Eu, Coutinho. Você, Theodorico*. Em Eliska Altmann e Tatiana Bacal (org.), *Theodorico, o imperador do sertão visto por*, cit., p. 45-74.

interesse legítimo pela pessoa; e, consequentemente, invasão suave e franca da intimidade do personagem. O equilíbrio é frágil, como destacou Consuelo Lins: "Coutinho toma cuidado com as ênfases das perguntas, de forma a não constranger Theodorico. Limita-se a acompanhar a lógica dele, para que o major possa elaborar seus pensamentos sem imposições, e o que vemos nos surpreende, tamanhos são o desvendamento e a exposição"[*].

O programa ilustra, ainda, a compreensão do diretor quanto ao teor de performance envolvido nesse tipo de documentário. Theodorico é ator de si mesmo enquanto se deixa "televisionar" (como diz). Exibe seus dotes de ator político, brinca de jornalista, posa com pretenso garbo no comando de seu império. Aquele é o teatro da sua vida, matéria que iria se tornar essencial para o cinema de Eduardo Coutinho.

Por causa do prestígio que seu diretor adquiriu mais tarde, *Theodorico* e *Ouricuri* transcenderam o contexto do *Globo Repórter* e se tornaram clássicos do documentarismo brasileiro. São frequentemente exibidos em festivais, mostras, cineclubes, universidades e escolas de cinema como exemplos de superação dos ditames do sistema televisivo.

MAIS NORDESTE NO *GLOBO REPÓRTER*

O Nordeste havia sido descoberto por Coutinho à época da UNE Volante, mas uma iniciação mais aprofundada se deu na preparação de *Faustão*. Ele leu tudo o que encontrou sobre cangaço, coronelismo e história do Nordeste, além de percorrer milhares de quilômetros na região em companhia de Leon Hirszman, Marcos Farias e o cenógrafo Luiz Carlos Ripper. Quando começou a viajar por conta do *Globo Repórter*, foi um verdadeiro curso superior. Aprendeu a compreender a vida nordestina, apreciar a prosódia sertaneja. Aprendeu, sobretudo, a se aproximar das pessoas e

---

[*] Consuelo Lins, *O documentário de Eduardo Coutinho* (Rio de Janeiro, Zahar, 2004), p. 24.

> **"A minha retirada da ficção para o documentário foi uma forma de me livrar de meus preconceitos, de minhas utopias, e dialogar com o outro no mesmo nível, movido pela curiosidade ou pelo afeto."**
>
> Eduardo Coutinho

a ouvi-las. "A minha retirada da ficção para o documentário foi uma forma de me livrar de meus preconceitos, de minhas utopias, e dialogar com o outro no mesmo nível, movido pela curiosidade ou pelo afeto. É como uma disposição extraordinária de estar vazio", afirmou em entrevista a Fernando Masini[*].

Além de *Ouricuri* e *Theodorico*, Coutinho dirigiu mais três programas no Nordeste. Dois deles tratavam de conflitos entre famílias poderosas no sertão de Pernambuco. *O pistoleiro de Serra Talhada*, exibido na faixa *Globo Repórter Pesquisa*, remontava a velhas rivalidades no município onde nasceu Lampião. Coutinho entrevistou dois antigos integrantes das volantes que combatiam o cangaço e diversos componentes das famílias Gaia e Ferraz, enredadas num processo de *vendettas* recíprocas que já haviam levado a dezenas de homicídios.

Nessas entrevistas, percebe-se claramente que Coutinho – sempre fora de quadro – havia conversado com cada interlocutor e puxava o fio de assuntos que já conhecia. Não era o seu método preferido, mas uma orientação explícita da direção do *Globo Repórter*: "Pesquisa, conversa com a pessoa, vê o que interessa e depois pergunta com a câmera só o que interessa", recordou em entrevista a Felipe Bragança[**]. Em seus futuros filmes de conversa, Coutinho eliminaria esse aspecto de repetição, deixando todo o trabalho anterior para a equipe de pesquisa.

O pistoleiro de Serra Talhada é uma reportagem sobre o clima de violência generalizada em que vivia aquela cidade sertaneja. As narrativas de crimes eram envolvidas numa nuvem de incerteza, caracterizada pelo "ouvi dizer". O foco de interesse era o pistoleiro Valmir Gaia, célebre na ocasião por uma série de crimes iniciada com a vingança da morte do pai e por uma história de prisões e fuga. Temido e festejado como um novo Lampião, Valmir estava escondido e só aparecera numa entrevista à TV quando de sua prisão, dois

---

[*] Revista *Trópico*, 11 mar. 2005.
[**] Felipe Bragança (org.), *Encontros – Eduardo Coutinho* (Rio de Janeiro, Azougue, 2008), p. 181.

anos antes. Quando Coutinho ouviu o advogado dele, fez questão de enquadrar, ao lado de sua mesa de trabalho, um rifle presenteado por Valmir.

A violência conjugal tinha produzido até mesmo uma "santa", esposa assassinada pelo marido que passou a ser cultuada pelo povo como um "espírito de luz". Em ambiente exclusivamente masculino, as mulheres não botavam a cara diante da câmera. As exceções são uma dona de cabaré, que relata um dos assassinatos, e a Miss Serra Talhada, que retorna ao Recife em festa.

O tema das vinganças de família voltou à sua pauta em 1978 com *Exu, uma tragédia sertaneja*. O embate aqui se dá entre os clãs Sampaio e Alencar (ao qual pertenceram o escritor José de Alencar, o general Humberto de Alencar Castelo Branco e o político Miguel Arraes de Alencar). As duas famílias, que antes eram entrelaçadas por casamentos, passaram a ser inimigas desde 1949 por razões políticas e conjugais. "As brigas aqui são de alto nível", explica o delegado diante da cadeia vazia, símbolo da impunidade reinante em Exu. Desfilam no programa pessoas marcadas por agressões, promotores de mãos atadas e populares à margem da guerra dos grandes.

A reportagem é confusa na estrutura temporal e na identificação dos muitos intervenientes, mas contém alguns pontos curiosos em relação à marca autoral de Coutinho. O programa se inicia com uma mulher cantando de frente para a câmera, cena que se tornaria comum em seus filmes. Quando ela conclui a canção, a câmera corrige para a esquerda e revela o compositor Luiz Gonzaga, que já entoara "Algodão" nos créditos de *Theodorico*. O mais famoso cidadão de Exu na época, Gonzaga voltará à cena em outros momentos para criticar os homens públicos que não conhecem o povo e se oferecer como candidato a prefeito da cidade, caso os Sampaio e os Alencar se abstivessem de matar uns aos outros.

Mais um momento curioso se dá quando a reportagem tenta entrevistar um homem jurado de morte que se entrincheirou numa fazenda. Ele a princípio aparece mudo, recusa-se a falar. Sérgio Chapelin, então, informa que depois de muita insistência o homem resolveu se abrir para a câmera. Esse tipo de conduta seria utilizado mais tarde em *Boca de lixo* para vencer a resistência das pessoas em serem filmadas num lixão. Com o passar do tempo e a depuração de seu código de ética, o documentarista renunciaria a toda obstinação para filmar alguém contra a sua vontade.

Algo semelhante acontece com uma professora de Exu, figura de aspecto quase cômico, que aparece lendo um discurso oficial sobre o progresso do Nordeste e do Brasil. Ela conclui com a frase: "Não gastais vosso tempo com coisas *superflúas*", acentuando a última palavra de maneira errada. A exposição um tanto cruel certamente não teria lugar em seus melhores filmes.

Exibido na faixa *Globo Repórter Pesquisa*, *Superstição* teve uma parte rural e outra urbana. Mais uma vez no sertão nordestino, Coutinho e equipe saíram atrás de testemunhos de lavradores sobre mau olhado, animais anunciadores, amuletos, ervas milagrosas, lobisomem e uma série de crenças e mitos do cotidiano roceiro. Usos de linguagem característicos e fraseados de musicalidade sertaneja transbordavam dos relatos, deixando entrever fora de quadro o prazer que o repórter-diretor extraía daquelas tertúlias. Entende-se por que, naquela época, Coutinho só queria filmar no Nordeste.

Um programa como esse exemplificava o empenho dos cineastas do *Globo Repórter* em driblar a censura e usar temas de natureza cultural para indiretamente falar de miséria e subdesenvolvimento. Era o que fazia do programa uma janela privilegiada para a realidade social do país, em contraponto à ideologia da modernização conservadora adotada pelo regime militar.

As origens do pintor Cândido Portinari foram o único assunto não nordestino abordado em programa inteiramente dirigido por Coutinho na Globo. *O menino de Brodósqui* lançou âncora na cidade paulista onde nasceu o artista. Saiu em busca de suas raízes caipiras, dos colegas e amigos de infância que o conheceram antes da fama, de modelos de alguns de seus primeiros quadros. O texto da locução, da lavra de Coutinho, apresentava "a saga de um menino pobre que venceu na vida e nunca perdeu o vínculo com suas raízes". Dib Lutfi era o capitão do time de cinegrafistas, e João Cândido Portinari, filho do pintor, acompanhou Coutinho nas entrevistas.

Era já 1980, e nota-se o tipo de perguntas curtas e simples que o diretor consagrou como seu estilo: "Quem jogou bola com Candinho aqui? Era todo mundo pobre ou era rico? A senhora brigava muito com ele?". Em dado momento, pede a um colega de Portinari que mostre uma foto de grupo, instaurando o passado dentro da cena do presente,

Cena de *Superstição*.

PÁGINA AO LADO
Cena de *Exu, uma tragédia sertaneja*.

como faria em tantos filmes. Em outra passagem, a trilha sonora abre espaço para "Se essa rua fosse minha", numa espécie de antecipação de *Jogo de cena*.

A última missão de Coutinho no *Globo Repórter* foi colaborar num programa sobre os cinquenta anos do Pato Donald, em 1984. O modelo então já era muito diferente do que tinha sido. Os jornalistas haviam ocupado o lugar dos cineastas. O diretor nem sempre acompanhava a apuração das reportagens. O videoteipe tinha substituído a película cinematográfica. A estandardização do formato ficara ainda mais rígida. O programa integrava-se mais e mais ao padrão médio da televisão. Ao longo da década de 1980, suas pautas concentraram-se no trinômio fauna-flora-aventura, o de mais baixo índice de rejeição junto ao público. A longevidade e os bons índices de audiência continuaram a ser motivo de comemoração, mas o programa já não lembrava, nem sequer palidamente, o fenômeno que ajudou a mudar a face do documentarismo brasileiro.

CABRA MARCADO PARA MORRER: O CADÁVER SAI DO ARMÁRIO

Enquanto lidava com o Pato Donald, Coutinho estava prestes a lançar *Cabra marcado para morrer*. Nos três anos anteriores vinha trabalhando na reconstituição dos passos da família de Elizabeth Teixeira. Tirou uma licença de 45 dias para as filmagens principais e usava, mais ou menos clandestinamente, equipamentos e técnicos da Globo para concluir o filme. Em finais de semana, ocupava uma moviola da emissora para fazer uma pré-montagem do material filmado. Chegou a contratar uma pequena equipe de colegas para realizar filmagens adicionais em Limeira, interior de São Paulo. Tempos depois, se divertia ao relembrar os pequenos "roubos" que cometera na Globo para tocar a produção do *Cabra*.

Em seu depoimento de 2012 à Fundação Getúlio Vargas, declarou: "Eu fiquei doze anos fora da atividade de cinema. E só voltei para fazer o *Cabra*. Se não tivesse o *Cabra*, eu não voltava nunca e estava hoje, rico, na Globo, ou tinha me matado, provavelmente".

Até então, os negativos do *Cabra/64* continuavam guardados, como um cadáver no armário (a expressão é do próprio Coutinho). Traduzindo: as latas haviam sido retiradas clandestinamente do laboratório e depositadas na Cinemateca do MAM sob o título dissimulado de "A rosa do campo". A ideia de ressuscitá-los começou a tomar forma em 1979, durante um festival de cinema na Paraíba, quando Coutinho soube que um dos filhos de Elizabeth Teixeira morava por perto. A pesquisa avançou visando localizar os camponeses do Galileia que haviam participado do filme de 1964. No ano de 1981, Coutinho e uma equipe mínima – o fotógrafo Edgar Moura, o técnico de som Jorge Saldanha e o assistente de câmera Nonato Estrela – desembarcavam no Galileia para organizar uma projeção dos copiões do *Cabra/64* para seus atores e colaboradores. O registro emocionante desse reencontro é o ponto de partida para a versão final de *Cabra marcado para morrer*.

O filme seria, então, a própria aventura de seguir os rastros da história, em busca de resgatar o que a ditadura havia apagado ou sepultado. Elizabeth Teixeira, por exemplo, vivia clandestinamente na pequena cidade de São Rafael, no Rio Grande do Norte, com o nome fictício de Marta Maria da Costa e sem notícias de oito de seus onze filhos. Um deles havia morrido após sofrer um atentado à bala, ainda criança, e outra tinha se suicidado aos dezoito anos, oito meses após a morte do pai. Coutinho chegou até ela por intermédio do filho Abraão, presente em alguns momentos cruciais do filme. Em seguida, saiu à procura dos filhos ainda vivos.

Em dezessete anos, a família e os camponeses do Galileia haviam se dispersado. Seu reencontro se dá dentro do filme e somente ali. Elizabeth só foi se encontrar com Isaac, o último de nove filhos, que vivia em Cuba, em janeiro de 1986. Assim é que *Cabra marcado para morrer* reata os nós de várias histórias humanas e, com isso, perfaz um depoimento contundente sobre a trajetória dos vencidos no grande drama brasileiro do período. A versão definitiva da história de João

<<<

O FILME SERIA, ENTÃO, A PRÓPRIA AVENTURA DE SEGUIR OS RASTROS DA HISTÓRIA, EM BUSCA DE RESGATAR O QUE A DITADURA HAVIA APAGADO OU SEPULTADO.

Pedro Teixeira foi realizada enquanto ocupava a presidência um outro João, o general João Baptista Figueiredo. O degelo do regime militar, com a anistia aos presos políticos, a volta dos exilados (inclusive em sua própria terra, como Elizabeth) e algum relaxamento na censura aos meios de comunicação, tornava possível tocar em assuntos delicados como esse.

Para a retomada do filme, Zelito Viana voltava a se aproximar, assumindo a produção executiva pela Mapa Filmes e instigando Coutinho a prosseguir. Outras colaborações importantes não tardaram a aparecer. Vladimir Carvalho, parceiro na aventura de 1964, cedeu os direitos dos seus filmes à Embrafilme em troca de recursos para o *Cabra*, assim tornando-se produtor associado. Claudius Ceccon, que viria a ser seu produtor na fase do Cecip, o conheceu na época da finalização e, impressionado com o que viu numa moviola,

Projeção do *Cabra/64* no engenho Galileia.

interveio junto a organismos internacionais ligados à Igreja para financiar a sonorização do filme.

Para a ampliação dos negativos de 16 mm para 35 mm, obteve-se um empréstimo do Banco do Estado de São Paulo, então presidido por Luiz Carlos Bresser-Pereira. O material de 1964, desprovido de som, ganhou dublagem em algumas cenas pela atriz-cantora Tania Alves e os atores Flávio Migliaccio, Milton Gonçalves e Teca Calazans. As vozes da família cantando um coco em volta da mesa, por exemplo, foram gravadas por Tania Alves, junto com sua filha e os dois filhos de Coutinho, Pedro e Daniel.

Quando considerou concluídas as filmagens principais, em julho de 1981, teve início o longo processo de montagem, assumido por Eduardo Escorel, que também colaborou nos textos da narração. Somando-se os materiais produzidos em

1962, 1964 e 1981, havia cerca de doze horas de negativos, às quais se juntaram mais duas horas de entrevistas filmadas em São Paulo, Cuba e no Rio em 1982. A edição se estendeu ao longo de pouco mais de um ano, de maneira intermitente. Escorel assim definiu o princípio geral da montagem: "Clareza, simplicidade e tratamento equânime"*. Nada fácil diante de um percurso temporal complexo e materiais de natureza muito diferentes. Por razões de estrutura, foi eliminada do corte final a história dos filhos do ator que interpretava João Pedro em 1964.

O filme se constrói num constante diálogo entre os seus dois tempos: 1962-64 e 1981-82. No *Cabral*/64, o cinema pretendia engolir a realidade. O projeto do CPC da UNE tinha uma vocação pedagógica, baseada num conceito intelectual do que seria a arte popular. A vida, a luta e a morte dos camponeses seriam encenadas por eles mesmos, orientados por uma cartilha estética que lhes era completamente estranha, embora repleta de ótimas intenções. A história de João Pedro Teixeira seria recontada segundo os cânones de uma dramaturgia do martírio, com personagens claramente divididos entre patrões e empregados, exploradores e explorados, vilões e heróis. Apesar de algumas cenas absorverem diálogos improvisados pelos próprios atores, as imagens remanescentes nos mostram uma decupagem clássica, com alguns enquadramentos oblíquos de sabor eisensteiniano. O roteiro previa uma narração musical conduzida por um "cantador", figura célebre da cultura popular nordestina que estava sendo resgatada pelos filmes do Cinema Novo. Enfim, uma visão politicamente romântica da realidade camponesa. Coutinho mais tarde a classificaria como "pura alienação", desprovida de qualquer ambiguidade.

Já no *Cabral*/81, é a realidade que se apresenta para engolir o cinema. Trata-se não mais de prover o povo com a reconstituição artística de suas experiências, mas de buscar no povo a emoção e as lembranças de um tempo estilhaçado.

---

* Eduardo Escorel, "Triunfo e tormento", em Milton Ohata (org.), *Eduardo Coutinho*, cit., p. 496.

O novo propósito é recolher os fios de uma memória que se dispersou, tanto no povo quanto na cabeça do realizador. Se o *Cabra/64* era fruto da vontade de um grupo (o CPC) de expressar a vivência popular, o *Cabra/81* é o desejo de um homem (Coutinho) de se abrir à vivência popular propriamente dita. Os tempos de repórter promoviam uma inflexão rumo à escuta do indivíduo.

Por duas vezes, aparecem imagens de uma página do roteiro do *Cabra/64*, o que contrasta com a ausência de qualquer roteiro em 1981, como afirma oralmente o diretor. Em seu novo périplo, Coutinho distancia-se do monolítico para recolher o contraditório. Encontra não só pessoas que se mantiveram fiéis a seus velhos ideais, como outras que abdicaram das aspirações coletivas em troca de prosperidade individual ou da paz da retirada. Não teme topar com meias verdades que se expressam por meio de silêncios, expressões constrangidas ou clichês sentimentais. *Cabra/81* saiu à procura de gente real, não de estereótipos sociais.

Essas diferenças, contudo, não justificam os argumentos de alguns críticos que, em 1984 e depois, apontaram no uso do material de 1964 uma crítica ao formalismo de certo cinema de esquerda da época. Esta foi, sem dúvida, uma interpretação estreita, que não levava em conta o dado mais importante do arcabouço de *Cabra marcado para morrer*: o contexto. O projeto do *Cabra/64* era a quintessência do cinema de intervenção política do momento, assim como o *Cabra/81* era a retomada do cinema político segundo os imperativos do seu tempo. No Brasil de 1964, tentava-se construir um país mais justo e um cinema que unisse criatividade e utilidade. No Brasil dos anos 1980, procurava-se romper o silêncio de um regime opressor e fechar feridas.

Além disso, a equipe de 1964 não dispunha de som direto, nem o cinema-verdade tinha plantado raízes no Brasil. Coutinho ainda não fizera sua passagem transformadora pelo *Globo Repórter*, quando compreendeu que a sua perspectiva fazia parte do processo do documentário e, como tal, deveria ser explicitada. *Cabra/81* é o resultado

<<<
NO BRASIL DE 1964, TENTAVA-SE CONSTRUIR UM PAÍS MAIS JUSTO E UM CINEMA QUE UNISSE CRIATIVIDADE E UTILIDADE. NO BRASIL DOS ANOS 1980, PROCURAVA-SE ROMPER O SILÊNCIO DE UM REGIME OPRESSOR E FECHAR FERIDAS.

Rascunho do texto da narração de Ferreira Gullar.

de todas essas transformações, no país e no cineasta. Daí ser possível atribuir um certo caráter autobiográfico a esse trabalho de Coutinho.

O filme se articula não como tese sociológica ou exposição intelectual, mas como uma história contada unicamente por quem a viveu (ou a ela sobreviveu, gente do campo e gente de cinema). Não há qualquer depoimento de autoridade ou estudioso, nenhum "explicador" a aportar um discurso "de fora". A narração em off comparece em três vozes distintas. Coutinho dá sua perspectiva pessoal sobre o trabalho feito em cada fase do filme; o poeta maranhense Ferreira Gullar, autor do folheto de cordel *João Boa-Morte, cabra marcado para morrer*, que forneceu o título do filme, situa as informações de contexto; o também poeta Tite de Lemos lê os textos de imprensa, encarnando, grosso modo, a voz do inimigo. Essas diferenças personalizam e conferem à narração uma dramaticidade ligada aos conteúdos, em lugar da "voz de Deus" neutra e autoritária que se impõe nos documentários expositivos clássicos.

Nesse filme, como se se libertasse de imposições da televisão, Coutinho inaugura uma de suas marcas durante certo tempo, que é a presença frequente diante da câmera, sempre muito próximo do entrevistado. *Cabra* é uma sucessão de encontros explícitos do documentarista com seus interlocutores. O que assistimos, portanto, é não apenas a aventura de uma história que se costura mediante encontros em cinco estados brasileiros, mas também a aventura de um filme que vai se articulando passo a passo, com uma equipe plenamente corporificada diante de nós.

Sobre sua presença na cena e participação da equipe, é interessante conhecer esse texto de Coutinho, incluído no livro *Câmera na mão: som direto e informação*, do fotógrafo Edgar Moura:

> Antes de começar o trabalho, fixamos algumas regras baseadas no fato de que um filme é um filme, e não tentaríamos disfarçar isso. O técnico de som deveria estar tão próximo do entrevistado quanto necessário, sem jamais se preocupar em estar dentro ou fora do

quadro. Ao contrário, às vezes seria indispensável que ele aparecesse. Para o diretor, que não deveria continuar sendo um fantasma como em geral acontece nesse tipo de filme, essa tendência seria exacerbada, ainda mais porque precisava conversar com os personagens como se conversa na vida real, ou seja, muito próximo deles. Eventualmente, uma segunda câmera duplicaria alguns planos, incluindo no quadro, sempre que possível, o cameraman e a pessoa filmada.

Para reduzir o caráter artificial das entrevistas, que são a base do filme, aboliu-se o ritual de preparação, que estabelece parâmetros e temas previamente e obriga o personagem a repetir, diante da câmera, o que contou pouco antes com a câmera desligada.

Já que ninguém escolhe como interlocutor uma máquina, os personagens falavam ao diretor e este, quando fosse o caso, perguntava a eles. Essa relação de diálogo não pode ser quebrada ou enfraquecida, e quem a segura é o olhar mútuo. Disso resulta que a iniciativa de enquadramento, mudança de ângulo etc. cabia inteiramente ao cameraman. Havia também outra consequência: como os interlocutores se falavam e se olhavam numa relação real de diálogo, a câmera tendia a não aparecer como uma intrusa constrangedora. [...]

O ideal mesmo é que todos os membros da equipe, quando necessário, possam falar e aparecer na cena. E a utopia será quando o personagem também puder passar para o outro lado da câmera. E, mesmo assim, o que se passa entre os dois lados da câmera continuaria a ser importante. [...]

Isso que eu chamei de método não foi uma fria decisão anterior às filmagens. Muitas ideias nasceram durante o trabalho, com o ensinamento da prática. E assim, gastando muito filme – o que é indispensável – e filmando às vezes planos de dez minutos – um chassi – fomos premiados com o acaso, flor da realidade, que jogou sempre a nosso favor.

O que eu disse até agora pode dar a impressão de contradição entre crença no "real" e tentativa de distanciamento. Na verdade, penso que o filme vive dessa e de outras tensões, plenamente assumidas entre realidade e ficção, pessoa e personagem, naturalismo e estranhamento, emoção e reflexão, sujeito e objeto. Por aí.*

---

* Edgar Moura, *Câmera na mão: som direto e informação* (Funarte, 1985), p. 76-7.

Cena de *Cabra marcado para morrer* – Elizabeth com os filhos Carlos e Abraão.

Há momentos culminantes nessa exposição do processo. Um deles é na delicada entrevista com José Mariano, ex-lavrador que interpretou João Pedro no filme de 1964 e agora insiste em se desassociar de qualquer movimento reivindicatório. Coutinho interrompe a conversa para corrigir um problema de som e acaba perdendo o elã de Mariano. É visível o desespero do diretor diante do iminente fracasso da entrevista, muito embora ele próprio ofereça leitura distinta da cena (ver "Entrevista"). Daí Coutinho pode ter retirado uma lição: jamais interromper um diálogo espontâneo por razões técnicas. Outro momento delicado é a segunda intervenção de Abraão, filho mais velho de Elizabeth, jornalista de perfil psicológico visivelmente problemático. Ele se refere a "discussões" com Coutinho sobre dinheiro, deixando entrever o acordo pelo qual a produção lhe pagou 100 mil cruzeiros em troca do acesso ao paradeiro da mãe. Em alguns filmes futuros, Coutinho passaria as informações sobre cachê de personagens de modo claro ao espectador, sinal de sua convicção de que o documentário é sempre uma negociação – em sentido metafórico e também contábil.

Cabra veicula uma reflexão implícita sobre a influência das circunstâncias na verdade passível de ser colhida por um documentário. Elizabeth é vista em três diferentes "personagens", de acordo com a situação. Junto ao autoritário Abraão, na primeira entrevista de 1981, ela soa reticente e intimidada. Cautelosamente, enaltece a abertura política que tornou possível sua reaparição pública. No dia seguinte, ao reencontrar a equipe, está calorosa e consciente do que a câmera espera dela. Porém, ainda aí, seu depoimento é formal, como em qualquer reportagem de televisão. Só bem mais tarde, ao despedir-se do pessoal da filmagem, quando dá o trabalho por encerrado – sem perceber que a câmera continuava a filmá-la de dentro do carro, como confirmou o cinegrafista Edgar Moura a este autor –, ela assume uma postura que se acostumara a dissimular nos longos anos de clandestinidade: põe em dúvida a atual democracia com miséria e sem liberdade, e, recobrando os gestos de líder política, reafirma a necessidade de prosseguir na luta.

A franca exposição desse processo, entre outras coisas, faz de *Cabra marcado para morrer* bem mais que um simples documentário. Nele está contida toda uma teoria dessa modalidade de cinema, algo que modificaria profundamente as atitudes dos documentaristas brasileiros nos anos seguintes.

O filme desdobra seis grandes linhas narrativas que se intercalam e se complementam. São elas:

> A história das filmagens do *Cabra*/64;
> As memórias de Elizabeth a respeito de seu passado com João Pedro e a Liga de Sapé;
> A história da desapropriação do engenho Galileia, ocorrida em 1959;
> Os relatos do que sucedeu com cada um após o golpe de 1964;
> A busca dos filhos dispersos de Elizabeth;
> A revelação da real identidade de Marta/Elizabeth em São Rafael.

O tratamento documental não é o mesmo para todas essas linhas narrativas. A memória das filmagens da década de 1960 tem feições mais próximas do documentário expositivo clássico, no qual as imagens se ordenam segundo um fluxo previsto em roteiro de montagem e são balizadas pelo texto dos narradores. Já as lembranças de Elizabeth e do pessoal do Galileia fluem ao sabor das entrevistas, embora reeditadas em conformidade com a sucessão de blocos do filme. É um comportamento exemplar do documentário interativo.

Por outro lado, os encontros de Coutinho com os filhos dispersos de Elizabeth no Rio e em São Paulo abrem no filme uma nova janela sobre os resultados da imigração, com seu cortejo de cartas, mágoas e desintegração. Esse material está mais próximo do tipo de reportagem de televisão praticado no *Globo Repórter*. A eficácia do filme depende, aí, do impacto emocional do encontro. É quando Coutinho mais interfere dentro do quadro, uma vez que a cena é produzida pela presença da câmera. Não se trata de flagrar, mas de deflagrar, como no receituário do cinema-verdade.

Cabra condensa, portanto, várias modalidades de documentário na tentativa de se resolver como narrativa, a única possível para sua intrincada tarefa. O diretor expressa claramente essa busca numa de suas peregrinações à cata dos filhos de Elizabeth. Na entrada de uma fábrica, o porteiro lhe pergunta o canal de televisão para o qual trabalha. Coutinho responde por aproximações: "É tipo TV. É reportagem, mas é cinema". Naquele momento, de fato, as linguagens ainda eram um objeto de pesquisa e experimentação na cabeça do documentarista.

A montagem do *Cabra*, fluente e cristalina, abre camadas de significação para além do que cada imagem representa em primeira instância. É curioso, por exemplo, que as cenas ficcionais em preto e branco do *Cabra*/64 ilustrem os relatos orais de fatos reais, de tal maneira que as enxergamos um pouco como ficção, um pouco como "provas" do que está sendo contado. O estatuto do cinema como ferramenta historiográfica pode ser discutido a partir desse caso modelar. Marc Ferro já havia discorrido sobre o teor documental que a ficção assume com o tempo, razão pela qual se pode

>>>
CABRA CONDENSA, PORTANTO, VÁRIAS MODALIDADES DE DOCUMENTÁRIO NA TENTATIVA DE SE RESOLVER COMO NARRATIVA, A ÚNICA POSSÍVEL PARA SUA INTRINCADA TAREFA.

afirmar que todo cinema tende a se transformar em documentário. Por outro lado, o coeficiente de realidade do que nos é mostrado no *Cabra/81* não nos impede de perceber a forma dramatúrgica com que Coutinho elabora seu filme, às vezes muito próxima do que entendemos como ficção.

Vejam-se as tomadas em que a câmera simula a queda de João Pedro Teixeira no local onde foi assassinado, assim como o ponto de vista de quem o tocaiava à margem da estrada. Ou o convite a que velhos camponeses do Galileia repetissem a última frase de Elizabeth no filme de 1964: "Tem gente lá fora!". Ou ainda o momento em que um dos atores do velho filme, agora operário no interior de São Paulo, parece dublar a si próprio na cena da construção de um alpendre. O crítico Jean-Claude Bernardet, autor de uma das melhores análises de *Cabra**, chamou atenção para o papel do espetáculo como fornecedor de coerência e significação à história. A presença em quadro do projetor cinematográfico em vários momentos do filme (desde a sequência de abertura, por sinal) sublinha essa mediação do espetáculo. É de filme a filme que *Cabra* fecha uma fratura da história. Suturar o filme interrompido confunde-se com fechar um fosso da realidade.

O trabalho intertextual alcança também a literatura, a partir de mais um acaso recolhido. O filho de um lavrador havia guardado consigo, por dezessete anos, dois livros deixados pela equipe no Galileia. Um deles, *Kaputt,* de Curzio Malaparte, narra no prólogo a história – um tanto lendária – de como Malaparte teria contrabandeado seus manuscritos através da Europa em guerra e escapado da Gestapo com a ajuda de camponeses.

As muitas ressonâncias de *Cabra marcado para morrer* colocam-no na mesma linhagem de documentários como *À Chacun son Borinage*, de Wieslaw Hudon, que em 1978 reencontrou os mineiros belgas cuja greve Joris Ivens e Henry Storck tinham documentado em 1933; e *Aran* (1979), de Georges Combe, que registrou mudanças culturais na

---

*   Jean-Claude Bernardet, "Vitória sobre a lata de lixo da história", em "Folhetim", *Folha de S.Paulo*, 24 mar. 1985, republicado com acréscimos em *Cineastas e imagens do povo* (São Paulo, Companhia das Letras, 2003).

ilha irlandesa em que Robert Flaherty filmou *O homem de Aran*, em 1934. Coutinho, porém, não se limitou a revisitar o cenário de um filme alheio. Sua aventura foi um acerto de contas consigo mesmo, a recuperação de um fantasma para o mundo dos vivos.

Lançado no I Festival Internacional de Cinema do Rio (FestRio), em 1984, *Cabra marcado para morrer* ganhou os principais prêmios desse evento e iniciou uma carreira de grandes láureas internacionais, como o Prêmio Coral de melhor documentário em Havana; o Grande Prêmio do Cinéma du Réel, em Paris; melhor filme do festival de Tróia, Portugal; e três prêmios no Festival de Berlim, entre outros. Os títulos internacionais do filme variavam entre *Twenty Years Later*, *Man Marked for Death*, *Un homme condamné à mourir*, *Un homme à abattre*, *Hombre marcado para morir* e *Двадцать лет спустя*. No Brasil, além do êxito artístico, constituiu um fenômeno cívico, reconciliando arte e política numa esfera que transcendia o sectarismo e o paternalismo.

A censura, porém, enxergava o filme com a habitual miopia, conforme exposto no certificado de liberação somente para maiores de dezoito anos: "A obra é tendenciosa e saudosista, politicamente, tendo, contudo, perdido muito

A equipe principal de *Cabra marcado para morrer*.
Rogério Rossini, Coutinho, Edgar Moura, Elizabeth Teixeira, Vladimir Carvalho, Jorge Saldanha, Eduardo Escorel.

da potencialidade politizante, que foi deteriorada pelo tempo, que tudo consome, até mesmo a memória da nação". O parecer foi assinado por Coriolano Fagundes, célebre verdugo de obras, que fez questão de expressar sua preferência pela proibição total, afinal coibida por ordem superior.

No ano de 1988, uma enquete da Cinemateca Brasileira entre críticos e pesquisadores de cinema de todo o país o situou no 11º lugar entre os "30 filmes mais significativos da história do cinema brasileiro". Em 2000, o Festival Internacional de Documentários É Tudo Verdade consultou cerca de quarenta cineastas e críticos a respeito dos dez melhores documentários brasileiros de todos os tempos. *Cabra* foi o mais votado, dezesseis pontos à frente do segundo colocado.

Vale a pena destacar algumas considerações que dimensionam a importância do *Cabra* na interface entre cinema e história. Vladimir Carvalho viu nele um filme que "não espera acontecimentos acontecerem: ele próprio, o filme, é o acontecimento. [...] Eis aí uma singularidade: o filme provoca a sua matéria, ao contrário do que normalmente ocorre no cinema, que trabalha em cima de matéria vencida no tempo"[*]. Já o crítico literário Roberto Schwarz enxergou a constância triunfando sobre a opressão e o esquecimento: "Metaforicamente, a heroína enfim reconhecida e o filme enfim realizado restabelecem a continuidade com o movimento popular anterior a 1964 e desmentem a eternidade da ditadura, que não será o capítulo final. Ou ainda, o cinema engajado e a luta popular reemergem juntos"[**]. Por sua vez, o psicanalista Tales Ab'Sáber identificou no *Cabra* a "clínica cinematográfica de Eduardo Coutinho", no sentido de estar próximo e distante o suficiente para o outro sentir-se acompanhado e ao mesmo tempo livre em seu discurso. Para Ab'Sáber, a relevância do filme "se deu em todos os níveis que o cinema pode conhecer", sendo por isso "a verdadeira *comissão da verdade* de uma época que ardilosamente abdicou desse princípio"[***].

---

[*] Vladimir Carvalho, "Um filme novo", *Correio Braziliense*, 30 maio 1984.
[**] Roberto Schwarz, "O cabra marcado e o fio da meada", *Folha de S.Paulo*, 26 jan. 1985.
[***] Tales Ab'Sáber, "*Cabra marcado para morrer*, cinema e democracia", em Milton Ohata (org.), *Eduardo Coutinho*, cit., p. 506 e 517.

O documentarista Silvio Da-Rin aplicou a esse filme o título do seu livro *Espelho partido*, ao comentar:

> A verdade em *Cabra marcado para morrer* resulta de um minucioso trabalho de montagem que nos leva imaginariamente a percorrer o país, de norte a sul, e a história, de 1964 a 1984, em sequências não lineares. São movimentos descontínuos, em que os fragmentos de memórias individuais recolhidos vão se iluminando mutuamente. Pequenos cacos, que refletem verdades situadas, contingentes e relativas. Se de algum espelho se trata, é de um espelho partido. Estes fragmentos, que não trazem verdades automaticamente impressas, são laboriosamente agenciados em sequências significantes. Daí resulta a verdade situada, produzida dentro do filme e em função do filme: a ofuscante versão dos derrotados pelo movimento militar e pelos aparelhos institucionais que propagaram exaustivamente a versão oficial da história.[*]

O filme não trouxe apenas láureas e elogios a seu diretor. Um ano depois da estreia, influenciada pela ganância do filho Abraão, Elizabeth Teixeira queixou-se publicamente de que Coutinho não lhe pagava os 10% da renda de bilheteria, como teria sido acertado. Coutinho negou veementemente qualquer acordo nesse sentido e enumerou todas as quantias que Elizabeth já havia recebido por conta do filme[**].

VOLTA À PARAÍBA

No fim das contas, o mal-entendido financeiro não abalou a amizade e admiração recíproca entre o diretor e sua personagem mais famosa. Muitos encontros se deram nas três décadas seguintes, o último dos quais em 2013, um ano antes da morte de Coutinho, para um dos dois novos documentários a serem incluídos no DVD de *Cabra marcado para morrer*.

---

[*] Silvio Da-Rin, *Espelho partido: tradição e transformação do documentário* (Rio de Janeiro, Azougue, 2004), p. 217.
[**] *O Globo*, 19 mar. 1985.

Naquela época, o documentarista estava empenhado numa atividade que habitualmente rejeitava no passado: reencontrar personagens de filmes anteriores. Resolveu, assim, voltar à Paraíba para investigar os destinos da família de Elizabeth e dos camponeses que participaram do *Cabra*. João Moreira Salles e Maria Carlota Bruno, seus então produtores na VideoFilmes, junto a Beth Formaggini e ao pesquisador Claudio Bezerra, o apoiaram na pesquisa e produção de *A família de Elizabeth Teixeira* e *Sobreviventes de Galileia*, sob os auspícios do Instituto Moreira Salles.

São ambos filmes muito simples, baseados na emoção dos reencontros em frente à câmera, e mais nada. De parte a parte, os abraços trazem a efusividade sincera de pessoas que partilhavam uma longa história. O recurso de mostrar em cena fotos ou vídeos do passado cria uma espécie de quarta dobra temporal sobre pessoas e eventos de 1962, 1964 e 1981.

Em *A família de Elizabeth Teixeira*, longa-metragem com duração de 65 minutos, Coutinho se/nos atualiza sobre o que aconteceu com os filhos de João Pedro e Elizabeth que sobreviveram às diversas tragédias da família. Nos tempos que se seguiram a 1984, Abraão morreu de aneurisma, Marta perdeu dois filhos por morte violenta e Peta matou o irmão José Eudes a mando de donos de terra, a poucas centenas de metros de onde seu pai, João Pedro, fora assassinado em 1962. Ao comentar seu desgosto por ter sido retirada pelos pais da casa dos avós, Marta exprime uma dor inconsolável: "Estou morta desde os oito anos".

O depoimento mais carismático e contundente vem de Marinês a respeito do avô, Manoel Justino, que a criou. As lembranças prosaicas e carinhosas parecem se sobrepor a qualquer mágoa pelo fato de o velho Manoel Justino ter tido envolvimento direto na morte do genro, João Pedro Teixeira – o que pela primeira vez é dito abertamente diante de uma câmera. Marinês conta também a fuga de sua filha de casa para viver com uma namorada e o prazer de ter trabalhado por vinte anos como doméstica para o casal de atores Othon Bastos e Martha Overbeck.

<<<
NAQUELA ÉPOCA, O DOCUMENTARISTA ESTAVA EMPENHADO NUMA ATIVIDADE QUE HABITUALMENTE REJEITAVA NO PASSADO: REENCONTRAR PERSONAGENS DE FILMES ANTERIORES. RESOLVEU, ASSIM, VOLTAR À PARAÍBA PARA INVESTIGAR OS DESTINOS DA FAMÍLIA DE ELIZABETH E DOS CAMPONESES QUE PARTICIPARAM DO *CABRA*.

Depois de filmar *Jogo de cena, Moscou* e *As canções* em espaços fechados, com personagens que vinham até ele, Coutinho, aos oitenta anos, recobrava energias para sair a campo à procura das pessoas. Como no *Cabra*/81, chegava aos lugares com a equipe e filmava os encontros desde o primeiro avistamento. Na Paraíba, reviu Elizabeth, aos 87 anos, e os filhos Carlos, o mais chegado à mãe; Isaac, que estava em Cuba na época do *Cabra*/81; e Nevinha, então abandonada pelo marido com dois filhos. Também conheceu Maria José. As conversas se afastavam do sentido estrito da entrevista, abrindo-se para a celebração do reencontro e referências recíprocas, com participação intensa do diretor. Mas o que emana, afinal, é a matéria bruta do melodrama: uma família que continua desarticulada, com queixas de abandono entre filhos e mãe, e entre irmãos. E uma pesada presença dos relatos de morte, o que impressionou deveras Coutinho no seu último ano de vida.

O filme sobre a família de Elizabeth termina, porém, com um toque de esperança e renovação. Coutinho passeia por Sapé em companhia de Juliana Elizabeth Teixeira, filha de Nevinha que carrega o nome da avó. A jovem professora de história o leva até a casa do pai, onde havia pouco se instalara um Memorial das Ligas Camponesas (tombado pelo governo da Paraíba em 2018) e à capelinha erigida no ponto da estrada onde João Pedro caiu morto. Juliana reconhece em *Cabra marcado para morrer* a semente do que a levou a estudar história e cultuar a memória da luta de seus avós.

Apesar de semelhante a *A família de Elizabeth Teixeira* quanto ao volume de mortos nos 29 anos que se passaram desde 1984, o curta *Sobreviventes de Galileia* tem um clima mais descontraído. Coutinho reencontra dois camponeses com a alegria de velhos amigos. Cícero está velho e surdo, mas orgulha-se do filho que fundou uma associação de agricultores em Galileia. João José (Dão da Galileia), que no *Cabra* entrega a Coutinho o livro de Curzio Malaparte, perdido pela equipe no dia do golpe de 1964, é dono de bar em Vitória de Santo Antão e conta dos tempos em que trabalhou como vigilante, "matando bandido e jogando numa praia por aí". Os dois personagens aparecem também em registros feitos por Claudio Bezerra em 2007. Num deles, Cícero mostra cartas recebidas de Coutinho e afirma que a luta valeu a pena "porque hoje ninguém é mais cativo de patrão". Em outro, João José relata sua incrível viagem a Cuba ("para ajudar Fidel"), com passagens pela então Tchecoslováquia e a França.

A despedida de Coutinho e João José encerra o filme de maneira comovente, com a câmera em recuo, evocando a última aparição de Elizabeth Teixeira no *Cabra*. Coutinho diz que espera voltar para mostrar o filme pronto, "se eu e você estivermos vivos". Infelizmente, isso não foi possível.

TEMPO DE BISCATES

Estamos de volta a 1984. Ao contrário do que o sucesso consagrador de *Cabra marcado para morrer* poderia sugerir, Coutinho passou por mais um longo inverno cinematográfico até 1997. Estava convencido de que nunca mais faria outro *Cabra*. A glória também era uma maldição. Segundo João Moreira Salles, ele chamava o filme de "um sol frio". Entre concessões pela sobrevivência e uma persistente experimentação de novos dispositivos para esquadrinhar o pensamento popular, se manteve ativo no documentarismo social. Consta, ainda, que escreveu roteiros sobre lavouras de soja, milho, feijão e arroz para quatro filmes da Embrapa – Empresa Brasileira de Pesquisas Agropecuárias. Eventualmente, realizou trabalhos para a televisão comercial como roteirista e redator de textos.

Para a série *Anarquistas graças a Deus* (1984), da Globo, editou as imagens e escreveu os textos das aberturas documentais, onde descrevia a vinda dos imigrantes italianos para o Brasil e as ideias anarquistas que levaram à primeira grande greve no país, em 1917. Eram basicamente compilações de cenas de arquivo cobertas pela narração. Coutinho dividiu o crédito com a jornalista e tradutora Vanda Viveiros de Castro.

Em 1986, dirigiu um pequeno documentário sobre a ocupação humana da bacia do rio Tietê e os dramas causados pela poluição que afetava aquele curso d'água. *Tietê: um rio que pede socorro* foi um dos seis episódios da série *Os caminhos da sobrevivência*, da TV Manchete, coordenada por Washington Novaes, seu colega no *Globo Repórter* até dois anos antes. Também para a Manchete, em 1986, empenhou-se na tarefa hercúlea de escrever, junto com a pesquisadora Helena Salem, o roteiro da série *90 anos de cinema: uma aventura brasileira*, exibida pela Manchete em 1988, com direção de Eduardo Escorel e Roberto Feith. Na ocasião, assistiu a cerca de duzentos filmes nacionais, catalogando-os por temas, épocas e estilos. Preparou a pauta das entrevistas e organizou os blocos narrativos.

Uma nova parceria com Zelito Viana se deu em 1995, durante a produção da série *Imagens da história* para a TV Educativa. Coutinho foi o responsável pelo roteiro dos vinte episódios, que contavam a história do Brasil por meio do cinema. Cada episódio apresentava o resumo de um acontecimento histórico baseado em pesquisa prévia de um professor de história e ilustrado com imagens de filmes, além de um debate com estudiosos do tema e uma entrevista com um cineasta. Segundo conta Zelito, diretor da série, Coutinho divertia-se escrevendo textos complicados para desafiar a competência de Antônio Abujamra, o narrador.

Ainda para a TVE, em 1998, coordenou uma extensa pesquisa de temas para uma série de dez episódios sobre identidade brasileira. O projeto não se concretizou, mas despertou sua curiosidade para a questão religiosa e abriu caminho para a realização de *Santo forte*.

Não se pode afirmar com certeza, mas quem sabe Coutinho voltasse a fazer algo próximo de uma reportagem no auge do sucesso quando, após um ano inteiro de muitas homenagens, em janeiro de 2014 foi convidado pelo Projeto Memória do Esporte Olímpico Brasileiro para dirigir um filme da série. Escolheu como personagem Luizão (Luiz Carlos Souza), o mítico massagista do voleibol cuja vida é marcada por vitórias, derrotas e superações. Mas antes mesmo que começasse a se preparar para as filmagens, a morte o colheu tragicamente. O filme acabou sendo feito por Cao Hamburger e seu filho Tom, e exibido na TV em 2016 com o título *Mãos de urso*.

DOCUMENTARISTA
SOCIAL///

A amizade com Claudius Ceccon, nascida à época da finalização de *Cabra marcado para morrer*, forneceu a Eduardo Coutinho um ponto de apoio após o vácuo que se seguiu ao sucesso do filme. O arquiteto, designer, jornalista, desenhista, ilustrador e cartunista Claudius, um dos fundadores do jornal *O Pasquim* e preso político durante a ditadura, havia fundado em Genebra o Instituto de Ação Cultural (Idac), juntamente com Paulo Freire e outros engajados em projeto de alfabetização em países africanos de língua portuguesa. De volta ao Brasil, depois de observar uma experiência de televisão comunitária no Chile, iniciou um projeto de emissora popular na Baixada Fluminense com o nome de TV Maxambomba. Em meados da década 1980, tendo já conhecido Coutinho diante da moviola de *Cabra marcado para morrer*, Claudius o convidou para se juntar a um pequeno grupo, inicialmente alocado na estrutura institucional do Instituto Superior de Estudos da Religião (Iser), estabelecido desde 1970 por iniciativa de teólogos e cientistas sociais.

  Os primeiros trabalhos realizados por Coutinho, já então no suporte vídeo, traziam o crédito Iser-Vídeo. Mas já em 1986 a parceria se desfez e surgiu o Cecip, cujo objetivo era criar materiais educativos acessíveis para camadas populares. Ali o cineasta iria instalar sua base de trabalho pelos quinze anos seguintes e seu núcleo principal de convivência até o fim da vida. Sem salário fixo, ganhava pelos projetos dos quais participava, mas aos poucos foi conquistando direitos, como uma sala exclusiva, onde podia fumar à vontade, receber amigos, jornalistas e estudantes, e arquivar os materiais do seu ofício. Em suas palavras, era uma espécie de "refúgio atômico", onde escapava das agruras domésticas e das impertinências do mundo.

Nessa etapa de sua trajetória, Coutinho formou uma primeira "família" de colaboradores, alguns dos quais eram jovens que ficariam para sempre imantados por sua maneira de lidar com o documentário. Sergio Goldenberg foi "descoberto" aos dezenove anos, quando fazia vídeos e mantinha um cineclube na favela de Santa Marta. Foi "adotado" como assistente em vários trabalhos, a exemplo da codireção de *Volta Redonda – memorial da greve*. Theresa Jessouroun foi assistente de Coutinho em diversos documentários e o apresentou a dois futuros e assíduos colaboradores, Jacques Cheuiche e Jordana Berg. Cristiana Grumbach iniciou nessa fase seu longo currículo de colaborações com Coutinho. O maestro Tim Rescala era frequente compositor de suas trilhas sonoras. Todos esses, além de seu filho Daniel Coutinho, fizeram a "escola" do diretor ao percorrerem com ele favelas, bairros periféricos, centros comunitários e organizações não governamentais.

A passagem da película para o vídeo só trouxe vantagens para o método de Coutinho. Como não se envolvia diretamente com questões técnicas, concentrando-se nas pesquisas e nos encontros com os personagens, as mudanças não lhe abalaram. Pelo contrário, ele pôde expandir seus diálogos nos tempos mais longos das fitas U-Matic e Betacam e, gradualmente, burilar seu cinema de conversa. O período do Cecip, com algumas exceções, tende a ser tomado como algo menor em sua carreira, o que constitui um erro grosseiro. Na verdade, o contato regular com as pessoas por trás dos temas desses filmes foi determinante para a contínua depuração de seu estilo e a consolidação de sua personalidade de documentarista.

No entanto, era um trabalho que não o satisfazia plenamente, dadas as imposições dos temas e do tratamento mais expositivo. Em alguns casos trabalhou a contragosto, o que não fazia questão de dissimular. Enquanto dirigia um documentário sobre a Igreja Presbiteriana no Brasil, por exemplo, teve diversos choques com uma produtora americana que integrava a equipe, acabando por abandonar o projeto. João Moreira Salles ressaltou o relativo desconforto do amigo: "[Coutinho] mantinha uma relação ambígua com o resultado, não se sentindo confortável em dirigir narrativas cheias da convicção e da assertividade que caracterizam a fala de especialistas e nas quais se ouvia um narrador de voz prescritiva. Quando conseguia incluir o testemunho de anônimos e baixar o tom triunfalista, ficava menos triste. De todo modo, no plano estritamente pessoal, foram filmes que indicaram o caminho a não trilhar"*.

Nesse período de documentários de cunho social, ambientalista e antropológico, Coutinho realizou dez trabalhos de metragens entre trinta e sessenta minutos, alguns dos quais ele desestimulava que fossem incluídos em sua filmografia. Outros figuram entre os que ele mais se orgulhava, como *Santa Marta – duas semanas no morro* e *Boca de lixo*. Paralelamente, entre 1988 e 1991, dirigiu o longa-metragem *O fio da memória*, sobre história, cultura e identidade dos negros no Brasil. Vamos examinar esses filmes um por um, buscando sempre o fio que os liga ao conjunto da obra do cineasta.

SANTA MARTA – DUAS SEMANAS NO MORRO: A VOZ DA FAVELA

Este foi o primeiro trabalho do diretor no suporte vídeo fora da televisão. Com a liberdade, o baixo custo e a possibilidade de gravar conversas mais longas sem interrupção,

---

*   João Moreira Salles, "Morrer e nascer: duas passagens na Vida de Eduardo Coutinho", cit.

> **COUTINHO REPOSICIONAVA-SE PARA UMA NOVA FASE DE SUA CARREIRA, EM QUE O DIÁLOGO PREVALECERIA SOBRE QUALQUER OUTRO SISTEMA NARRATIVO.**

Eduardo Coutinho reposicionava-se para uma nova fase de sua carreira, em que o diálogo prevaleceria sobre qualquer outro sistema narrativo. Desaparecia a narração em off, ao mesmo tempo que se valorizava o carisma verbal dos participantes. Instaurava-se uma rica relação de fala e escuta, que resultava em algo inusitado, mais específico do filme que da própria vida. Como definiu Consuelo Lins: "É um contar em que o real se transforma num componente de uma espécie de fabulação, onde os personagens formulam algumas ideias, fabulam, se inventam, e assim como nós aprendemos sobre eles, eles também aprendem algo sobre suas próprias vidas"*.

A favela de Santa Marta (ou Dona Marta, conforme o nome do morro) começou a se formar por volta de 1940, com a ocupação de um morro localizado no bairro de Botafogo, no coração da Zona Sul carioca. Essa localização privilegiada, um dos orgulhos de seus moradores, foi responsável pela rápida expansão da favela, que em 1987 abrigava perto de 10 mil pessoas em quase 2.500 domicílios, numa área de 62 mil metros quadrados, segundo estimativas da associação de moradores. A poucos metros do pé do morro, fica o Palácio da Cidade, sede da Prefeitura do Rio de Janeiro. No alto, o Mirante Dona Marta, uma das maiores atrações turísticas do Rio.

A condição geográfica é típica do caldeamento social carioca, em que várias classes dividem o mesmo espaço urbano e frequentam os mesmos estabelecimentos comerciais. No Rio, costuma-se dizer, a periferia está no próprio centro da cidade. Os habitantes do Santa Marta desfrutam de fácil acesso aos seus postos de trabalho, bem como às praias e demais alternativas de lazer da Zona Sul. Dificilmente trocariam seus endereços por moradias, ainda que melhores, no subúrbio.

Em julho de 1987, a Santa Marta não chegava a ser uma "favela classe média", como a imensa Rocinha, na divisa entre a Zona Sul e a afluente Barra da Tijuca. Os esgotos

---

* Consuelo Lins, "Imagens em metamorfose", *Cinemais*, n. 1, set./out. 1996, p. 49.

das casas corriam para grandes valões no meio da favela e constantemente faltava água em certas áreas. Apesar disso, ostentava um desenvolvimento comunitário considerável. Diversas organizações não governamentais trabalhavam em estreita cooperação com a associação de moradores, visando trazer melhorias para o morro. Havia ali duas igrejas católicas e sete evangélicas, uma escola de samba, grupo de teatro, agremiações esportivas, creche e berçário. Anualmente realiza-se no local uma tradicional folia de reis.

Coutinho pela primeira vez voltava a um morro desde *Cinco vezes favela*. Apesar da Santa Marta já possuir um histórico de violência ligado ao tráfico de drogas, havia a disposição de não focar nesse assunto. A equipe fixou um cartaz na porta de uma das casas, convidando os moradores a falar sobre violência e discriminação no morro. Assim foi dada a partida para o documentário, realizado com a verba da premiação de um concurso do Ministério da Justiça sobre violência no Rio em 1986.

Além de colher depoimentos espontâneos, Coutinho fez visitas a determinados barracos e reuniu grupos na associação de moradores para discutir temas da comunidade. Num desses encontros, entre os jovens que se dispuseram a falar de namoros e perspectivas de vida estava um rapaz de olhos expressivos, sobrancelhas espessas, camisa aberta no peito. Não sabíamos à época, mas se tratava de Márcio Amaro de Oliveira, o futuro traficante Marcinho VP. Ele diz como é difícil "namorar as riquinhas", reivindica uma faculdade para os pobres e nega-se a trabalhar naquilo que não quer.

Mal a equipe deixou o local, explodiu uma guerra entre duas quadrilhas rivais, com três dias de intenso tiroteio que mobilizou praticamente toda a polícia do Rio de Janeiro. Era o início de uma nova era, marcada pelo recrudescimento do crime organizado. Em 1996, o morro Dona Marta voltaria ao noticiário internacional quando o cantor Michael Jackson e o cineasta Spike Lee o escolheram como cenário do videoclipe da música "They Don't Care About Us". Na ocasião, Lee afirmou que teve de negociar as filmagens com "os verdadeiros donos do lugar", ou seja, Marcinho VP.

Marcinho VP em *Santa Marta* – duas semanas no morro.

Marcinho VP nasceu no Santa Marta e, aos dezesseis anos, certamente era um "soldado" do tráfico quando Eduardo Coutinho documentou seus futuros domínios. No ano de 2000, teria outro envolvimento com o cinema, que terminou num incidente. O cineasta João Moreira Salles, coautor (com Kátia Lund) do influente documentário *Notícias de uma guerra particular*, foi processado por ter fornecido ao traficante uma bolsa de estudos de 1,2 mil reais mensais para que ele largasse o crime e escrevesse um livro sobre sua vida. Mas sua história só seria contada em 2003 pelo repórter Caco Barcellos, no livro *Abusado: o dono do morro Dona Marta*. Preso em 1996, foragido e capturado novamente em abril de 2000, seria assassinado por rivais dentro do presídio de Bangu III, em 28 de julho de 2003.

Há um propósito claro por trás do vídeo de média metragem, que fica flagrante nas cenas de abertura e encerramento. Tratava-se de combater os preconceitos da sociedade do asfalto, segundo os quais na favela todo mundo é bandido ou vive à margem do sistema produtivo. Coutinho interpela moradores que saem para o trabalho nas primeiras horas de uma manhã chuvosa e outros que voltam para casa no início da noite. São conversas rápidas para não atrapalhar a rotina de ninguém. A cada um é pedido que se identifique pela ocupação. É quase um cadastro, um atestado de que ali mora gente honesta e trabalhadora.

Aos curtos encontros iniciais, na madrugada ao pé do morro, segue-se um bloco de afirmação da normalidade e da civilidade da favela. O morro é apresentado como uma ilha de gente solidária, um "paraíso de portas abertas", segundo um sambista do lugar, ou "a primeira maravilha do Rio", conforme a definição de uma moradora. Nesse primeiro trabalho de uma série inteiramente dedicada à palavra popular, Coutinho se abre para o imaginário de suas personagens, certo de que a essência de suas vidas passa por ali. Há orgulho e dignidade nas falas daquela gente. Existe, no fundo, a consciência de que é preciso idealizar para sobreviver às dificuldades. Um pintor local ilustra isso ao mostrar seus quadros da favela ideal, com muito espaço entre os barracos, no lugar dos labirintos de vielas estreitas que formam a favela real.

Num terceiro bloco, expõem-se os problemas do morro: queixas em relação à violência policial, que não vê diferença entre traficantes e gente direita; relatos de violência familiar; a chegada de imigrantes nordestinos para engrossar o caldo de esperanças do lugar. Surgem referências a um passado recente, quando "uma certa família" aterrorizou a comunidade com uma série de estupros e atos de intimidação. Mas ninguém alude à ação dos traficantes. Por trás disso existia uma regra implícita de sobrevivência. Uma moradora, por exemplo, afirma que o combate ao tóxico deveria ser feito não nos morros, mas no meio de gente influente, nos portos, na Bolívia. Está coberta de razão, mas sua fala concorre para uma espécie de *esprit de corps* que faz a favela e o tráfico se protegerem mutuamente sob os signos da chantagem e do medo[*].

As figuras pitorescas do malandro verborrágico e do ex-travesti redirecionam as conversas para aspectos, digamos, mais antropológicos. Fala-se de relações homem-mulher, da influência dos modismos do asfalto, de namoros, racismo e

---

[*] Essa cena poderia ser montada com o depoimento de um chefe de polícia atipicamente lúcido em *Notícias de uma guerra particular* (1999), para quem o Estado brasileiro só não acaba com o tráfico por falta de disposição para demolir privilégios e conexões da alta classe. O filme de João Moreira Salles e Kátia Lund aprofundou o triângulo polícia-moradores-traficantes apenas insinuado em *Santa Marta*.

religião. Coutinho demonstra grande interesse pelo trânsito religioso, os sincretismos e o oportunismo místico dos habitantes do Santa Marta, elementos determinantes do seu imaginário. Com isso, antecipa o tema de *Santo forte*, que realizaria dez anos depois.

Por fim, um penúltimo bloco aborda a educação das crianças e as expectativas dos jovens do morro, antes que os rápidos encontros com as pessoas que regressam do trabalho encerrem o documentário.

A estrutura geral sugere a passagem de um dia, da madrugada à noite seguinte. A sucessão de blocos simula o ritmo de uma conversa informal, em que um assunto puxa o outro e pode retornar mais adiante, ao sabor do fluxo de ideias. Os temas orientam a montagem, fazendo com que determinadas personagens reapareçam em outros blocos. Num estúdio improvisado na associação de moradores, Coutinho reuniu também um grupo de jovens e outro de ativistas comunitários para discutir coletivamente questões do morro. Cada bloco temático é introduzido por uma performance musical colhida ali mesmo no Santa Marta, conduta que já ganhava certa recorrência nos documentários do diretor.

Se no futuro Coutinho vai aderir cada vez mais aos depoimentos, aqui o ambiente ainda lhe interessa tanto quanto os personagens. Cenas de futebol, aniversário, baile e brincadeiras infantis ajudam a pintar a atmosfera da comunidade. Há mesmo lugar para imagens de um certo lirismo proletário: mulher com lata d'água na cabeça, o Pão de Açúcar enquadrado na janela de um barraco, pipas cortando o ar, roupas tremulando no varal etc. O tipo de imagem que ele próprio classificaria, anos depois, como mero "refresco visual".

Muitos dos participantes atenderam ao chamado da equipe pela simples vontade de falar. Alguns o fizeram na esperança de obter "um auxílio", uma carteira de identidade, ou aproveitaram a oportunidade para cobrar "uma solução". Uns como outros expressam algum desejo – material nuclear na proposta documental de Eduardo Coutinho. De um lado, o desejo do diretor. De outro, o desejo dos participantes. É curioso que uma das entrevistadas demonstre certa decepção quando Coutinho dá a conversa por encerrada e peça para continuar falando, mesmo não havendo mais assunto. Circunstâncias de um regime de gravações informais levaram a que, espontaneamente, moradores entrevistassem outros moradores, muitas vezes em off, de maneira não explícita. Ouvem-se também inquirições do assistente Sergio Goldenberg.

Apesar da variedade de temas cobertos pelo documentário, o da violência policial contra os moradores se insinua como central. Basta ver a repartição de uma determinada cena em três momentos distintos do vídeo. É quando Coutinho troca o papel de entrevistador pelo de observador, apenas registrando a dura inquirição de um policial pela diretora de saúde da associação de moradores. A figura do policial constrangido está longe de representar a truculência usada pelas tropas ao invadirem o morro na caça aos traficantes. Ele mantém a cabeça baixa, incapaz de articular uma defesa minimamente consistente. O que está em jogo ali, mais que a individualidade daquele policial, são os papéis sociais: a sociedade civil tira partido da presença da câmera (a televisão, pensava-se) para questionar a brutalidade fardada. A mídia confere autoridade a quem não a tem e reduz a de quem tem. O policial também teve seu momento de usar o microfone, mas isso não bastou para dar a justa dimensão da complexidade do assunto.

De qualquer forma, *Santa Marta – duas semanas no morro* não pretendeu esgotar essa ou qualquer outra questão. O documentário de Coutinho é realizado no formato de painel, câmera e microfone abertos para a comunidade da favela. Mesmo atuando em chave mais profissional e autoral, ele soma a um movimento de vídeo comunitário que floresceu exemplarmente nas áreas pobres do Rio de Janeiro durante a década de 1980.

O vídeo foi exibido pela televisão espanhola, o inglês Channel Four e a TV pública americana PBS. Além de ratificar, já no título, a limitação temporal e espacial demarcada em *Seis dias de Ouricuri*, e que seria constitutiva do seu cinema de conversa, *Santa Marta* plantava a primeira semente de um Coutinho voltado exclusivamente para a expressão e as experiências populares.

VOLTA REDONDA – MEMORIAL DA GREVE: VOZES OPERÁRIAS

Ainda com o selo do Iser-Vídeo, Coutinho e o agora codiretor Sergio Goldenberg chegaram a Volta Redonda em maio de 1989. Uma história de contornos épicos os esperava, e eles haveriam de contá-la solidariamente aos operários da Companhia Siderúrgica Nacional (CSN).

O município localizado no estado do Rio de Janeiro é a capital do aço brasileiro. Ali fica a CSN, criada em 1941 pelo presidente Getúlio Vargas como primeiro grande marco da industrialização do país. Volta Redonda se desenvolveu em torno da empresa, que, em 1989, empregava cerca de 30 mil pessoas. Durante o governo militar, a CSN foi declarada "área de segurança nacional", como forma de impedir movimentos trabalhistas que pudessem trazer abalos ao regime.

Em 1984, porém, com os primeiros ventos da distensão política, veio a primeira grande greve. Uma nova ocorreu em 1988, por jornada de trabalho de seis horas, reposição de perdas salariais e anistia a grevistas de 1984. Tropas do Exército foram chamadas a invadir a companhia e desocupar suas dependências com uso de violência. Três operários foram mortos no episódio e 39 ficaram feridos. Além disso, o líder da greve, Juarez Antunes, morreria num estranho acidente de automóvel em fevereiro de 1989, cinquenta e um dias depois de tomar posse como prefeito da cidade. Um memorial projetado por Oscar Niemeyer foi erguido durante as manifestações do Dia do Trabalho de 1989. Horas depois, seria derrubado pela explosão de uma bomba. Coutinho e Goldenberg estavam lá e acorreram ao local para gravar as repercussões do atentado.

Os operários não só reverenciavam os colegas mortos, como também lutavam contra as ameaças de falência, priva-

Cena de *Volta Redonda* – memorial da greve.

tização e mesmo extinção que rondavam a companhia. Um letreiro na abertura do filme informa que o acesso da equipe ao interior da empresa não foi autorizado pela direção.

Apesar do abismo entre administradores e empregados organizados, uma relação amorosa e de compromisso se estabeleceu ao longo do tempo entre o operariado e a CSN. Sempre que podem, Coutinho e Goldenberg se desvencilham da apresentação didática – feita por imagens de arquivo e de cinegrafistas amadores, envelopadas por uma locução onisciente – e investigam os pormenores humanos da luta trabalhista em conversas particulares. Operários que participaram da instalação da fábrica reúnem-se num evento comemorativo. Empregados atuais externam manifestações de amor e algum desencanto pela "sua" companhia.

A memória dos conflitos do ano anterior vem ainda marcada pela emoção. Viúvas e parentes dos mortos recordam-se dolorosamente do episódio. Um pai operário e um filho policial, que estiveram em lados opostos na invasão da fábrica, estão agora juntos diante da câmera para rememorar um dos aspectos mais dramáticos do confronto, o de famílias cindidas pela luta. São lembrados os tiros, o caos e os graves dilemas que afligiram a consciência dos trabalhadores nos momentos mais difíceis.

A participação do bispo Waldyr Calheiros, que cedeu uma igreja para reuniões de organização dos operários, marca a presença do clero católico, parte do qual engajou-se em movimentos sociais ao longo da década de 1980, nas cidades e no campo. A chamada Igreja da Libertação e suas variantes de postura progressista fizeram uma opção pelos pobres e pelos trabalhadores, em detrimento do exercício tradicional de rituais voltados para a simples caridade, quando não de suporte dissimulado às forças políticas mais retrógradas. Esse vídeo, por sinal, foi produzido com recursos da arquidiocese local – que também apoiaria *O jogo da dívida*, trabalho seguinte de Coutinho – e do Sindicato dos Metalúrgicos de Volta Redonda.

As relações com essas instituições eram o principal dilema que o cineasta enfrentava nessa fase da carreira. Coutinho sentia-se refém e, nesse caso, pressionado pelas Comunidades Eclesiais de Base a abrir espaços maiores para a Igreja no vídeo. Além disso, teve que se bater com a militância para não fazer um documentário de final triunfalista. Assim mesmo, permitiu a edição de uma versão especial mais ao gosto das CEBs.

Volta Redonda – memorial da greve foi o último documentário importante sobre questões operárias a ser produzido no Brasil até o ano de 2004, quando o mesmo Coutinho lançou *Peões*. Dez anos haviam se passado desde o grande momento do gênero, quando foram produzidos os trabalhos de Renato Tapajós, João Batista de Andrade, Leon Hirszman e da dupla Roberto Gervitz e Sérgio Toledo sobre o movimento sindical dos metalúrgicos do ABC Paulista (municípios de Santo André, São Bernardo do Campo e São Caetano do Sul). Das grandes greves do ABC em 1978 e 1979 surgiu a liderança do operário metalúrgico Luiz Inácio Lula da Silva.

No material de arquivo utilizado por Coutinho e Goldenberg em *Volta Redonda*, pode-se ver as faixas de "Lula

Presidente", em sua primeira tentativa (1989), frustrada, de chegar ao Palácio do Planalto. Em 2002, durante a campanha que finalmente conduziria Lula à Presidência da República, Coutinho saiu à procura de operários que tinham vivido as greves da década de 1970, em *Peões* (ver capítulo "Cineasta de conversa"). O ciclo operário do diretor se fechava novamente sob o signo do metal.

A Companhia Siderúrgica Nacional seria, afinal, privatizada em 1993, durante o governo Itamar Franco, como parte de uma onda de desestatizações que atravessou também os governos Fernando Collor (1990-92) e Fernando Henrique Cardoso (1995-2003).

O JOGO DA DÍVIDA: NO TURBILHÃO DOS NÚMEROS

O primeiro documentário de Eduardo Coutinho com a logomarca do Cecip talvez seja o mais atípico de toda a sua carreira. Dividido em cinco blocos, *O jogo da dívida: quem deve a quem?* (1989) examina a história da colonização brasileira, os mecanismos perversos da dívida externa, a recessão econômica, a crise social resultante do endividamento, e, por fim, as alternativas (ou melhor, a única alternativa) que se apresentavam aos países da América Latina para fazer face a uma situação de insolvência iminente. O vídeo viria a ser exibido com frequência em ONGs, sindicatos e associações comunitárias da Europa durante os anos 1990.

Trata-se de uma abordagem macroeconômica amparada num turbilhão de dados estatísticos, gráficos animados e entrevistas com especialistas, destacando-se aí as opiniões corajosas e combativas da economista Maria da Conceição Tavares. É também o trabalho de Coutinho que mais extrapola a esfera brasileira para se articular num discurso político latino-americano, no marco dos quinhentos anos do Descobrimento da América.

Com aportes espanhóis e de países latino-americanos na produção, bem como o apoio de entidades da Igreja progressista internacional, o vídeo se propõe a analisar em profundidade as raízes e os efeitos nocivos da dívida externa. A face cruel da crise aparece estampada principalmente em imagens de televisão do Brasil, do Chile, da Venezuela, do México. São cenas de miséria, desemprego e violências cometidas pelas ditaduras militares que assolavam a América do Sul na década de 1980, com seu cortejo de obras faraônicas, abertura indiscriminada às importações e políticas econômicas desastradas que favoreciam a fuga de capitais.

No início da chamada "década perdida", o Brasil era o maior devedor do mundo, com uma conta de 50 bilhões de dólares, dentro de um total latino-americano de 329 bilhões. O roteiro de *O jogo da dívida*, de autoria de Washington Novaes e Eduardo Coutinho, não poupa recursos para sublinhar o caráter nefasto de um sistema que faz com que os pobres financiem os ricos. Isso inclui até mesmo a caricatura e o clichê. Cenas de arquivo mostram banqueiros a empunhar taças de vinho, militares de óculos escuros e ar autoritário. Charges animadas de Claudius Ceccon satirizam a política norte-americana do Big Stick e a ação predatória do capital financeiro internacional. Uma série de esquetes cômicos realizados pelo grupo teatral Tá na Rua, de Amir Haddad, sintetizam situações em que pobres indefesos são explorados por cínicos poderosos.

Nesse híbrido de arrazoado financeiro, análise sociológica, libelo político e humor acidamente crítico, só por um momento o humanista Coutinho se insinua. Numa curta conversa com uma família pobre de Nova Iguaçu, periferia do Rio de Janeiro, a ponta mais fraca da corrente da dívida assume rosto e um esboço de discurso. Mas logo o documentário retorna a seu eixo expositivo convencional.

O jogo da dívida não busca o debate entre opiniões conflitantes, mas uma cadeia uníssona de opiniões de pensadores, economistas, cientistas, diplomatas e prelados, todos adeptos da mesma atitude crítica com relação à sangria da América Latina pelo Fundo Monetário Internacional (FMI). O raciocínio propiciado pela estrutura do vídeo desemboca, naturalmente, na proposta de moratória unilateral, como defendido ao longo de toda a década de 1980 pelo chefe de governo cubano Fidel Castro. A ideia ganhou certa repercussão entre as cúpulas governistas latino-americanas da época. O Brasil tentou declarar a moratória em 1987, mas voltou atrás por falta de respaldo político. Em 1989, a discussão continuava na ordem do dia. Era necessário politizar o tema e fazer da moratória um instrumento de pressão e de defesa da soberania nacional.

"A amortização fica pras calendas", bradava Maria da Conceição Tavares, enquanto recomendava o pagamento exclusivo dos juros. "Quem contraiu a dívida externa não fomos nós, mas os credores. Assim, ela não pode ser paga", argumentava o atuante bispo dom Pedro Casaldáliga. "A sociedade deve lutar pela suspensão do pagamento", pregava Frei Betto, mais tarde assessor de confiança do presidente Lula, que, num golpe de mestre, saldou a dívida brasileira para com o FMI já no início do seu primeiro mandato.

Nesse vídeo, à primeira vista, Coutinho parece desaparecer sob a massa de informações e materiais heterogêneos com que lidou. Mas também pode-se encontrar, na fluente e habilidosa articulação dessas ideias, uma outra face do documentarista, mais totalizante e conceitual, que sua trajetória futura haveria de refrear.

O FIO DA MEMÓRIA: TRABALHO DE BRICOLAGEM

O centenário da abolição da escravatura no Brasil, em 1988, foi comemorado em duas chaves antagônicas. De um lado, a efeméride oficial, com seus discursos positivantes; de outro, a mobilização da comunidade afro-brasileira mais organizada em atos públicos de natureza crítica. No segundo caso, tratava-se de desmontar o que seria a "farsa" da abolição. Por esse raciocínio, o negro brasileiro, se não continuava escravo formal, permanecia marginalizado no sistema econômico, no cenário social e no ambiente cultural do país. O racismo perpetuado era uma forma mais insidiosa de escravização.

Em uma das várias manifestações ocorridas no dia 13 de maio de 1988 no centro do Rio de Janeiro, participantes marchavam pela criação do Dia da Consciência Negra, em 20 de novembro. Nessa data celebra-se o aniversário da morte de Zumbi dos Palmares, o escravo libertário que criou o Quilombo dos Palmares (refúgio de escravos foragidos no estado de Alagoas) e morreu pelas balas de uma milícia contratada pela Coroa portuguesa. Tratava-se, portanto, de trocar o dia de uma suposta vitória concedida pelos algozes brancos (a assinatura da Lei Áurea pela princesa Isabel, filha do imperador Pedro II e da imperatriz Teresa Cristina) pela lembrança de um herói guerreiro e mártir da liberdade.

A marcha de 1988 foi filmada por Eduardo Coutinho, que então iniciava um ambicioso projeto sobre a história dos negros no Brasil com o título de "Cem anos de abolição". O estímulo partira da então diretora da Fundação de Artes do Rio de Janeiro (Funarj), a cientista social Aspásia Camargo, que procurava "alguém que soubesse olhar mais que nós mortais costumamos ver"*. Aspásia alocava recursos do governo estadual para a produção de um filme sobre o centenário da abolição. A esses fundos vieram se juntar capitais de televisões da Espanha, França e Inglaterra, além do apoio do fundo holandês Hubert Bals.

Dinheiro, portanto, havia, mas aquele não era o tipo de documentário em que o diretor mais se sentisse à vontade. O tema a ser desenvolvido era relativamente abstrato, trazendo as consequentes expectativas alheias, inclusive estrangeiras. O material humano deveria ajustar-se a um certo esquema sociológico prévio, muito ao contrário da experiência libertadora de *Santa Marta – duas semanas no morro*.

Coutinho pretendia tecer uma tapeçaria de informações baseadas mais em experiências vivenciais do que em proposições sociológicas ou mesmo históricas. Deixou de fora o depoimento de um líder do movimento negro que fez

---

* Peter Fry, "O banzo de Eduardo Coutinho: um ensaio sobre *O fio da memória*", em Eliska Altmann e Tatiana Bacal (org.), *O fio da memória visto por* (Rio de Janeiro, 7 Letras, 2018), p. 11.

questão de aparecer paramentado com uma bata africana. Não estava interessado em mensagens formalizadas nem em porta-vozes, mas apenas no que emanasse naturalmente das pessoas. Queria, ainda, articular o imaginário e a realidade do brasileiro afrodescendente, numa perspectiva de resistência pela preservação da memória.

Fundamental para a parcial consecução desse objetivo foi a escolha (tardia, já na mesa de montagem) da história do artista popular Gabriel Joaquim dos Santos (1892-1985) como fio condutor do documentário. Humilde trabalhador de salinas na Região dos Lagos do estado do Rio de Janeiro, negro, semianalfabeto, filho de um ex-escravo e de uma descendente de índios, Gabriel passou quase toda a vida sozinho, numa pequena casa construída por ele mesmo a poucos metros da casa de seus pais. Inspirado em sonhos e numa profunda necessidade de inscrever-se no mundo por meio do registro e da invenção artística, por mais de sessenta anos se dedicou à mirabolante decoração da casa com refugos da região. Cacos de louça, ladrilhos e cerâmica, lâmpadas queimadas, bibelôs mutilados, conchas, tampas de metal, faróis de automóveis e todo tipo de inutilidades eram laboriosamente incrustados nos diversos ambientes da casa e formavam lustres, altares, colunas, arranjos florais etc.

A leitura de *O pensamento selvagem*, em que Claude Lévi-Strauss adota o termo "bricolagem" para explicar a construção do mito pela junção de fragmentos de cultura, foi definidora para Coutinho entender que o universo de Gabriel era o eixo do filme.

A chamada Casa da Flor, localizada em São Pedro d'Aldeia e hoje aberta à visitação pública, é considerada uma obra-prima da arquitetura espontânea e equiparada a criações do francês Ferdinand Cheval e do catalão Antoni Gaudí. A professora e pesquisadora de arte popular Amélia Zaluar, que estudou por doze anos a obra e a vida de Gabriel, classifica-a como "o barroco intuitivo criado por um artista marginal e solitário". Foi Amélia quem trouxe à luz os cadernos de apontamentos em que Gabriel anotava suas reflexões sobre a obra, além de episódios de sua vida particular, acontecimentos da

> ❝
> *Sou governado para fazer essas coisas com pensamento e sonho."*
>
> (dos cadernos de Gabriel)

região e da história do Brasil. Tudo classificado por datas, num esforço monumental pela fixação de uma história e a construção de uma memória.

Por uma série de fatores ligados ao processo de produção, *O fio da memória* levou três anos para ser concluído, em paralelo com os trabalhos para o Cecip. Nesse período, Coutinho e sua equipe (uma das mais proeminentes que reuniu em sua carreira), munidos de pequenas câmeras 16 mm, filmaram –

em ruas, favelas, igrejas, centros religiosos afro-brasileiros, salas de aula, casas humildes de sambistas e de artistas populares anônimos, fundações para menores abandonados, rituais de Réveillon – um acervo bastante heterogêneo, unido apenas pelo fio, às vezes tênue, do tema da negritude. Para economizar negativo, o diretor mandava sustar a ação da câmera no meio de uma entrevista, deixando a gravação correr apenas no áudio, para retomar a imagem mais adiante.

Filmagem de *O fio da memória*. Coutinho e o diretor de fotografia Adrian Cooper.

"O Brasil já foi uma roça portuguesa. Os portugueses a carregar negros das costas da África pra botar aqui pra trabalhar na enxada." Estas são as primeiras frases que ouvimos no longa-metragem, extraídas do caderno de Gabriel Joaquim dos Santos. As mesmas palavras voltam ao final do filme, como ecos de uma história que, de certa maneira, ainda não teve fim.

Entre um e outro momento, Coutinho parece se desdobrar em diversos documentaristas diferentes. Ora é o expositor tradicional, que cobre as imagens com uma narração didática, mais uma vez a cargo do poeta Ferreira Gullar, como em *Cabra marcado para morrer*. Ora é o ensaísta poético a recolher detalhes da Casa da Flor, enquanto a voz do ator Milton Gonçalves lê trechos do diário de Gabriel e o sobrinho deste "interpreta" silenciosamente a figura do tio. Em outros momentos, Coutinho é o entrevistador curioso de personagens populares, que não escamoteia sua condição de repórter branco de classe média, estranho, portanto, àquele mundo. Em outros, ainda, deixa a simples presença da câmera deflagrar incidentes de rua que revelam, por exemplo, a indignação de uma mulher negra perante a coroação de uma jovem de pele mais clara como "Rainha da Abolição".

A certa altura, quando investiga uma célebre fotografia jornalística de 1982, que mostrava um grupo de negros detidos pela polícia e amarrados uns aos outros por cordas no pescoço, o diretor retoma o procedimento de *Cabra marcado para morrer*: sai à procura dos homens, consegue reunir três deles (os demais recusaram-se a aparecer por medo de represálias) e simbolicamente os restaura como sujeitos de sua própria imagem. Como fez com os moradores da favela de *Santa Marta*, pede que eles se identifiquem por suas respectivas profissões, assim negando retroativamente a suspeita que ocasionou a prisão deles como "marginais".

Essa multiplicidade de estilos de documentação é fruto da própria heterogeneidade do material. Tal como Gabriel na Casa da Flor, Coutinho aqui trabalha com cacos de informação, pedaços de histórias que não se completam senão na arquitetura geral do filme. O roteiro de montagem pode passar de uma cerimônia de umbanda a uma folia de carnaval e daí a uma festa de Cosme e Damião, com sua tradicional distribuição de doces às crianças do bairro. O que leva de uma coisa a outra é sempre um conceito, um fio de ideias dentro do novelo que constitui a consciência negra no Brasil. Entre os conceitos condutores, incluem-se o sincretismo religioso, a evolução da arte popular (especialmente o samba), a exclusão social, o racismo e a luta dos afro-brasileiros por afirmação.

De certa forma, o filme parece ter sido feito com fragmentos de outros filmes, ligados por um conceito que subjaz a todo o conjunto. Exatamente como a obra de Gabriel Joaquim dos Santos, elemento estruturante e metáfora central de *O fio da memória*.

O crítico Inácio Araújo, da *Folha de S. Paulo*, observou que "Coutinho revela um Brasil pré-racista, isto é, que não chega sequer a discriminar o negro. Simplesmente ignora-o como produtor de linguagem e fatos culturais". Como para combater essa indiferença – que, vale dizer, se verifica mesmo em amplas parcelas da população afro-brasileira –, o documentário insiste na exposição de talentos criativos, famílias de forte atuação comunitária, cultos religiosos de iconografia e simbologia poderosas.

É onde surgem personagens antológicos da galeria coutiniana. Como dona Ercy da Cruz e Souza, uma ex-"baiana" (vendedora de quitutes afro-brasileiros) que não hesita em admitir que "vendia de tudo que uma baiana tinha, a começar por mim mesma". Para logo em seguida cantar, com admirável voz de soprano e acentos de blues, um canto do candomblé e um hino evangélico. Ou o sambista Aniceto, um dos fundadores da escola de samba Império Serrano, já cego e preso a uma cadeira de rodas, a desfiar sua poesia de malandro e repreender as "exigências demasiadas" do entrevistador. Ou ainda um ex-escravo de 120 anos, para quem, depois do fim da escravidão, tudo tinha que ser "na nota". Alguém da equipe prontamente entrega-lhe um cachê em espécie, que ele recebe com ruidoso contentamento.

Quero que eles admirem a força da pobreza."

(dos cadernos de Gabriel)

> "Isso não pode ser de mim. É um mistério..."
>
> (dos cadernos de Gabriel)

Na favela de Chapéu Mangueira, Coutinho conversa com Benedita da Silva, a primeira afrodescendente a ser eleita para o Congresso Nacional brasileiro (e nomeada ministra da Assistência e Promoção Social pelo presidente Lula em 2003). O enfoque, porém, privilegia a repercussão familiar em lugar do sucesso político. É um comportamento exemplar do interesse de Coutinho pela dimensão humana da história, embora nesse filme, por força do tema, tenha feito concessões a análises didáticas mais convencionais.

Lado a lado com os exemplos de simpatia e enaltecimento dos afro-brasileiros está a face feia da exclusão social, que aparece na pele de moradores de rua e menores recolhidos a abrigos ou fundações. Mas aqui Coutinho desatende às expectativas de vitimização. Suas perguntas não carregam o julgamento prévio de quem se horroriza com a miséria. "A rua é boa?", indaga, por exemplo, a uma mulher. Ou seja, deixa margem para uma possível elaboração afirmativa, que vai revelar o imaginário da entrevistada em lugar de simplesmente confirmar o que a imagem já estabelece.

Às crianças, ele pede que falem à vontade, que contem sobre seus pais ou sobre como foram parar naquela instituição. Já numa escola de subúrbio, sabatina alunos acerca de fatos da história do Brasil. A intenção, evidentemente, não é de testar conhecimentos, mas de construir uma ideia de memória, um fio de perguntas e respostas que nos ajude a percorrer o labirinto conceitual proposto.

O fio da memória é um filme vigorosamente iconográfico. Os rostos que falam, cantam ou exprimem um transe religioso; as imagens de santos e de entidades do candomblé e da umbanda; as faces cobertas por véus de palha das participantes do culto olubajé; as fotografias de escravos feitas pelo açoriano Cristiano Júnior em meados do século XIX; as fotos de família; a face da lendária e venerada escrava Anastácia com seus olhos azuis e uma máscara que lhe cobre a boca e o nariz; a enorme escultura do rosto do Escravo Desconhecido – tudo isso são expressões de um valor etnográfico nada desprezível. Num contexto em que crianças de família desconhecida costumavam receber o sobrenome genérico "Silva", o rosto é que se impõe como afirmação de uma identidade étnica em risco.

A morte se insinua como uma quase-personagem. O ex-escravo Manoel Deodoro Maciel e o primeiro marido de Benedita da Silva, Agnaldo Bezerra dos Santos, morreram poucos meses depois de terem sido entrevistados – fatos que são citados no filme. Um menino de rua assim justifica sua opção pelo crime: "Temos que tentar de tudo. Vamos morrer, mesmo…". Por fim, considere-se que toda a perspectiva simbólica do filme foi desenhada a partir do falecido Gabriel Joaquim dos Santos. Uma espécie de eco do além-túmulo ressoa por todo o filme. Ao final, Coutinho nos comove com uma visita ao ossário do cemitério de Cabo Frio, onde os despojos de Gabriel provavelmente jazem em sacos anônimos, identificados por números. Aqui, mais uma vez, o realizador evita a incidência de um clímax que possa funcionar como catarse emocional. Depois da sequência do ossário, ele retoma uma coda informativa relativamente fria.

À luz de análise rigorosa, esse é um filme irregular, que nem sempre justapõe satisfatoriamente os seus muitos cacos.

Cena de *O fio da memória*. Ercy (de saia preta) e seus familiares.

Alguns assuntos, como a conexão entre samba e candomblé, e o próprio reencontro dos homens laçados pela polícia, são apresentados ligeiramente ou não rendem o impacto esperado. A trilha sonora é banal e às vezes francamente imprópria – como nas cenas dos moradores de rua ou das instituições de menores. E Coutinho ainda incide num "pecado" que iria abominar no futuro: faz uma espécie de videoclipe melancólico de carnaval com o samba cantado pelo veterano Sinval Silva.

Crítica ainda mais severa foi feita por Ana Maria Galano em sua dissertação *Guerra e paz em português: do colonial ao pós-colonial no cinema* (UFRJ). Ela sustenta que o prólogo histórico do filme trata de forma generalizante a "identidade negra", homogeneizando a experiência dos ex-escravos e seus descendentes. No entanto, ao afirmar que, "analfabeto, desaculturado, sem cidadania e sem família, o negro ao longo de um século lutou contra a desagregação étnica", o texto do prólogo estaria, segundo Ana Maria, contradizendo os exemplos de diversidade, riqueza cultural e familiarização que o próprio filme apresenta.

Não há imagens do diretor nem da equipe, o que evidencia a ênfase no resultado, e não no processo. Um "processo doloroso", como dizia Coutinho ao falar do filme. A dor serviu, se não para outras coisas, para apontar-lhe definitivamente o caminho da delimitação espaço-temporal. A partir daqui sua obra autoral vai optar pela concentração e pelo essencial enfoque de personagens. A película como suporte de captação sairá de cena por um longo período.

Finalizado somente em 1991, *O fio da memória* perdeu o ensejo das discussões sobre o centenário da abolição. Ademais, sofreu os impactos da desconstrução estrutural do cinema brasileiro no governo Fernando Collor, a partir de 1990. Não teve lançamento comercial em cinemas, sendo exibido em canais de TV brasileiros, na TV espanhola, no inglês Channel Four e no francês Arte. Apesar de suas muitas qualidades, é o longa-metragem menos conhecido de Coutinho.

SOCIEDADE E MEIO AMBIENTE

No ano em que o Rio de Janeiro capitaneou o pensamento ecológico mundial ao sediar a Conferência das Nações Unidas sobre Meio Ambiente e Desenvolvimento (Eco-92), o Cecip produziu um videodocumentário de forte conteúdo de denúncia. O mote de *A lei e a vida* (1992) é o persistente abismo entre a letra das leis de proteção ambiental e as práticas danosas que se multiplicam pelo território nacional.

Com *A lei e a vida*, Eduardo Coutinho retomava a linha mais assertiva e comprometida das produções do Cecip. A fim de deixar clara a situação, o vídeo confronta diversos artigos da Constituição Federal promulgada em 1988, relativos ao meio ambiente, com casos explícitos de descumprimento, sempre no estado do Rio de Janeiro. Entre eles figuram a falta de preparo da população de Angra dos Reis para enfrentar um eventual acidente na usina nuclear ali localizada; um vazadouro de lixo que devasta uma preciosa área de manguezal (locação de seu documentário *Boca de lixo*, realizado em seguida); a disseminação de pesticidas industriais numa região de pasto e lavoura, com consequências nefastas para a saúde dos moradores; a contaminação dos pulmões de trabalhadores de estaleiros devido ao uso de jateamento de areia; os planos de construção de um emissário submarino que ameaçava poluir praias da Barra da Tijuca.

Mais uma vez Coutinho abre mão de veleidades autorais em troca de uma proposição na linha da utilidade pública. O texto, ao mesmo tempo que reconhece mudanças de mentalidade no que diz respeito à educação e ao cotidiano das pessoas, volta suas baterias contra os maus exemplos no âmbito da iniciativa privada e do poder público. A crítica se estende a uma Justiça lenta e rudimentar, incapaz de pôr em prática o que a legislação determina.

Ressalta em sua abordagem a ligação indissolúvel entre as questões ambiental e social. Daí sua preocupação em não apenas situar os problemas em termos científicos, mas também buscar a palavra da vítima. Não deixa ainda de eleger seus heróis ambientais, entre os quais o deputado Carlos Minc.

As entrevistas são curtas, ilustrativas, e alternam-se com o texto da narração principal e a leitura dos artigos da lei – a cargo, respectivamente, do locutor de TV Eliakim Araújo e da apresentadora Bia Bedran, o que na época trazia um dado "familiar" ao espectador acostumado com aquelas vozes na televisão. Essa familiaridade repercute também na construção por repetições (os artigos da lei) e na alternância equilibrada entre exposição direta e entrevistas.

O tema socioambiental foi novamente abordado em *Um lugar para se viver* (1999), reportagem conduzida por Coutinho em vários pontos do estado do Rio onde havia problemas de saneamento. Favelas, bairros do subúrbio e cidades do entorno foram visitados pela equipe, à qual se juntou a ambientalista Katia Medeiros como interlocutora e mediadora. O objetivo era buscar formas de aproximar o discurso ecológico a interesses populares como moradia, mobilidade urbana, saúde, riscos de enchentes e violência.

Coutinho procurou fixar um eixo narrativo em torno do bombeiro hidráulico Sérgio Gomes da Silva, pai de família de origem sergipana que havia construído sua casa e seu próprio sistema de abastecimento e escoamento de água. A câmera o acompanha num dos seus deslocamentos diários de um bairro da Baixada Fluminense para o trabalho no centro do Rio. Sérgio, porém, não chega a se constituir como personagem, uma vez que seu perfil fica diluído entre vários blocos de assuntos diversos, entrevistas com especialistas e uma narração empostada que dá ao documentário uma tonalidade de *Globo Repórter* convencional. Pode-se entender por que Coutinho não costumava incluir esse trabalho em sua filmografia.

BOCA DE LIXO: A CÂMERA CONTRA O ESTIGMA

Enquanto mapeava a situação dos afro-brasileiros para *O fio da memória*, Eduardo Coutinho filmou pessoas que viviam da coleta de lixo no imenso vazadouro do bairro Jardim Gramacho, na Baixada Fluminense. Passou poucas horas ali, e o resultado nem sequer entrou na montagem final. Mas saiu impressionado – não tanto pelas imagens dantescas daquela gente a escalar montanhas de detritos, mas com a vida aparentemente comum que eram capazes de ali levar. Crianças jogavam bola, mulheres cozinhavam, tudo como numa comunidade qualquer. Durante as gravações de *A lei e a vida,* observou o vazadouro de Itaoca, no município fluminense de São Gonçalo. Foi quando prometeu a si mesmo fazer um filme sobre o chamado "lixão". A princípio seria Gramacho, que, no entanto, negou autorização para a filmagem. Optou-se, então, pelo de Itaoca.

Os "lixões" existem na maioria dos municípios brasileiros e, quanto maior for a cidade, mais "espetaculares" são seus contornos. Geralmente ficam distantes dos bairros de classe média e alta, assim como das atrações turísticas. São o anticartão postal de um lugar como o Rio. Não têm a riqueza do lixo de uma grande cidade norte-americana ou japonesa, mas ainda assim um contingente de despossuídos retira dali sua sobrevivência. A cada manhã, eles chegam com seus grandes sacos, bacias plásticas ou carrinhos de mão, à espera das novidades trazidas pelos caminhões da limpeza urbana e de supermercados. Controlando a disputa nos limites de uma certa civilidade, se lançam à cata de tudo o que ainda possa representar algum valor comercial: lataria, peças e objetos de metal, papelão, plástico etc., que serão revendidos por intermediários à indústria da reciclagem.

Os catadores do "lixão" também fazem uso de refugos alimentares, seja para servir suas criações de porcos, seja para consumo próprio. Em função disso, são geralmente considerados como a escala mais inferior da organização social, o último grau da degradação humana. "O lixo é o final do serviço. E é dali que começa...", diz um dos catadores entrevistados por Coutinho, antecipando sem querer o título do futuro *O fim e o princípio.*

Coutinho esboçaria mais tarde um arrependimento por ter incluído cenas de pessoas comendo diretamente do monturo (ver capítulo "Entrevista"). Teria incorrido num desvio ético ao usar a imagem para desmentir as negativas verbais dos catadores, que alegavam usar o lixo somente para alimentar os porcos.

Dois anos antes de *Boca de lixo*, um curta-metragem de Jorge Furtado, *Ilha das Flores* (hoje um clássico brasileiro) havia tematizado a nivelação entre homens e animais, num misto de documentário e ensaio ficcional. Num raciocínio analógico em cadeia, o filme de Furtado levava à conclusão que, em certo depósito de lixo do estado do Rio Grande do Sul, homens pobres situavam-se em escala de prioridade inferior mesmo à dos porcos.

Boca de lixo (1992) viria a ser uma antítese da constatação/denúncia contida em *Ilha das Flores*. A exemplo do

que fizera na favela de Santa Marta, Coutinho foi ao aterro sanitário de Itaoca para resgatar a humanidade dos seus frequentadores. O documentário procurava, como constava explicitamente do material de divulgação, "afastar o estigma que envolve os catadores – 'comedores de carniça', segundo a visão genérica da sociedade – e ao mesmo tempo inserir seu trabalho como uma estratégia de sobrevivência indispensável nas circunstâncias sociais do Brasil de hoje".

O depósito de Itaoca era mantido ilegalmente pela prefeitura junto a uma área de preservação ambiental muito próxima da Baía de Guanabara. Aos prejuízos ambientais somava-se um grave risco para a saúde das muitas famílias que dali retiravam seu sustento, principalmente por causa da concentração de resíduos químicos e de lixo hospitalar.

Coutinho no cenário de *Boca de lixo*.

Em 2012 foi desativado, embora tenha continuado a receber resíduos clandestinamente. A população de ex-catadores passou a uma situação ainda mais miserável.

Depois do interregno de hesitações representado por *O fio da memória*, Eduardo Coutinho retomou, com *Boca de lixo*, o prazer da aventura documental. Chegou com sua equipe ao "lixão" de Itaoca desprovido de qualquer pesquisa prévia, imbuído apenas da vontade de alcançar a intimidade daquele grupo de excluídos entre excluídos. O apego ao espontâneo era tal que nem mesmo foram colhidas autorizações de uso de imagem das pessoas filmadas. Em contrapartida, não havia qualquer pauta utilitarista ou didática a cumprir. Ele queria simplesmente "fazer da reportagem uma das belas artes", como declarou em entrevista a Cláudia Mesquita[*]. A equipe enfrentou o mau cheiro por muitos dias seguidos, enquanto Coutinho beneficiava-se do olfato reduzido em função do tabagismo. Todos trabalharam sem remuneração, o que só viria dez anos depois com um prêmio recebido pelo vídeo em um festival no México.

O primeiro teste – e um dos mais duros da carreira do diretor – foi vencer a resistência de boa parte dos catadores a botar a cara na frente da câmera. Dos dez dias de gravação, os três primeiros foram gastos numa árdua e gradual conquista de confiança. Logo no início do média-metragem, vemos um bloco de tomadas em que pessoas fogem do campo visual, tapam o rosto ou mandam a câmera desviar para outro lado. Demonstram não apenas ter consciência do estigma que as acompanha, como também do preconceito que grassa entre suas próprias vítimas.

Os catadores se acanham com sua condição, muito embora insistam em reafirmar que sua atividade é um trabalho como outro qualquer. Como nas rápidas entrevistas iniciais de *Santa Marta*, Coutinho trabalha com o horizonte de um mundo de trabalhadores. Ex-domésticas, ex-lavradores e ex-operários estão unificados numa nova profissão. Orgulham-se de não serem vagabundos nem ladrões, o que os

---

[*] "Fé na lucidez", *Revista Sinopse*, n. 3, dez. 1999.

faz subir alguns degraus no organograma social. A pessoas envergonhadas com a própria imagem, o documentarista oferece fotografias impressas em papel, imagens retiradas do próprio vídeo que está sendo feito. Um aparelho de televisão é levado ao "lixão" para exibir o vídeo a seus participantes, embora Coutinho não explore as reações, como fez em *Cabra marcado para morrer*. Quando uns identificam os outros pelos nomes, é a ideia de comunidade que se faz presente, em toda a sua espontaneidade.

Em *Boca de lixo*, as câmeras não se desviam dos aspectos naturalmente sórdidos: a matéria em decomposição, as mãos que chafurdam nos detritos, a proximidade entre homens e urubus, gente que come ali mesmo o que encontra de aproveitável. Na verdade, não encontram grande coisa, pois, como diz alguém a certa altura, o lixo que chega ali já foi "catado" em algum local intermediário. Mesmo assim, uma das mulheres entrevistadas critica a suposta preguiça dos catadores, que prefeririam a comida "fácil" da "boca de lixo" a um emprego mais convencional. Uma delas diz que preferia estar trabalhando como empregada numa casa de família. Outra afirma o contrário.

No olhar de Coutinho, prevalece a disposição restauradora. Ele não quer mostrar o inferno, mas revelar a humanidade de uma gente vista usualmente como mero emblema social. Acaba encontrando manifestações de alegria relacionadas ao lixo (uma mulher admite que fica triste quando chega no seu barraco e conta que muitos não resistem ao desejo de passear aos domingos no próprio "lixão"). Encontra sinais de solidariedade típicos de aglomerações populares. Topa com exemplos de profissionalismo compenetrado, como o de Nirinha, uma espécie de catadora-padrão que já conseguiu ampliar seus ganhos com a eliminação de intermediários. Conversa com famílias relativamente bem constituídas, para quem viver do lixo não significa deixar de viver.

O professor americano Robert Stam, atento estudioso do cinema moderno brasileiro, verificou que "se *O fio da memória* vê o lixo como recurso artístico, *Boca de lixo*

<<<
NO OLHAR DE COUTINHO, PREVALECE A DISPOSIÇÃO RESTAURADORA. ELE NÃO QUER MOSTRAR O INFERNO, MAS REVELAR A HUMANIDADE DE UMA GENTE VISTA USUALMENTE COMO MERO EMBLEMA SOCIAL.

revela sua dimensão humano-existencial". Para Stam: "Em vez de fazer uma abordagem miserabilista, Coutinho nos mostra pessoas inventivas, irônicas e críticas, que apontam ao diretor o que olhar e lhe dizem como interpretar o que vê"[*].

Embora este seja um documentário coral, a catadora Jurema e o velho Enock destacam-se como suas personagens mais ricas. Enock, dono de uma barba branca, longa e hirsuta que lhe valeu o apelido de "Papai Noel", tem a figura de um patriarca do "lixão". É ele quem oferece a citada reflexão sobre o lixo como fim e recomeço de um interminável ciclo de consumo. Por meio de sua fala, é possível vislumbrar, mesmo desse posto socialmente remoto, o discurso do filme sobre o funcionamento da globalização.

Jurema, por sua vez, foi uma das pessoas que mais resistiram ao cerco do perseverante Coutinho. Ela era uma autêntica cria do lugar. Ali nasceu, se casou e educava seus sete filhos. Naturalmente, zelava pela imagem do seu habitat. Quando Coutinho tenta se aproximar pela primeira vez, ela reage indignada. Não quer que "a televisão" espalhe a notícia de que os catadores se alimentam do lixo. "A comida é para os porcos! Aqui todo mundo tem porco!", explica, aos gritos. Mais adiante, Jurema enfim aceita receber a equipe em sua casa. Recorda-se do namoro-relâmpago e da união com seu companheiro, anuncia a intenção de fazer mais cinco filhos entre uma e outra briga conjugal. No fim da conversa, acaba admitindo que a xepa dos supermercados vai parar, sim, nas suas panelas.

A entrevista, em documentários como *Boca de lixo*, é bem mais que veículo de informação. É constituição de uma dramaturgia profundamente reveladora, eivada das tensões do encontro, atravessada pelas condições ora do flagrante bruto, ora de uma postura mais intimista ou formal. Para cada um desses momentos, o resultado é específico. A entrevista vira uma ação eminentemente cinematográfica, em lugar de quimérica reprodução do real.

---

[*] Robert Stam, "Hybridity and the Aesthetics of Garbage: the Case of Brazilian Cinema", *Estudios Interdisciplinarios de America Latina y el Caribe*, Universidade de Tel Aviv, v. 9, n. 1, jan.-jun. 1998.

O processo de documentação integra organicamente o trabalho, seja através da presença da equipe, aqui e ali revelada, seja no ritmo ditado pelas perguntas de Coutinho. Da mesma forma, a trilha musical do maestro Tim Rescala opera com ruídos do "lixão" sampleados, como se o próprio rumor ambiente vez por outra se organizasse em música.

Gradativamente, Coutinho vai reconfigurando a estrutura de seus filmes, deixando de se pautar por temas e se abrindo ao predomínio das personagens, com sua multiplicidade de histórias, experiências e fabulações. *Boca de lixo* parte do grau zero do documentário[*] para estabelecer experiências únicas com base na presença perseverante, na simplicidade da abordagem e em sutis estratégias de aproximação. Esse, cada vez mais, vai passando a ser o método do diretor. Na edição, feita por Theresa Jessouroun e Pablo Pessanha, Coutinho resistiu muito antes de aceitar as pausas que Theresa insistia em inserir para mostrar o entorno. Aparentemente, só estava interessado na performatividade das falas.

Boca de lixo seria depois reconhecido como o mais perfeito antecessor da etapa que caracterizo aqui como cinema de conversa, inaugurada com *Santo forte*. É um dos trabalhos mais procurados e estudados do realizador, desde seu lançamento em 1993 na Sala Magnetoscópio, espaço pioneiro de exibição de vídeos criado por Marcello Dantas no Rio de Janeiro. Fez parte da programação da TV Cultura, do Canal Brasil, do Canal Plus francês e de emissoras do Canadá e de vários países da Europa, Ásia e África. Coutinho dizia nunca ter entendido por que uma televisão de Cingapura ou Taiwan se interessou pelo pessoal de Itaoca.

---

[*] Para José Carlos Avellar: "O homem com a câmera aqui sabe que a imagem estabelece hoje com as pessoas comuns uma relação de poder que deforma, sabe que a única possibilidade de filmar corretamente é filmar como quem não sabe filmar, é estimular uma relação absurda: a câmera não sabe filmar gente que não sabe ser filmada. O documentário começa do zero". José Carlos Avellar, "A imagem invisível", *Revista Rio Artes*, n. 12, 1994.

OS ROMEIROS DO PADRE CÍCERO: REVERENTE À REVERÊNCIA

Quem procurasse Eduardo Coutinho em 1993 e 1994 o encontraria cercado de livros e anotações sobre a saga da construção da ferrovia Madeira-Mamoré, que rasgou parte da Amazônia entre 1907 e 1912, contribuindo para a colonização da região do atual estado de Rondônia. Uma bolsa da Fundação Vitae sustentava a pesquisa. Esse projeto, no

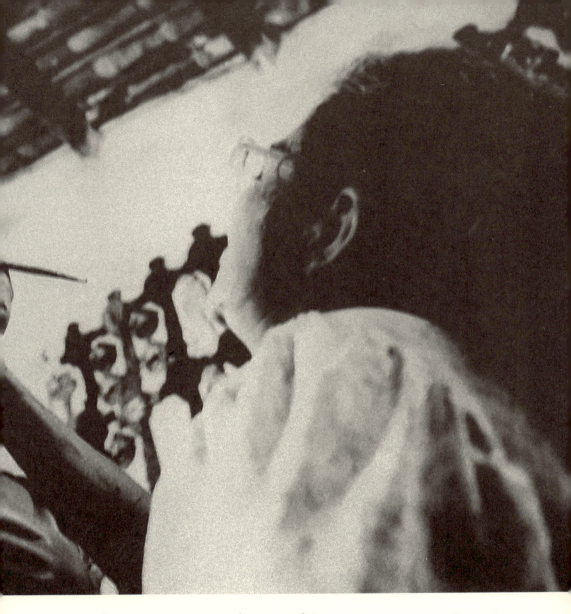

Cena de *Romeiros do Padre Cícero*.

entanto, acabou não se concretizando, o que abriu espaço para Coutinho se dedicar a mais uma empreitada do Cecip, desta vez para a TV alemã ZDF, com apoio da TV Viva, produtora que por mais de vinte anos desenvolvia um trabalho de televisão de rua em Recife.

Desde que as equipes de Thomaz Farkas tinham redescoberto o Nordeste brasileiro para o cinema moderno, ainda na década de 1960, a figura do Padre Cícero Romão Batista (1844-1934) tornou-se recorrente no documentário.

Eduardo Escorel, Geraldo Sarno e Rosemberg Cariry foram alguns diretores que já enfocaram a devoção ao maior santo extraoficial brasileiro. O próprio Coutinho, em 1979, havia trabalhado no texto e edição de um episódio do *Globo Repórter* chamado *A nação dos romeiros*, sobre grandes manifestações coletivas do catolicismo. No cinema de ficção, o personagem foi vivido pelos atores Jofre Soares (*Padre Cícero*, de Helder Martins, 1976) e José Dumont (*Milagre em Juazeiro*, de Wolney Oliveira, 1999).

Em 1994, quando se comemoravam os 150 anos de nascimento e 60 da morte do religioso, Coutinho encarregou-se de dirigir *Os romeiros do Padre Cícero*, documentário de média metragem sobre as romarias que anualmente, a 1º de novembro, se deslocam em direção à cidade de Juazeiro do Norte, no estado do Ceará, movimentando cerca de 1 milhão de pessoas.

Quando o religioso se instalou em Juazeiro, em 1872, a região não passava de um minúsculo povoado com aproximadamente trinta casas. Um suposto fenômeno ocorrido em 1889 – o sangue de Cristo teria escorrido da boca de uma beata que acabava de receber a comunhão das mãos de Cícero – selou sua reputação de milagreiro e deu origem a um culto de proporções avassaladoras. Por sustentar a existência do milagre, o padre foi destituído de suas ordens e proibido de rezar missas e orientar fiéis. Durante certo tempo, a Igreja Católica chegou a vetar o batismo de crianças com o nome de Cícero. Nada disso, porém, impediu que o povo nordestino o elegesse padrinho de todos ("Padim Ciço" é a forma mais popular de chamá-lo), uma espécie de advogado e conselheiro, fonte de esperanças para enfermos e necessitados.

Carismático, bajulado por governantes, poderosos e mesmo por cangaceiros, Cícero Romão foi eleito prefeito de Juazeiro do Norte e vice-governador do Ceará. As doações populares o tornaram milionário, condição fundamental para que fizesse as muitas caridades que ajudariam a celebrizá-lo. A devoção popular nunca esmoreceu, apesar do banimento imposto pela Igreja até 2015, quando foi reabilitado pelo papa Francisco. Juazeiro se desenvolveu num imenso mercado pop e religioso à sombra do mito, que dá nome a ruas, estabelecimentos comerciais, folhetos de cordel e toda sorte de *memorabilia* sacra.

Os romeiros do Padre Cícero é um documentário reverente à reverência. Coutinho não pretendeu analisar as raízes e as contradições de um culto que germinou no seio do povo, à completa revelia da hierarquia católica. Sua postura era de respeito e curiosidade. Descrição e discrição. Um argumento se esboça aqui e ali, como nas tomadas de imagens religiosas e astros pop justapostas nas barracas do mercado popular; ou no contraponto entre a pregação de um bispo a favor da reabilitação de Cícero e as declarações de uma filha de romeiros a respeito da perseguição movida pela Igreja Católica no início do século.

Um certo caráter intertextual e híbrido foi destacado por Andréa Falcão e Daniel Bitter:

> Em certo sentido, podemos dizer que, neste filme, as fontes (filmes históricos, folhetos de cordel, entrevistas e depoimentos gravados com pessoas de diversos segmentos sociais), postas em diálogo pelo diretor, conversam entre si, de modo que ora se reforçam mutuamente, ora se contrapõem, produzindo estranhamentos e tensões. [...] Coutinho se vale do entrecruzamento entre ficção e realidade, sugerindo que a história da cidade se confunde de tal maneira com a história do Padre Cícero que, para contá-la, as obras do imaginário popular são tão adequadas quanto documentos históricos.[*]

O tom predominante, porém, é o da reportagem panorâmica e didática, bem ao gosto da plateia estrangeira a que o vídeo prioritariamente se destinava. Isso não significa que se ressaltem aspectos exóticos ou bárbaros, tão frequentemente associados a esse tipo de produção. A sobriedade é um critério de escolha e de apresentação. O próprio Coutinho vocaliza a narração em off, mas sem jamais aparecer dentro do quadro. Curiosamente, a equipe que aparece numa das cenas, com

---

[*] Andréa Falcão e Daniel Bitter, "Imaginários peregrinos: notas etnográficas sobre *Os romeiros do Padre Cícero*", em Eliska Altmann e Tatiana Bacal (org.), *Os romeiros do Padre Cícero visto por*, cit., p. 13 e 19.

claquete e tudo, é das filmagens de *Milagre em Juazeiro,* citado anteriormente.

O desenvolvimento de personagens apenas se esboça em torno de uma família de romeiros que parte do estado de Alagoas numa viagem de setecentos quilômetros em pau de arara rumo a Juazeiro. Acompanhamos algumas refeições do grupo, a chegada e a partida para a viagem de volta, mas de maneira insuficiente para constituir uma história particular dentro do painel geral.

O que importa é a visão de conjunto: a cidade transformada num grande templo ao ar livre e batizada de "Nova Jerusalém", as multidões balançando chapéus ou reverenciando com o tato as inúmeras imagens do "santo", os salões paroquiais revestidos de ex-votos. Importam as referências fervorosas de romeiros anônimos, que sem cerimônia integram o "Padim Ciço" à Santíssima Trindade e reconhecem nele uma identidade local, diferentemente dos santos europeus que dominam a fé católica. Importam os detalhes do fetichismo religioso: a adoração dos fragmentos da batina e da barba de Cícero, da cama onde ele dormia, das estátuas de onde emana um carisma poderoso.

O caráter legitimamente popular e sem intermediações do culto ao Padre Cícero o difere de outras manifestações de fé mais institucionalizadas de várias Igrejas no Brasil. Coutinho recolhe flashes dessa devoção, expressos no canto de um velho tocador de rabeca, na pregação exaltada do penitente, na crença nem tão convicta da alagoana de que o "Padim" iria retornar à vida ainda nos anos 1990.

Projeto, sem dúvida, menor na filmografia do cineasta, *Os romeiros do Padre Cícero* sofreu com a insuficiência de recursos destinados à produção, o que impediu Coutinho de acompanhar a viagem dos romeiros da maneira como pretendia. Seja como for, por seu trânsito constante entre o sagrado e o cotidiano, esse documentário tem o valor de aproximá-lo da grande revelação de *Santo forte,* chave de entrada para o trecho mais maduro e admirável do seu itinerário.

CRIANÇAS, MULHERES E CIDADÃOS

À margem dos trabalhos para o Cecip, Eduardo Coutinho foi convidado em 1995 pela Fundação Darcy Vargas para fazer um pequeno vídeo institucional a propósito do centenário de nascimento da ex-primeira dama, esposa do presidente Getúlio Vargas. Codirigido por Theresa Jessouroun, *A casa de Darcy* conta sucintamente a história da Casa do Pequeno Jornaleiro, fundada por Darcy e então funcionando ainda como internato. Traz depoimentos de sua filha, Edith Maria Vargas, e de jovens e antigos moradores louvando a instituição e a benemerência de sua fundadora. Apesar de engessado no modelo estrito do filme de encomenda, com muitas fotos e cenas de arquivo, Coutinho e Theresa abrem espaço para uma performance musical típica: um agente educacional entoa a "Canção do jornaleiro", de Heitor dos Prazeres.

Entre os últimos vídeos dirigidos por Coutinho para o Cecip, antes da virada de *Santo forte*, vários se ancoraram em experiências institucionais ou de organização popular que surtiam efeitos positivos sobre determinados grupos sociais. Eram reportagens de campo, em cidades de várias regiões brasileiras, nas quais a voz de um narrador onisciente dividia espaço com entrevistas de lideranças, coordenadores de projetos e gente do povo que se beneficiava daquelas iniciativas.

Seis histórias (1995) é basicamente um institucional dos conselhos tutelares encarregados de zelar pelo cumprimento do Estatuto da Criança e do Adolescente, instituído em 1990. Na época, os conselhos eram relativas novidades, que ainda tateavam seus métodos mas já se orgulhavam de alguns resultados. O Cecip, com apoio da Unicef, mapeou seis casos exemplares em Belo Horizonte (MG) e Blumenau (SC).

Uma menina, filmada de costas, conta que era vítima de abusos sexuais pelo pai até que o conselho tutelar interveio em seu favor. Dois garotos superaram seus problemas de frequência escolar depois que o conselho atuou, inclusive na ajuda financeira à mãe deles. A equipe de Coutinho acompanha o dramático resgate de duas crianças na casa da mãe alcoólatra e violenta. Um menino que vivia alcoolizado nas ruas foi acolhido num abrigo e outro foi adotado por uma família com intermediação do conselho. Um adolescente gay encontrou guarida e compreensão pela mesma via.

Trazida para a "família Coutinho" por Theresa Jessouroun, Jordana Berg estreou como montadora de todos os seus filmes dali em diante. O próprio Coutinho fez o texto e a voz da narração, mas em virtude da estrutura adotada, não teve oportunidade de demonstrar seus dotes de entrevistador.

O mesmo aconteceu com *A semente da cidadania* e *A casa da cidadania*, ambos de 1997 e patrocinados por um organismo da União Europeia. O primeiro aborda três iniciativas de organização popular à margem do Estado e do mercado, todas no estado do Rio de Janeiro. No morro da Lagartixa, Zona Norte do Rio, moradores criaram uma cooperativa de alimentos, um centro comunitário e até um telejornal local. A Associação de Moradores de Rancho Fundo, no município de Nova Iguaçu, promoveu um movimento para forçar a prefeitura a coletar o lixo e instituiu agentes de saúde e cursos de alfabetização. Na Baixada Fluminense, um grupo de compositores populares constituiu um movimento para valorizar seus sambas.

A casa da cidadania, por sua vez, documentou iniciativas do gênero em três outras comunidades. Em Vigário Geral, no local onde cinco anos antes uma chacina policial deixara 21 moradores mortos – nenhum ligado ao tráfico de drogas, pivô da represália dos policiais – foi construída a Casa da Paz. Além disso, a ONG Médicos sem Fronteiras implantou um posto de saúde e coordenava um fórum comunitário. O vídeo demora-se em curiosas aulas de escovação de dentes para crianças. Nas favelas de Nova Pixuna (Ilha do Governador) e Shangri-lá (Jacarepaguá), mostra-se a construção de casas em mutirão, a partir de orientações do Centro Bento Rubião.

Exemplo completamente fora da curva de sua produção, mesmo no Cecip, foi o vídeo *Dá pra segurar!* (1997), realizado para o Projeto Adolescência e DST/Aids, com apoio do Ministério da Saúde. Dois grupos de adolescentes da Zona Sul do Rio de Janeiro e da Baixada Fluminense, reunidos em salas de escolas públicas, relatam suas experiências e debatem suas ideias a respeito de segurança no sexo e doenças sexualmente transmissíveis. A discussão é estimulada por esquetes, a que assistem numa televisão, nos quais jovens atores encenam situações ligadas ao uso de camisinha, confiança e culpa na relação sexual, dificuldade de interlocução com os pais, preconceito e acolhimento dos infectados pela Aids. Trata-se de trabalho especificamente direcionado à orientação de adolescentes, sem qualquer intervenção aparente do diretor, mas que prenuncia o seu contato com esse tipo de personagem no seu filme de despedida: *Últimas conversas*.

Mesmo depois de ressurgir da relativa obscuridade com *Santo forte*, Coutinho ainda assinou, em 2000, um institucional para o Pidmu – Programa Infância Desfavorecida no Meio Urbano, uma iniciativa no âmbito da cooperação entre União Europeia e Brasil. O vídeo de 26 minutos relata a maneira como o programa buscava a reinserção social de crianças em situação de vulnerabilidade.

Em nenhum desses vídeos, a personalidade de Coutinho consegue se impor para além do formato televisivo, as intervenções populares são muito curtas (quando há) e a música suavizante de Tim Rescala é apenas eventual. No pouco espaço disponível para o contato direto com moradores, Coutinho faz perguntas tímidas, como: "O que você acha desse posto de saúde aqui? É bom?" ou "Você quer fazer sua casa bonita, né?". Em outras circunstâncias, esses poderiam ser inícios de diálogos mais profícuos, a depender do carisma de cada entrevistado.

Nessa leva, o documentário *Mulheres no front* (1996), embora seja o que mais procura elogiar o ativismo social, talvez seja também o que melhor sinaliza o estilo que se firmaria no trabalho de Coutinho. Com a chancela de três fundos das Nações Unidas, o vídeo aborda o impacto de lideranças femininas em três comunidades de áreas distintas do Brasil. Em Recife, a presidente de uma associação de moradores de

Cena de *Mulheres no front*.

bairro pobre fala das conquistas da entidade ao longo de dez anos. Na periferia do Rio, município de Nova Iguaçu, um grupo de mulheres cobra das autoridades os serviços básicos que não chegam até ali ou, se chegam, funcionam precariamente. Num subúrbio proletário de Porto Alegre, uma ONG forma promotoras legais populares, que conjugam a ação contra casos de violência familiar com a defesa do bairro no âmbito do Orçamento Participativo, criação vitoriosa do Partido dos Trabalhadores na prefeitura da cidade.

Ao fazer *Mulheres no front* (o título é o mesmo que o clássico *Le Soldatesse* (1965), de Valerio Zurlini, recebeu no Brasil), Coutinho opera sobre a experiência (trans)formadora de *Boca de lixo*. Mesmo mantendo a si e à equipe afastados do campo visual, é evidente seu engajamento nas conversas com aquelas mulheres. Elas ganham nomes grafados na tela, ou seja, impõem-se como personagens com uma vida pessoal atrelada à atividade que, em primeira instância, as credenciou para o documentário. O protagonismo feminino, inaugurado na obra de Coutinho com Elizabeth Teixeira, ganha um *opus* importante em *Mulheres no front*, quando pela primeira vez se torna coral.

A pernambucana Maria da Penha, por exemplo, faz questão de mostrar o marido, carinhosamente chamado de "Preto", que, ao contrário da maioria dos maridos por ali, aceita e até se orgulha da faceta pública da esposa. "Mulher tem que fazer muita coisa. O homem é de um trabalho só", diferencia. Em Nova Iguaçu, Lourildes conta como superou todos os supostos impedimentos de sua vida e se afirmou como líder comunitária. Lindalva, presidente da recém-fundada associação de moradores, relembra o nervosismo da primeira vez em que teve de fazer reivindicações pessoalmente ao prefeito do município. As promotoras populares de Porto Alegre, por seu turno, nunca abandonaram suas ocupações de cozinheiras, enfermeiras, diaristas etc.

A estratégia de Coutinho é flagrar as personagens em plena vida comunitária e também entrevistá-las no ambiente doméstico. É pela articulação dessas duas condições que ele alcança a individualidade. Os espaços público e privado não só apresentam complementaridades, como também diferenças sutis de postura que eliminam o estereótipo. Ninguém é exatamente o mesmo em ambas as esferas. E Coutinho vai fazendo disso um dos trunfos de seu método.

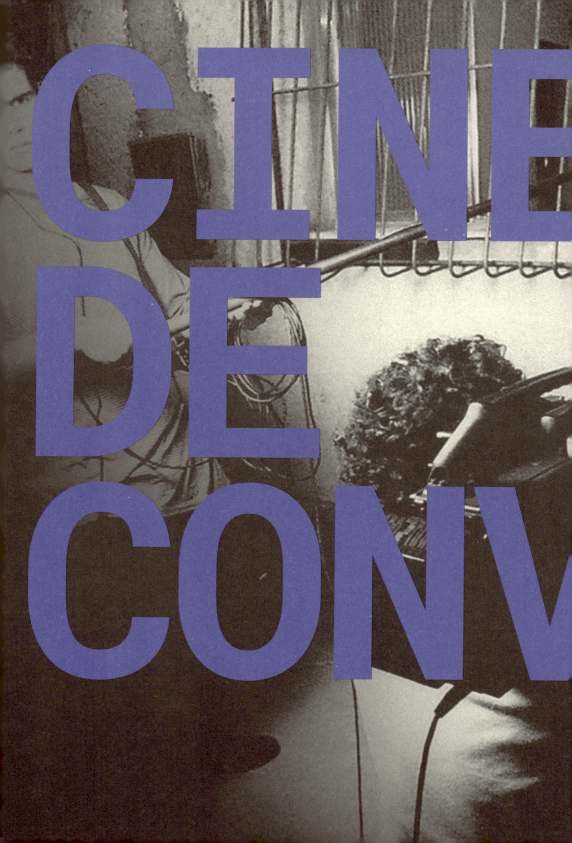

**CINEASTA
DE CONVERSA///**

Eduardo Coutinho acostumou-se a ouvir desde muito cedo. Talvez já com os relatos de filmes da tia Talina. Mediado pela câmera, ouviu Elizabeth Teixeira e seus familiares. Depois, a gente do povo do Nordeste nos programas do *Globo Repórter*. Mais tarde, os populares entrevistados nos vídeos do Cecip e nas filmagens de *O fio da memória*. Os encontros com os moradores da favela em *Santa Marta – duas semanas no morro*, com os catadores de *Boca de lixo* e com as ativistas de *Mulheres no front* aperfeiçoaram seu método de escuta aberto a todo improviso, libertando-se progressivamente das amarras do tema e esvaziando-se de expectativas prévias.

Em 1997, achou que era o momento de fazer um filme em que as conversas não fossem somente a ilustração ou mesmo a "comprovação" de um argumento prévio. Num movimento de grande ousadia, resolveu filmar um longa-metragem baseado prioritariamente na fala de pessoas comuns, sem narração, sem depoimentos de especialistas ou qualquer outro recurso de contextualização. A simples curiosidade do cineasta substituía a apreensão sociológica e o autoritarismo intelectual.

> *Estou interessado no que ela [a pessoa] faz entre nascer e morrer, só isso."*
>
> Eduardo Coutinho

Três anos antes, por ocasião do documentário *Os romeiros do Padre Cícero*, tinha ficado impressionado com a maneira como os fiéis se relacionavam diretamente com os ícones e a mitologia de Cícero Romão, à revelia das instituições eclesiásticas. Havia também se envolvido com uma pesquisa para o projeto da série *Identidades brasileiras* da TV Educativa, que acabaria não se concretizando por razões de descontinuidade administrativa na emissora pública. De qualquer forma, a proposta contida na série, de compor um mosaico sobre a fé dos brasileiros, em suas várias modalidades e acepções regionais, decididamente não lhe agradava. Mas a experiência acabou servindo para que ele concluísse que a religião era "o grande tema do Brasil". Começava a nascer *Santo forte* (1999).

SANTO FORTE: A ORALIDADE SE IMPÕE

Pelos dados do Censo Demográfico de 2000, católicos representavam 74% da população brasileira, contra 92% em 1970, número que caiu para 64,6% em 2010. Devotos de cultos evangélicos, por sua vez, subiram de 5% para quase 16% entre 1970 e 2000, e para 22,2% em 2010, constituindo o segundo maior contingente. Os declarados espíritas somavam 1,3% em 2000 e 2% em 2010. As tabelas do IBGE demonstram, ainda, que os adeptos da umbanda e do candomblé permaneceram na faixa de 0,3%, enquanto os que optavam por outras religiosidades passaram de 1,8% para 2,7%. Os que se declararam sem religião perfizeram 7,4% e 8%. É bem provável que o censo de 2020 venha a acusar uma elevação exponencial do número de evangélicos, em virtude do crescimento das igrejas de origem pentecostal e outras.

A dança dos números, contudo, não expressa o fenômeno do trânsito religioso no Brasil em toda a sua extensão. Nem dá conta dos níveis de simultaneidade e sincretismo com que diferentes cultos se acumulam no imaginário do povo brasileiro. Na realidade, o espiritismo e as religiões afro-brasileiras (sobretudo a umbanda e o candomblé) figuravam, ao menos em fins dos anos 1990, entre as manifestações mais frequentes, embora nem sempre declaradas, dada a força hegemônica das tradições católicas no país. Como destacou Mariarosaria Fabris, numa análise de *Santo forte*:

> A essas pessoas, ancestralmente oprimidas, a fé cristã foi imposta como parte integrante de uma cultura de dominação. Isso explica por quê, sobretudo nas camadas mais humildes e de origem africana, apesar de seu declarado catolicismo, subsista, de forma declarada ou latente, um estrato anterior que não se dissolveu com a adoção da religião institucionalizada.*

O tema tem atraído o interesse de antropólogos, sociólogos e artistas curiosos quanto ao espaço ocupado pelas religiões não oficiais em praticamente todas as classes sociais no Brasil. Eduardo Coutinho estava entre eles. Mas, ao contrário da abordagem panorâmica da série de TV, ele queria fazer um filme localizado. A pequena favela de Vila Parque da Cidade, aninhada no bairro de classe alta da Gávea, de frente para a montanha do Corcovado e a estátua do Cristo Redentor, lhe pareceu o cenário ideal. Uma favela comum, com cerca de 1.500 habitantes, sem movimentação de tráfico de drogas, sem traços por demais pitorescos. Com produção do Cecip, convidou a antropóloga Patrícia Guimarães, que havia desenvolvido uma tese sobre trajetórias religiosas naquele lugar e conhecia alguns dos personagens que estariam no filme. Patrícia realizara em 1998, juntamente a Maja Vargas, o curta *Pombagira*, que coletava depoimentos e rituais de umbanda voltados para a sexualidade feminina na favela da Rocinha.

Uma pesquisa específica foi feita com oitenta moradores do Vila Parque, dos quais cinquenta gravaram depoimentos em vídeo. Desses, Coutinho escolheu quinze para entrevistar, sendo que onze permaneceram na edição final. Entre eles havia dois (Vera e Carla) escalados anteriormente para o projeto de série *Identidades brasileiras*. As gravações foram

---

* Mariarosaria Fabris, "O vazio místico", *Sessões do Imaginário*, n. 8, ago. 2002, Famecos/PUC-RS.

> "As pessoas querem dar sentido a sua vida, para isso que existe a religião."
>
> Eduardo Coutinho

realizadas com vídeo digital em quatro etapas: outubro de 1997, durante uma visita do papa João Paulo II ao Rio; dezembro do mesmo ano, para os encontros principais; Natal de 1997; abril de 1998. Depois de *Cabra marcado para morrer* (1984) e do pouco visto *O fio da memória* (1991), *Santo forte* foi o primeiro longa-metragem do diretor e seu primeiro filme a ser lançado nos cinemas. Valeu, portanto, como uma redescoberta de Eduardo Coutinho por um público mais amplo que os frequentadores de festivais e de sessões de vídeo.

No entanto, a descrença de muitos em relação a um filme feito só de oralidades por pouco não sepultou *Santo forte* antes de seu nascimento. Para que isso não acontecesse foi fundamental a aposta do crítico José Carlos Avellar, então presidente da distribuidora RioFilme. Um aporte financeiro permitiu a kinescopagem (transferência de vídeo para película), uma das primeiras feitas no Brasil, e o lançamento em cinemas. Acabou sendo o filme brasileiro mais premiado do ano de 1999, consagração obtida nos festivais de Brasília (melhor filme, montagem e roteiro), Gramado (Prêmio Especial do Júri), Margarida de Prata da CNBB e melhor filme do ano pela Associação Paulista de Críticos de Arte. Foi exibido nos festivais de Roterdã, Cine Latino (Alemanha) e Cinéma du Réel (Paris). Em resumo, colocou o documentarista em um nível de estrelato normalmente só desfrutado, no Brasil, por cineastas que trabalham com ficção.

De alguma forma, Eduardo Coutinho se preparou durante mais de vinte anos para criar *Santo forte*. Uma revisão de sua obra evidencia um interesse quase permanente pela condição religiosa de seus interlocutores. Já em *Cabra marcado para morrer*, destacava que Elizabeth Teixeira, católica, casara-se com João Pedro Teixeira, protestante. Da mesma forma, inquiria regularmente sobre a religião dos lavradores. A tapeçaria das religiões ocupava um bloco de *Santa Marta – duas semanas no morro*, e o tema das transições religiosas estava presente em *O fio da memória* e no projeto da série *Identidades brasileiras*. *Os romeiros do Padre Cícero* o aproximou ainda mais do assunto, ao fim de anos de leituras.

Santo forte constitui, portanto, a culminância de um longo processo, durante o qual o cineasta adquiriu instrumental teórico e refinou o próprio estilo no exercício do documentário. Pelo que se conta, afetou até mesmo seu proverbial agnosticismo, já que passou a depositar comida diante de um santinho na sua sala do Cecip enquanto durou a produção do filme.

Quando se dispôs a examinar a religiosidade dos moradores da favela Vila Parque, Coutinho ainda estava movido por um tema e nutria algumas veleidades ilustrativas. Filmou cultos de umbanda, "despachos" de candomblé, imagens do cemitério católico de São João Batista. Tentou gravar cultos da Igreja Universal do Reino de Deus – a igreja evangélica de maior desempenho agregador na década de 1990 –, mas não obteve autorização. No mesmo rumo, e seguindo o hábito de interagir com personagens nos âmbitos público e privado, registrou as ocupações profissionais de vários deles, cenas de praia etc. Tinha em mente o exemplo de *Les Maîtres Fous*, de Jean Rouch, em que os habitantes de uma cidade de Ghana, integrantes da seita Hauka, eram vistos durante os rituais de transe e em seguida na sua vida rotineira.

Quase tudo isso seria eliminado à medida que se configurava o formato corajoso do filme. Tudo ia se revelando perfunctório diante do poder da palavra. Contra a avaliação de amigos e mesmo da montadora Jordana Berg, foi eliminando quase tudo o que não fosse fala direta para a câmera. *Santo forte* acabou sendo uma vitória da depuração e do rigor. A ponto de muita gente rejeitar, como destoante, a sequência que mostra a dançarina erótica Carla no palco de uma boate, única ilustração que não guarda um vínculo estreito com o universo religioso.

Em lugar de mostrar o frenesi dos transes, os corpos ondulantes e toda a espetaculosidade que atrai olhares estrangeiros (aí incluídos os brasileiros alheios aos mistérios dos rituais), Coutinho preferiu ouvir os relatos intimistas desses fenômenos. André, por exemplo, conta como via sua mulher incorporar, ali mesmo na cama do casal, a mãe dele já falecida. Dona Thereza narra suas conversas costumeiras com os

espíritos que frequentavam o seu quintal. Carla descreve as "surras de santo" que levava, tendo o corpo golpeado e sendo atirada de um lado para o outro por forças invisíveis.

Em momentos assim, a palavra deixa entrever o misto de relato e fabulação de que é feita a memória mística das pessoas. O documentário não selecionou padres, pastores, mães de santo ou qualquer tipo de "autoridade". Ao dividirem suas experiências com um público que desconhecem, mediadas por um homem que conhecem há poucos minutos somente, pessoas comuns estão se construindo diante da câmera. Ouvindo-as, caímos num terreno incerto que, em vez de sinais da experiência direta – afinal, inacessível –, nos fornece um rico material de análise sobre o contato com o sobrenatural.

Santo forte é uma espécie de tratado popular sobre religiosidade e misticismo. Seria possível reduzir muito do que ouvimos a uma interpretação psicanalítica, a partir de traumas adquiridos e projeções de esperança que circulam

ACIMA
Carla em
Santo forte.

AO LADO
Theresa em
Santo forte.

pelo cotidiano. Basta notar que vários relatos de visões e incorporações confundem a vigília com o sonho. "Deitei para dormir e de repente..." – eis um mote habitual. Mas o filme não induz nem sequer a esse tipo de redução. Ao contrário, Coutinho insere curtas tomadas do espaço vazio onde teria ocorrido o fenômeno. Nessas imagens impactantes, reforça o mistério do invisível. Parafraseando Wittgenstein ("Sobre o que não se pode falar, deve-se calar"), o cineasta está a sugerir: "Aquilo que não se pode ver não se deve mostrar".

Coutinho não mostra quase nada em *Santo forte*. Limita-se ao testemunho, muito mais rico que a mera demonstração. A forma como dona Thereza descreve os pratos de sua ceia de Natal é infinitamente mais interessante do que a melhor das imagens de uma mesa posta. A convicção com que dona Lídia diz ter derrotado os assaltantes ("o diabo") que a abordaram num ônibus mediante a simples menção do nome de Deus tem muito mais força do que qualquer reconstituição ficcional do assalto.

> *Todas as conversas são negociações de desejos."*
>
> Eduardo Coutinho

No entanto, ao fim e ao cabo, é de ficção que se trata sempre. A religião é uma fonte inesgotável de elaboração imaginária, que responde pela dramaturgia poderosa de *Santo forte*. É mais uma vez a fantástica dona Thereza quem nos brinda com uma conclusão fascinante sobre si mesma: seu gosto por cristais, vitrines bonitas e a música de Beethoven só pode ser explicado por suas vidas anteriores, uma delas como rainha do Egito. Uma rainha provavelmente muito má, cuja "dívida" justificaria sua pobreza atual.

A vivência mística, tal como explicitada pelos moradores da Vila Parque, não é um sistema autocontido, mas se relaciona diretamente com a vivência social. A fé nasce do desejo e da necessidade. Cada fenômeno descrito, cada superposição ou substituição de crença vincula-se a afetos, aspirações e decepções do dia a dia. Problemas amorosos, dissoluções familiares, carências financeiras, vaidades materiais, enfermidades e contatos com a violência da cidade afloram com naturalidade na fala das pessoas, à medida que elas elaboram seu discurso religioso. O jovem Alex, precavido, procura cercar-se com toda segurança: batizou o filho na umbanda e no catolicismo num mesmo dia. Toca atabaques num terreiro de candomblé e garante que obteve uma cura na Igreja Universal.

Há no filme três referências a suicídio, três a impulsos de matar o cônjuge e três à loucura. Essa patologia, normalmente camuflada na autoexposição de outras classes sociais, delineia-se aqui com uma espontaneidade quase inocente. A religião se coloca, então, como um atalho eficaz para estamentos profundos da psique. Não a religião dos momentos de exceção, mas aquela dissolvida no cotidiano das pessoas, norteando escolhas e atitudes como se fosse uma segunda natureza.

Nessa atenção ao teor individual e prosaico da religião, investigando as formas de pensar das pessoas sem julgá-las, *Santo forte* ratificava Coutinho como um condutor na passagem do documentário sociológico herdado do Cinema Novo para um domínio mais próximo da antropologia. Da mesma forma, o realizador assim tomava distância da visão crítico-ideológica que atribuía à religião um fator de alienação política e reacionarismo social, o célebre "ópio do povo". Coutinho não louvava nem demonizava a fé alheia, antes saía em busca de suas manifestações empíricas e sua elaboração fabular.

A sinopse oficial de *Santo forte* começa de maneira bastante clara: "Em 5 de outubro de 1997 uma equipe de cinema entra na favela Vila Parque da Cidade [...]". Ou seja, o filme não pretende revelar a verdade de uma comunidade, mas mostrar o encontro entre duas instâncias sociais rigorosamente diferentes. Uma, a equipe de cinema, gente de classe média que detém a tecnologia, entra para perguntar e registrar. A outra, de classe proletária que detém os elementos imateriais do filme, recebe a equipe para falar e mostrar. No fundo, é uma confirmação da máxima de Coutinho segundo a qual o documentário é uma negociação de desejos.

A transação se faz explícita na cena em que a assistente de direção Cristiana Grumbach entrega trinta reais a dona Lídia, que a princípio se recusa a aceitar ("Para dar um testemunho da palavra de Deus eu não preciso de dinheiro"). Mas Cristiana insiste, alegando que todos estavam sendo pagos, conforme o combinado. Dadas as características da produção, a equipe precisou comprometer os entrevistados a estarem disponíveis no dia e hora planejados. Criava-se, então, uma relação semiprofissional, que justificava o pagamento, ainda que modesto, ao "elenco" do filme.

Coutinho resolve incorporar essa e mais outra cena de entrega de cachê, como parte de um procedimento mais geral de trazer o processo da filmagem para dentro do quadro, digamos, dramático. Com frequência vemos imagens de uma segunda câmera que enquadra os deslocamentos da equipe pela favela, o realizador atentamente postado diante do seu interlocutor, o equipamento de *videoassist*, o microfone do som direto. Conversas gravadas anteriormente são exibidas em TV aos protagonistas, fotos de cena são entregues como presente de Natal. Como em *Boca de lixo*, a atitude de "devolver" a imagem "roubada" faz parte do sistema ético do realizador. É mais uma etapa da negociação estabelecida

Luís Felipe Sá, Coutinho e Vera na filmagem de *Santo forte*.

para o documentário, além da recuperação do material de "arquivo" para um novo presente.

Mais do que nunca até então, Coutinho trocava a unilateralidade da entrevista por uma dinâmica de conversação. Não chega a existir propriamente uma troca, mas o ritmo e a porosidade do diálogo, sua abertura para o imprevisto e as observações paralelas descartam inteiramente a formalidade do esquema pergunta-resposta. Conversas nascem de referências fortuitas, outras são interrompidas por incidentes cotidianos. Nada que não ocorra em qualquer situação semelhante, mas sua permanência na edição final é que exprime uma decisão consciente. É preciso mostrar, por um lado, a familiaridade com que são tratados os temas religiosos naquele modo de vida; e, por outro, a dissolução das diferenças entre o que é filme e o que seriam os "ruídos" da filmagem.

Uma das escolhas de montagem remete diretamente ao tempo da narrativa ficcional. A certa altura de seu colóquio sobre os espíritos que a teriam visitado na convalescença de uma cirurgia, dona Thereza decide fazer uma pausa para um café. Pergunta se a equipe também gostaria de uma xícara. Alguns respondem que sim. O filme passa a outras personagens e, 25 minutos depois, reencontra dona Thereza no mesmo ponto: o café sendo servido e a conversa sendo retomada. Agora com a presença da filha, que se diz ateia, mas tem fascínio e respeito pelos espíritos aliados da mãe.

Conciso, mas enredante no seu fluxo verbal, entrecortado por performances musicais dos próprios moradores e por sons do rádio e da TV – todos direta ou indiretamente ligados à questão mística –, *Santo forte* representou um momento de afirmação do documentário brasileiro. Acionou, para o bem e para o mal, uma cadeia de influências que se manifestou na geração emergente de documentaristas. Como consequência, as entrevistas com populares já foram chamadas de "praga" do documentário, funcionando muitas vezes como panaceia para a ausência de um tema forte ou uma pesquisa sólida – ou, ainda, como veículo de um populismo piedoso e eventualmente demagógico.

Mas o excesso de pretensos discípulos não afetou o filme de Coutinho. *Santo forte* resistiu, impecável, como uma ponte entre as matrizes do cinema-verdade e o que de melhor o documentário brasileiro ainda poderia oferecer nos anos seguintes.

BABILÔNIA 2000: UM DIA COMO OUTRO QUALQUER

A excelente repercussão de *Santo forte* abriu novas portas para o cinema de Eduardo Coutinho. Sua capacidade de retirar dos personagens uma mescla de confissão e performance, para depois editar o material com um misto de rigor e emoção, estava mais uma vez comprovada. O realizador recobrava a autoconfiança, pelo menos na medida em que seu pessimismo natural o permitia. Mais um longa-metragem para o cinema era o que todos esperavam dele.

Como primeira ideia, Coutinho se preparou para um filme chamado *500 Brasis*, parte da miríade de projetos

> ❝
> *As pessoas públicas têm muito a perder. Quem tem muito a perder tem que zelar pelo seu discurso. As pessoas comuns, não. Isso é essencial para a minha forma de fazer documentário."*
>
> Eduardo Coutinho

concebidos por ocasião da comemoração dos quinhentos anos da chegada dos portugueses ao Brasil. Na época dos festejos de Natal e Ano-novo, com a chamada "virada do milênio", moradores de uma favela carioca fariam um balanço de suas vidas e expectativas quanto ao futuro. Quatro meses depois, no dia 22 de abril, a equipe voltaria à favela para verificar os ânimos das pessoas filmadas anteriormente. Da diversidade contida nesse microcosmo resultaria uma espécie de retrato popular do país.

A demora em obter recursos acabou levando-o a uma opção mais radical – e mais experimental. A essa altura, já houvera uma aproximação de Coutinho com o cineasta João Moreira Salles, durante um debate que os reuniu a respeito de *Santo forte* e *Notícias de uma guerra particular*, de Salles e Kátia Lund. O produtor britânico Donald Ranvaud, então recém-envolvido com a produção de *Central do Brasil* (1998), de Walter Salles, mediou contatos para associar a produtora VideoFilmes ao Cecip no novo projeto de Coutinho. Planejou-se, então, em poucos dias, a filmagem unicamente da noite de Réveillon no morro da Babilônia.

Ali existem duas favelas interligadas: a Babilônia propriamente dita e a Chapéu Mangueira. No total, essa microcidade abrigava, na ocasião, cerca de 3.800 pessoas. Nas noites de Ano Novo, moradores da Babilônia desfrutam de um privilégio cobiçado: o imenso panorama da orla que se descortina aos pés do morro, do Leme ao final de Copacabana. É extraordinária a visão do espetáculo pirotécnico dos fogos de artifício, que tem ali seu centro de ebulição. Mirante sobre uma das paisagens mais apreciadas do Rio de Janeiro, a Babilônia já foi cenário de muitos filmes e programas de televisão, nacionais e estrangeiros, desde que foi revelada ao mundo por *Orfeu do Carnaval* (1959), do francês Marcel Camus.

Pesquisas conduzidas pela professora Consuelo Lins para o seu videodocumentário *Chapéu Mangueira e Babilônia: histórias do morro* (1999) foram o ponto de partida. Em menos de dez dias localizaram-se os personagens, os pontos de festa, as histórias principais. Com apenas 25 mil reais em

Filmagem de Babilônia 2000. Coutinho e Cristiana Grumbach.

moeda sonante e equipamento cedido por diversas produtoras, a aventura estava lançada. Para extrair um longa-metragem de tão poucas horas de gravação, Coutinho optou por armar uma rede de captadores nas duas favelas. Assim, das dez horas da manhã do dia 31 de dezembro de 1999 às três horas da madrugada de 1º de janeiro de 2000, quatro equipes mapearam o morro registrando preparativos, festas, depoimentos e histórias pessoais da comunidade. Gravações adicionais foram feitas na manhã do dia 3 de janeiro, após um longo temporal. As equipes eram coordenadas por Consuelo Lins, Geraldo Pereira, Daniel Coutinho e pelo próprio diretor. O cinegrafista Jacques Cheuiche assumiu uma das cinco câmeras de vídeo digital para acompanhar Coutinho na conversa com algumas personagens pré-selecionadas. Uma quinta câmera registrava os deslocamentos da dupla.

O diretor não deu muitas orientações específicas aos membros das três outras equipes – todos profundos admiradores do seu trabalho. Pediu apenas que, além de conversar com pessoas já contatadas na pesquisa, também procurassem gente interessante para entrevistas improvisadas. Os assuntos deveriam ser tão variados quanto possível, apenas com o cuidado de explicitar a hora do encontro e em algum

> *Essa pessoa que aparentemente não sabe nada tem uma extraordinária intuição do que você quer. Se o entrevistador quiser respostas de protesto, de 'esquerda', ele vai ter; se quiser o contrário, vai ter também. Essa é uma das coisas mais importantes a se quebrar, não sugerir ao outro o que você quer ouvir."*
>
> Eduardo Coutinho

momento perguntar sobre as esperanças para o novo milênio. No momento do foguetório, eles não deveriam perder o ponto de vista de quem assiste a tudo do alto do morro. Ao gravar nas areias da praia do Leme, durante o momento da "virada", Coutinho orientava Cheuiche a captar silhuetas, mas evitar "silhuetas de classe média".

No prédio da creche, uma das várias instalações comunitárias alugadas pela produção, foi montado um pequeno estúdio para os depoimentos de quem viesse espontaneamente falar dos seus sonhos e expectativas para o ano 2000, ou simplesmente contar um caso, fazer uma performance qualquer. Assim eles registraram *rappers*, instrumentistas, cantores evangélicos e discursos de insatisfação com os rumos da sociedade brasileira.

Ao contrário do vídeo sobre o morro Santa Marta, quando a equipe permaneceu no set por duas semanas, a urgência de *Babilônia 2000* deixou a todos à mercê dos imprevistos. Nada podia ser deixado para mais tarde, tudo era "agora ou nunca mais". Não que faltasse paz à favela. A polícia ocupava discretamente a área, e o tráfico havia decretado "férias" até o dia 4 de janeiro. As surpresas eram de outra natureza. A chuva acabaria reduzindo o trânsito nos becos da favela e abreviando as comemorações após a passagem da meia-noite. Além disso, como o orçamento desta vez não permitia o pagamento de cachês a tanta gente, houve algumas defecções importantes. Certas entrevistas rendiam menos que o esperado. Uma moradora impediu a filmagem da sua ceia sob a alegação de que uma entidade da umbanda não estava de acordo.

Polifônica e descentrada seria também a montagem do filme, quando Coutinho reuniu novamente as equipes para discutir decisões. Apesar da assinatura de um só diretor, *Babilônia 2000* iria adquirir um caráter de filme coletivo, com todas as suas virtudes e problemas.

As limitações não eram mais um problema para Coutinho, mas um dispositivo de trabalho. Se em *Santo forte*, a restrição era temática – tudo deveria convergir para a relação das pessoas com seu lado místico –, aqui ela é espaçotemporal. Um morro, um dia. Os temas, porém, estavam em aberto. Festa, família e violência formam a trindade básica de *Babilônia 2000*. As câmeras intervêm num momento supostamente especial do cotidiano daquelas pessoas – a mítica virada de calendário que, na imaginação popular de outros tempos, traria o incontornável apocalipse. Para uns, a abordagem da equipe de filmagem representava um mero testemunho do que estariam fazendo de qualquer maneira. Para outros, significava uma interrupção da festa e um convite à reflexão.

A expansiva Fátima, por exemplo, ex-hippie e imitadora contumaz da cantora Janis Joplin, anuncia que a danação do mundo haveria de começar naquela mesma noite e se consumaria até 2007. "Satanás virá pela internet", profetiza. Os prognósticos variam entre a descrença num futuro para o país e uma esperança não muito convicta de que o novo milênio seria melhor. Poucos têm, como Benedita da Silva, uma história de ascensão social para contar. Ela, que em *O fio da memória* falava em sua casa no morro como deputada recém-eleita, agora está ali apenas de visita, a caminho de uma recepção com o presidente Fernando Henrique Cardoso no Forte de Copacabana, na qualidade de vice-governadora do estado do Rio de Janeiro. Aproveita a oportunidade para lembrar os tempos em que ia ao forte apanhar restos de comida para os porcos e, às vezes, para a alimentação de sua própria família.

Mais que para o futuro, as pessoas estão voltadas para solucionar questões do presente (a momentânea falta de água na favela, a carestia, a violência e mesmo a globalização). As solicitações dos entrevistadores, no entanto, as remetem ao passado, de onde emergem as histórias mais dramáticas do filme.

A maioria delas refere-se à morte de familiares. Fátima conta que, de seus filhos Sidarta e Caribe, o primeiro morreu em circunstâncias não explicitadas, mas que sugerem algum envolvimento com o crime. Cida, consultora de favela para vários filmes brasileiros, chora ao lembrar a morte do irmão policial – quando menino, ele havia atuado no filme *Fábula* (1965), realizado no Rio pelo sueco Arne Sucksdorff. "Mas

isso faz parte do show", consola-se enquanto tenta mudar o tom da conversa. Por sua vez, Jorge Santos, que viveu o garoto Benedito em *Orfeu do Carnaval*, é hoje um homem amargurado pela perda de dois dos seus sete filhos. O terceiro, Josimar Santos, foi assistente de produção em *Central do Brasil* e repete o trabalho no próprio *Babilônia 2000*. Carolina, enquanto pinta o cabelo e cozinha para a grande noite, mostra os buracos de tiros desferidos por policiais nas paredes de casa.

Há também memórias felizes. Dona Djanira, mãe de Cida, foi empregada doméstica de um ricaço amigo de Juscelino Kubitschek, o que lhe possibilita cochichar que o ex-presidente era mulherengo. "A dignidade do homem é ser mulherengo", justifica o malandro Dody, mais adiante. "Saímos de dentro delas e a toda hora estamos querendo voltar." Ao lado de todo drama, esse é um dos filmes mais divertidos de Coutinho. A pobreza dá origem a comentários inspirados, como o do ex-presidiário Luiz Carlos: "Pouca gente era nascida e a pobreza já existia", garante. Ou da espevitada Roseli, flagrada por uma câmera enquanto descascava batatas para a ceia. "Deixe eu me arrumar primeiro. Ou você quer pobreza mesmo?", oferece.

O pessoal do Babilônia tem o domínio da performance e se preocupa com a própria aparência. De alguma forma, estavam acostumados com as câmeras que frequentemente sobem o morro para buscar a imagem da típica favela carioca. Surpreendem-se com a falta de *parti pris* das equipes de Coutinho, que esperam somente uma conversa casual e aberta. Muitas vezes, pressentindo essa aparente fragilidade da demanda, os moradores se espalham indisciplinadamente e tomam o poder do filme.

Como o próprio realizador já previra, o documentário sacrificou o eixo do evento em nome das conversas em aberto. Até porque a chegada do ano 2000, de tão próxima, já não inspirava grandes fantasias. Não há como disfarçar uma certa diluição do foco na sucessão de depoimentos sobre assuntos gerais. Com isso, *Babilônia 2000* acaba sendo um documentário horizontal, que se apoia ou no pitoresco ou no trágico, mas não consegue acumular material dramático com vistas à meia-noite crucial.

Ao optar por essa relativa dispersão, o filme valoriza o aspecto lateral da performance. Assim como dividiu o comando do trabalho com outras equipes, Coutinho renunciou também ao direcionamento das entrevistas. Deixou-se levar pela vocação artística do pessoal da favela. Assim, temos gente que canta, discute a maneira de se apresentar diante da câmera e até determina a hora de interromper a gravação

AO LADO
Babilonia 2000.
Fátima e seu filho com Coutinho.

ABAIXO
Djanira em Babilonia 2000.

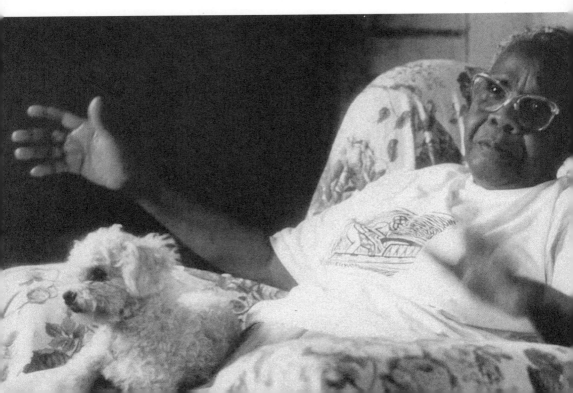

("corta e vem pro churrasco!"). O morro da Babilônia, já tão íntimo do mundo das imagens, enredou os documentaristas, driblou o tema do filme e assumiu o poder da palavra. Em sua relativa derrota, *Babilônia 2000* deixou um pequeno retrato do povo como personagem autoconstruído. Num dia que, afinal de contas, foi quase comum.

EDIFÍCIO MASTER: OLHAR E SER OLHADO

Um dado pouco conhecido da trajetória de Eduardo Coutinho é a bolsa obtida da Fundação Guggenheim, em 2001, para desenvolver o projeto de um filme chamado *À sombra de São Paulo*. O foco do documentário seria uma favela paulista (ainda não escolhida), com possíveis filmagens no Nordeste, origem de muitos moradores imigrados. Pela descrição apresentada à fundação, ele pretendia acompanhar "o cotidiano de moradores dessa favela, seguindo suas trajetórias no presente e no passado – no caso, através da memória". Ou seja, Coutinho pretendia adaptar a São Paulo o modelo experimentado nos dois filmes cariocas anteriores. O projeto, como se sabe, não foi adiante, embora o bolsista tenha prometido realizá-lo em 2004.

Àquela altura, Coutinho já havia assegurado a estrutura e os recursos da VideoFilmes para seguir fazendo longas-metragens. Assim, em 2001, voltou a reunir a equipe principal de *Babilônia 2000*, que passaria a ser permanente. Esse pequeno grupo, formado basicamente pela diretora de produção Beth Formaggini, o diretor de fotografia Jacques Cheuiche, a assistente e pesquisadora Cristiana Grumbach e a montadora Jordana Berg, acrescido da técnica de som direto Valéria Ferro, que vinha de *Santo forte*, e agora do produtor João Moreira Salles, formaria sua nova família cinematográfica (ou talvez um pouco mais que isso), com quem ele compartilhava o envolvimento apaixonado pelos momentos da pesquisa, das filmagens e da edição.

Colocou novamente em teste o método que vinha desenvolvendo desde *Santo forte*: o local restrito, o tempo de

> *"Algumas revelações sobre a vida, e ponto final."*
> Eduardo Coutinho

filmagem determinado e o dispositivo exclusivo da conversa. Permaneceu no perímetro de Copacabana, mas ao contrário de *Babilônia 2000*, acrescentou dois desafios. Um deles era enfocar personagens de classe média baixa, moradores de apartamentos, um pouco menos diferentes dele do que os habitantes de favelas. O outro foi a ausência de um tema. Se em *Santo forte* havia o interesse pela vida mística e em *Babilônia 2000* a efeméride da virada do século, em *Edifício Master* (2002) não havia mais qualquer pauta que antecedesse o encontro com os personagens.

Nem mesmo Copacabana estava no foco de interesse, exceto por menções espontâneas. Coabitado por várias classes sociais – que se dividem entre elegantes edifícios da Avenida Atlântica, à beira-mar, apartamentos minúsculos das ruas e avenidas interiores, e as quatro favelas locais –, o bairro ostenta uma diversidade humana admirável, tema de muitas canções populares, obras literárias e audiovisuais. Em Copacabana, encontra-se literalmente de tudo: de saldões comerciais a caríssimas lojas de pedras preciosas; de templos religiosos a pontos de prostituição; de restaurantes famosos a sexshops; de antiquários a uma infinidade de cabeleireiros e clínicas estéticas.

Segundo números oficiais, as residências de Copacabana têm em média 84,3 metros quadrados e apenas 7% dos domicílios têm mais de 220 metros quadrados. O bairro abriga a maior quantidade de idosos do município, já que um terço de sua população, algo em torno de 43 mil habitantes, tem mais de sessenta anos (dados do Censo de 2010). O edifício Master, localizado na rua Domingos Ferreira, a duas quadras da praia, era um perfeito cruzamento desses dois dados estatísticos. Seus 276 apartamentos, cada um com 39 metros quadrados, distribuídos em doze andares, eram então os típicos "conjugados" de Copacabana: apartamentos de um único cômodo com banheiro e cozinha minúsculos. Ali habitava um microcosmo do bairro.

Edifício Master nasceu da convergência de ideias de Coutinho e de duas de suas colaboradoras. A pesquisadora e professora Consuelo Lins, estudiosa da obra do realizador e autora do livro *O documentário de Eduardo Coutinho – televisão, cinema e vídeo*, sugeriu um filme sobre moradores de um prédio qualquer de Copacabana. Com o título de trabalho de *Copacabana 2001*, haveria de ser feito num edifício residencial familiar, composto de pequenos apartamentos conjugados e sem a má fama de alguns prédios do bairro. Um dos títulos cogitados para o filme foi justamente *Conjugado*. A escolha do imóvel não foi tarefa simples. Muitos se mostraram inviáveis devido ao excessivo ruído do trânsito. Em outros, o condomínio não aceitou a proposta de se deixar devassar por um filme. Foi quando a interveniência de outra pesquisadora, Eliska Altmann – que aventava um possível projeto de documentário com moradores do Master, onde havia morado até poucos meses antes – abriu as portas do edifício para as filmagens. Por outra feliz coincidência, o próprio Coutinho havia residido ali por cerca de seis meses, em 1965.

A pequena equipe alugou um dos apartamentos e se instalou para a pesquisa, que durou três semanas. Foram abordados inicialmente cerca de setenta condôminos, que tiveram seus depoimentos gravados pelo grupo de pesquisa. Desses, 37 foram escolhidos pelo diretor para serem filmados na sua

presença. Na semana final, e só então, ele assumiu o papel de interlocutor para as entrevistas definitivas. Na montagem final, por meio de conversas com 25 desses moradores, Coutinho nos oferece um retrato espiritual de Copacabana, sem que suas câmeras mostrem uma única imagem externa do bairro. Nada de ruas, lojas, calçadas ou multidões. Copacabana está amiúde nas alusões dos entrevistados, sob a forma de relatos de assaltos, fobias, comércio sexual etc. Está, sobretudo, na possibilidade de reunião, num único endereço, de um grupo humano tão diversificado, com histórias e projetos de vida tão heterogêneos.

O interesse predominante era pelas histórias do cotidiano, as memórias que informam o comportamento presente, a vida em família (ou longe dela), as ocupações profissionais, as veleidades artísticas de cada um etc. Tudo aparentemente muito comum, mas de resultado transcendente devido à precisão da escolha das personagens e ao rigor de Coutinho em sua opção pela palavra.

Edifício Master é um concentrado de substância humana raramente visto no cinema brasileiro. Dramas familiares,

AO LADO
Filmagem de *Edifício Master*.
Coutinho com o fotógrafo Jacques Cheuiche, a técnica de som Valéria Ferro e uma personagem que não entrou na montagem final.

ABAIXO
Henrique em *Edifício Master*.

> *O esforço inalcançável é se colocar no lugar do outro para entender de que lugar o outro está falando."*
>
> Eduardo Coutinho

solidão, pequenas fantasias compensatórias, vaidades mínimas e convivência precária são a (i)matéria do documentário, capaz de exaurir as emoções de quem o assiste. Entre os moradores "visitados" pela equipe de Eduardo Coutinho estão verdadeiros protagonistas de uma dramaturgia da vida real: um casal de meia-idade que se conheceu pelos classificados de um jornal; uma garota de programa que sustenta a filha e a irmã; um ator aposentado; um ex-jogador de futebol e um porteiro desconfiado de que o pai adotivo, com quem sonha toda noite, é seu pai verdadeiro.

Todos são apresentados no material de divulgação oficial do filme como "personagens por ordem de entrada em cena". A expressão não é gratuita. O documentarista sabe que está lidando com personagens que se autoconstroem diante da câmera, numa "atuação" em que verdade e mentira se mesclam indissociavelmente. A vida diante da câmera tem muito de teatro. Alessandra, a garota de programa, chega a confessar que havia mentido na pesquisa, mas afirma que agora, no filme de fato, estava sendo verdadeira. "Para a gente mentir, tem que acreditar", enfatiza. Já a moradora Maria do Céu recorda-se de como eram divertidos os tempos em que o prédio era menos familiar, para logo em seguida admitir, quase compungida, que "agora melhorou". Carlos e Maria Regina resolvem contar "a verdade" sobre seu casamento, explicitando com isso a função deflagradora da câmera.

Enquanto uns se desnudam emocionados (como Antônio Carlos, o homem que chora ao lembrar do reconhecimento de um antigo patrão), outros se preocupam em impressionar a suposta audiência. O que o filme mostra, afinal, são formas distintas de tratar a oportunidade de encarar uma câmera. As comoventes ou engraçadas patologias que se descortinam diante de nós evidenciam não apenas a riqueza humana daquelas pessoas, mas também a capacidade do documentário de, através da mentira, retratar um tipo maior e impuro de realidade.

Por mais espontâneos que possam parecer, os filmes de Coutinho passam muito longe do culto à espontaneidade. Sua suprema veracidade provém de escolhas muito bem definidas. No processo de edição, essas escolhas são submetidas a uma "naturalização" que determina o tom final e sua quase infalível comunicação com o espectador. Cada elemento sonoro corresponde rigorosamente à imagem que acompanha. Em *Edifício Master*, personagens e momentos marcantes foram extirpados na edição para não conduzir a uma leitura pejorativa ou estereotipada do prédio e de seus moradores. Para o cineasta, mais importante que a verdade crua é o compromisso ético com o fator humano.

Coutinho e Jordana Berg editaram os depoimentos de *Edifício Master* na ordem mesma em que foram tomados, de maneira a evitar a produção de contrastes e ilações artificiais. A única exceção digna de nota teria sido o ex-piloto que viveu nos Estados Unidos, conheceu Frank Sinatra e fez de "My Way" a canção da sua vida. Ele foi o último a falar, mas seu depoimento entraria no meio do filme para que a performance da canção não soasse como epílogo musical. É claro, porém, que a par dessa fidelidade à cronologia, os trechos escolhidos de cada entrevista se sucedem de maneira a formar uma curva, se não dramática, pelo menos descritiva do universo do Master.

Assim é que se começa falando do prédio, evolui-se para questões pessoais, chega-se às considerações sociais e volta-se à esfera pessoal antes de terminar. Há um círculo que se abre na imagem da tela do circuito interno de TV, com a chegada da equipe, e se fecha com as janelas do prédio em frente, filmadas do ponto de vista dos moradores do Master (imagens feitas pelo cinegrafista Jacques Cheuiche sem o conhecimento do diretor). No início, é explicitado como "nós" os veremos, tendo mesmo a apresentação em off do diretor ("Um edifício em Copacabana [...]"). No final, vemos o que eles veem. Entre esses dois extremos da atitude documental, a câmera assume uma posição de interatividade tranquila. Está sempre postada diante do tronco do entrevistado, sem se perder em detalhes corporais ou deslocamentos dirigidos ao ambiente circundante. A câmera é o indicativo da presença frontal de Coutinho, atenta basicamente ao rumo da conversa.

Mesmo quando não se ouvem as perguntas, mesmo sem aqueles contracampos habituais do repórter de TV para sublinhar a situação de diálogo, temos a sensação permanente da presença do diretor nessa "humanização" da câmera, que não procura ver mais ou melhor que o olho de um interlocutor de carne e osso (nisso sobressai o entendimento profundo com Cheuiche). A câmera-gente impera também nas cenas de intervalo, quando inspeciona corredores e escadarias do edifício. Numa delas, antológica, um menino tenta obstinadamente colocar de volta um gato que ficara trancado para fora de um apartamento. O plano dura cerca de três minutos, mas encerra a grandeza despojada de um filme de Abbas Kiarostami.

Esse é o primeiro documentário de Eduardo Coutinho centrado na classe média, contingente que tem recebido pouca atenção dos documentaristas brasileiros. De qualquer forma, não existe a intenção de fazer um retrato de classe. Assim como Copacabana surge apenas nas linhas e entrelinhas de alguns relatos, os moradores do Master não aparecem como representantes de um grupo social, mas como individualidades irredutíveis, cada uma expressando apenas a si mesma.

Suze num corredor do edifício Master.

O assunto do filme é a vida privada na cidade grande, o apartamento como último refúgio de indivíduos submetidos ao exercício estressante de olhar e ser olhado. Uma das conversas mais densas de um filme inteiramente denso é com uma jovem poeta que se declara sociófoba e evita encarar a câmera. Outra moradora desabafa: "Tenho vontade de matar quem esbarra comigo na rua".

A imagem da câmera do elevador que abre o filme e os planos fixos nos corredores e salas vazias sugerem o olhar impessoal das câmeras de vigilância, fatores de pressão social. Como reparou Leandro Saraiva, essa reprodução do olhar de vigilância sugere "uma condição de autodisciplinamento para uma vigilância social muito mais ampla – da qual o cinema, com o poder de tornar público, faz parte. [...] O que parece estar em jogo é o julgamento social sobre essas vidas que, como o prédio, balançam mas não caem"[*].

O cineasta não se sentia confortável, achava o prédio "sem graça", sentia falta da maneira como o pessoal da favela o recebia e da vivacidade com que se expressava. O suicídio de um garoto de dezesseis anos nas dependências do prédio abalou a equipe. Por vezes, a meio caminho da pesquisa e da produção, Coutinho achava que estava surfando no fracasso. Até que as particularidades de alguns condôminos foram se revelando e mostrando que a coisa "dava filme".

Muito desses impasses na construção de *Edifício Master* está condensado no documentário *Apartamento 608: Coutinho.doc* (2009), que a coordenadora de produção Beth Formaggini realizou durante as filmagens. Bem mais que um making of, é a explicitação de um método. Beth flagrou o diretor em ações que normalmente ninguém vê: discussões metodológicas, indicações para a equipe, reflexões sobre as muitas dúvidas surgidas durante o processo, interação com o grupo de pesquisadores que o precede no contato com os entrevistados, considerações na escolha de personagens e, é claro, a relação especial de Coutinho com seus interlocutores. Os bastidores da produção de *Edifício Master* foram incansavelmente

---

[*] Leandro Saraiva, "Narrativa da subjetividade em *Edifício Master*", em Milton Ohata (org.), *Eduardo Coutinho*, cit., p. 563.

registrados, seja nas reuniões do apartamento 608, que serviu de base para a equipe, seja nos longos corredores onde se preparavam as "invasões suaves" dos apartamentos.

Convencido de que o dia a dia puro e simples não interessava cinematograficamente, Coutinho saía em busca de momentos especiais deflagrados pela presença da câmera. Mais uma vez, a performance artística era o veículo que fazia as pessoas descolarem do plano do cotidiano para atingirem uma espécie de eu oculto, uma autoprojeção no mundo da fantasia. O pessoal do Master canta, declama, exibe suas pinturas. Quer mostrar o que julgam ter de melhor em si. Assim sendo, que ninguém espere meros flagrantes de vida nos minúsculos apartamentos de Copacabana, mas confissões comovidas, declarações vaidosas, almas que se ocultam ou se revelam aos poucos, ao ritmo das conversas com o realizador.

Coutinho mandou filmar objetos de estima dos moradores, como bibelôs e quadros de paisagens, coisas que ele supunha fornecerem àquelas pessoas uma janela para o mundo. Desistiu dessas inserções depois que o produtor João Moreira Salles o convenceu de que sublinhariam o caráter *kitsch* do gosto popular. Já então a colaboração mútua entre Coutinho e Salles começava a se imprimir nos respectivos filmes.

É em *Edifício Master* que a recusa da embalagem "artística", ao mesmo tempo que se radicaliza, também atinge o resultado mais expressivo. Na extrema pureza documental desse filme, testemunhamos a ética se consubstanciar numa estética. Se Coutinho já havia antes resgatado a vivacidade do documentário interativo no Brasil, vilipendiada pela banalidade dos *talk-shows* e do "entrevistismo" fácil, o ato de falar para a câmera nunca mais seria o mesmo depois de *Edifício Master*.

O MÉTODO SE CONSOLIDA

A sucessão de *Santo forte, Babilônia 2000* e *Edifício Master*, precedidos das experiências dispersas de *Seis dias de Ouricuri, Santa Marta – duas semanas no morro* e *Boca de lixo*, apontava a estabilização de um conjunto de opções como sendo a marca do cinema de Eduardo Coutinho. Em entrevistas e debates, ele tratou de reafirmar essas escolhas com bastante ênfase, descartando uma série de procedimentos habituais em documentários. Esse processo de contínua depuração caminhava no sentido de se concentrar no que ele considerava como essencial, ou seja, os corpos que falam.

Àquela altura, por volta de 2002, já era possível identificar uma lista de dez "mandamentos" nessa nova fase de trabalho do diretor.

1. Obedecer às "prisões"

Era como Coutinho chamava as restrições espaciais e temporais que impunha a seus filmes. Uma favela, um edifício, um certo número de dias para dali tirar um filme. Esses dispositivos substituíam o roteiro e concentravam as atenções da equipe. Quanto mais restringisse seu campo de ação, mais ele acreditava se aprofundar, escavar mais fundo. Gradativamente, a "prisão" foi deixando de ser um tema (como o lixo, a religião ou a virada do século) para ser somente o local e o tempo predeterminados para a filmagem.

As restrições nutriam seu processo criativo por um mecanismo particular, que era a possibilidade do fracasso. Diante das limitações, um certo desespero sempre advinha para impulsioná-lo, com a ajuda da equipe, rumo à conclusão das filmagens. Exemplos dessas crises podem ser vistos em *Apartamento 608: Coutinho.doc*, de Beth Formaggini, e nas primeiras cenas de *Últimas conversas*, quando ele parece sucumbir ao desânimo. No filme *Eduardo Coutinho, 7 de outubro*, declarou a Carlos Nader: "Se me dessem todo o dinheiro do mundo e total liberdade para filmar, eu me matava".

2. Interessar-se pelo outro

À parte alguns documentários sociais do Cecip e o particularíssimo *Moscou*, Coutinho nunca documentou seus iguais, fossem eles intelectuais, artistas ou mesmo pessoas de classe superior à média baixa. Seu interesse estava sempre voltado para o outro de classe, de cor (*O fio da memória*), de gênero (*Jogo de cena*) ou de faixa etária (*Últimas conversas*). Habitantes de favelas e populares nordestinos eram seus personagens favoritos, tanto pelo carisma oral que neles encontrava, quanto pelo simples atrativo da alteridade.

Na relação com o personagem popular, demonstrava a preocupação de não o santificar nem se mostrar superior. Nisso criticava os intelectuais que lhe pareciam culpados: "Pessoas que são inteligentes, mas que ficam falando com o mito do povo, sabe? Algo como: 'Ele é um Deus porque eu sou culpado. A voz dele é sempre mais verdadeira que a minha'. Negando a classe média da qual eles fazem parte"[*].

A alteridade, assumida plenamente, tinha para ele um caráter também especular. "Se estou filmando o outro é porque não me conheço, e preciso conhecer o outro para me ver. Cinema é a minha forma de viver porque é a forma que eu tenho de me relacionar com o outro. Tem outras formas mais sadias também, mas a minha é o cinema."[**]

3. Buscar o momento único

Coutinho não pretendia ser amigo de seus personagens, mas apenas um mediador. Era atrevidamente franco ao dizer que a vida real dos interlocutores não lhe interessava. Eles eram pessoas somente nos breves momentos da filmagem, para logo depois se tornarem personagens de um filme. A fim de preservar o frescor das conversas diante da câmera, deixava todo o contato prévio por conta dos pesquisadores (Consuelo Lins, Cristiana Grumbach, Eliska Altmann, Geraldo Pereira, Beth Formaggini, Daniel Coutinho). A estes cabia conquistar a confiança dos potenciais personagens.

A seleção dos que viriam a ser efetivamente filmados era feita com base nos vídeos das entrevistas de pesquisa e em anotações escritas e orais dos pesquisadores. Na hora da filmagem, ele se encontrava pela primeira vez com os personagens, geralmente já com a câmera ligada. A pauta da

---

*   Felipe Bragança (org.), *Encontros|Eduardo* Coutinho, cit., p. 206.
** Entrevista ao site *Críticos*, 2002; disponível em: <http://criticos.com.br/?p=176>. Acessado em 23 abr. 2019.

pesquisa importava menos do que o possível imprevisto nas dezenas de minutos de gravação frente a frente. As pessoas ainda não haviam contado suas histórias diretamente a ele, o que dava margem a improvisos e surpresas.

> Os fatos mudam, dependem do momento, do interlocutor. E, como tudo o que se diz com a palavra, depende do momento em que é falada. Por isso considero que quando estou filmando vivo um momento único, porque a palavra do outro é provocada por minha presença com a câmera, e a experiência narrada não é exatamente igual ao que a pessoa viveu; e ela nunca vai dizer, nem antes nem depois, a mesma coisa.[*]

Terminado o encontro, o cineasta não voltava a encontrar os personagens, a não ser em situações sociais ligadas à carreira do filme. Um criminoso não deve voltar ao local do crime.

4. Escolher pelo carisma

A seleção de personagens (teste de elenco) obedecia sobretudo a critérios de performance. Não bastava a pessoa ter uma história extraordinária para contar. Era preciso que contasse uma história de maneira extraordinária. Por causa disso, vários personagens com relatos substanciais, mas baixa expressividade, não resistiram ao corte final.

Para Coutinho, o carisma abrangia não apenas riqueza vocabular e sintática, mas também fatores como inflexões de voz, qualidade das pausas, expressões faciais, gestos etc. "O verbal é paraverbal e gestual. A escrita é abstrata."[**] A imagem, para ele, era essencial, até porque a expressão dos olhos, da boca, dos ombros podia desmentir a fala. A atenção dispensada a esses aspectos renova a certeza de que seus filmes eram extremamente visuais, contrariamente à opinião de quem às vezes o criticava por aferrar-se à palavra e fazer "pouco cinema".

---

[*] Cláudia Mesquita e Consuelo Lins, "*O fim e o princípio*: entre o mundo e a cena", *Novos Estudos Cebrap*, n. 99, jul. 2014
[**] Entrevista ao *Jornal do Brasil*, 20 nov. 2005.

5. Manter a justa distância

O cinema de conversa de Coutinho não admitia mais que dois metros de distância entre ele e o interlocutor. Sem estar especialmente ocupado com a câmera ou o microfone, ele se dedicava inteiramente ao diálogo, cuidando para que todas as atenções se voltassem para o personagem, que deveria se sentir o rei daquele momento. Não permitia nem mesmo que houvesse outra câmera direcionada para ele, o que só aconteceu em casos excepcionais. "Você tem que estar junto. Senão é como se houvesse uma barreira, a pessoa fala como se estivesse falando para a polícia ou para 'o cinema', quer dizer, presta um depoimento."* A distância, segundo ele, teria que ser a mesma em que as pessoas se falam, se amam ou se matam.

Coutinho identificava no seu contato com os interlocutores uma relação erótica em sentido amplo. Seus filmes, dizia, eram sobre relações entre corpos humanos, cuja proximidade era indispensável. O pensamento, para ele, era "uma secreção do corpo", daí que esse corpo devia estar sempre em quadro e tão próximo da câmera quanto dele.

Manter a justa distância implicava também manter o tempo real da fala. Ou seja, não cortar o plano, não interromper a conversa a não ser para estimulá-la a seguir adiante, não mover a câmera durante a tomada. Esse respeito à fala alheia criava o que Beth Formaggini definiu como "uma atmosfera de concentração no set, uma espécie de 'missa', uma liturgia, onde a relação como o outro era quase hipnótica"**.

6. Estar vazio diante do interlocutor

A necessidade de obter a colaboração do outro filmado levava Coutinho a esvaziar-se de ideias preconcebidas. "O que me interessa são as razões do outro, e não as minhas. Então, tenho de botar as minhas razões entre parênteses, a minha existência, para tentar saber quais são as razões do outro,

---

*   Milton Ohata (org.), *Eduardo Coutinho*, cit., p. 486.
**   Beth Formaggini, "Cinema de afeto", em Eliska Altmann e Tatiana Bacal (org.), *Santo forte visto por* (Rio de Janeiro, 7 Letras, 2017), p. 65.

porque, de certa forma, o outro pode não ter sempre razão, mas tem sempre suas razões."*

Essa consciência o conduzia pelas conversas evitando tipificar as pessoas e com isso eliminar sua singularidade. "Ao dizer que fulano é símbolo disso ou daquilo, você está matando a pessoa. Ninguém é símbolo de nada – cada um tem sua impressão digital. A voz de nenhum ser humano é igual à de outro."** Por causa desse desejo antissociológico de não enfocar representantes, Coutinho evitava fazer perguntas que envolvessem opiniões sobre assuntos genéricos ou teóricos, a não ser que estivessem consubstanciadas em experiências de vida. Por outro lado, sabia que o entrevistado fareja o que o entrevistador quer ouvir – e geralmente atende às expectativas que pressente. Para ele, aí estava a morte do documentário. Por isso as questões eram sempre aparentemente simples e diretas, girando em torno de fatos comuns do cotidiano e da família, preferências e julgamentos de valor a respeito do que ia sendo dito. Do miúdo e corriqueiro chegava-se às revelações mais pessoais e surpreendentes.

Essa estratégia foi muito bem sintetizada pela cineasta Ana Rieper:

> É um diálogo que depende do produto desse encontro, do que irá resultar da afinidade que se cria naquele momento entre duas pessoas. E o desconhecido é muito vigoroso, porque não quer inscrever o personagem dentro de uma lógica em que sua função é de fazer o filme avançar, mas sim quer dar existência a algo que ainda não é. Trata-se de um universo em ordenamento para a câmera no instante da filmagem.***

7. Proteger o personagem de si mesmo

A ética no documentário refere-se não somente à postura ativa do documentarista perante seu objeto, mas também ao cuidado com aquilo que o personagem expõe de si mesmo.

---

*   Eduardo Coutinho, "Cinema: entre o real e a ficção", *Revista Interseções*, 2003.
** Entrevista à revista *TPM*, nov. 2007.
*** Ana Rieper, "Minha romaria em busca de Eduardo Coutinho", em Eliska Altmann e Tatiana Bacal (org.), *Os romeiros do Padre Cícero visto por* (Rio de Janeiro, 7 Letras, 2018), p. 56.

Em diversas ocasiões, Coutinho abriu mão de momentos impagáveis de suas conversas para não prejudicar a imagem dos interlocutores. Em seu código de ética, era fundamental levar em conta uma possível inconsciência do personagem quanto à repercussão posterior do filme, que poderia estigmatizá-lo socialmente, fazê-lo perder o emprego, afetar suas relações pessoais.

Em *Jogo de cena*, por exemplo, decidiu excluir uma personagem que relatava ter sido forçada sexualmente pelo marido na noite de núpcias. Contava sem constrangimentos, como se fosse algo até divertido, perdido no passado. Mais adiante, dizia que tinha três filhos adolescentes, o que foi razão suficiente para Coutinho resolver não expor a história ao público.

Da mesma forma, por vezes era preciso driblar o exibicionismo revertido daqueles que queriam mostrar o seu lado mais deplorável. A respeito de *Edifício Master*, Consuelo Lins escreveu: "Houve momentos nos quais foi preciso defender o entrevistado dele mesmo, em que a lógica do pior – central nos programas sensacionalistas e populares – se impôs, e o que se ouviu foi a pior história, a maior desgraça, a grande humilhação"[*].

8. Aceitar as mentiras verdadeiras

Há um aspecto lúdico que torna únicas determinadas conversas de Coutinho em seus filmes. Convencido de que a autofabulação é tanto inevitável quanto produtiva para seu tipo de documentário, ele não só aceitava, como estimulava os relatos fantasiosos e as pequenas insinceridades, desde que dentro de certos limites.

Na seguinte fala sobre carisma, concluiu o raciocínio com uma profissão de fé nas mentiras verdadeiras: "O cara não precisa ter uma vida genial para ser bom para o filme. Ele tem que contar genialmente a sua vida. Que pode até nem ser exatamente a sua vida [...]"[**]. Muito antes de pensar em *Jogo de cena*, já estava aí a semente de uma curiosidade pelo

---

[*]   Consuelo Lins, *O documentário de Eduardo* Coutinho, cit., 2004, p. 143.
[**] "Fé na lucidez", *Revista Sinopse*, n. 3, dez. 1999.

desencontro entre vida e fala, verdade e elaboração. Uma das frases mais repetidas por ele, e citadas por outros, é que o documentário não pode almejar a filmagem da verdade, mas apenas a verdade da filmagem.

A esse respeito, vale mencionar aqui o belo raciocínio de João Moreira Salles a respeito da distância entre experiência e memória:

> Há um tempo que transcorre entre a experiência e a lembrança da experiência. Quanto maior esse intervalo, melhor para o método de Coutinho, porque camadas de imaginação, de esquecimento e de invenção vão se sobrepondo à experiência. No momento do relato, o que se conta não é exatamente a história vivida, mas a história transformada pela passagem do tempo. Por isso não faz sentido buscar provas para corroborar o que a pessoa disse. Coutinho deseja a mentira – não a mentira voluntária, intencional, mas a mentira produzida pelo processo de lembrança.*

9. Criar o presente absoluto

No processo de contínua depuração adotado desde *Santo forte*, Coutinho foi excluindo de sua gramática uma série de recursos tradicionais, como a trilha musical extradiegética (adicionada na pós-produção), a dissociação entre som e imagem, os planos ilustrativos ou de cobertura, a inserção de materiais de arquivo. Isso resultou na criação de um presente absoluto, onde tudo acontecia diante – e somente diante – da câmera. Se havia uma fotografia ou uma gravação para ser mostrada, elas precisavam estar fisicamente dentro da cena na hora da filmagem, signo do passado inserido no presente.

Em *Babilônia 2000*, Consuelo Lins entrevistou Jorge quarenta anos depois de ele ter interpretado um garoto no filme *Orfeu do Carnaval*, de Marcel Camus. Coutinho resistiu à tentação de incluir um trecho do filme francês, que seria a conduta normalmente esperada. Preferiu frustrar essa expectativa comum do público para não ferir seu compromisso com o presente absoluto da filmagem.

---

* João Moreira Salles, "Eduardo Coutinho: palavra e memória", *Los Cuadernos de Cinema 23*, n. 12, México, 2017.

Por rejeitar sons inseridos na pós-produção, até as curtas falas em off com que ele explicitava os dispositivos dos filmes eram gravadas no próprio ambiente da locação. Em *Edifício Master*, por exemplo, a fala inicial de apresentação do prédio e do filme foi captada no corredor do sexto andar, num momento qualquer.

Existe aqui um paradoxo da decantação, uma vez que a busca do essencial não é necessariamente a de algo grandioso. Coutinho retirava muita coisa para ficar com a impureza, o pequeno e anônimo, os frutos incertos do acaso que só se materializavam no momento da filmagem. Em suas futuras aulas sobre o cinema do amigo, João Moreira Salles explorou esses expurgos para chegar a definir o "cinema mínimo" que Coutinho praticou nessa fase de sua carreira:

> Uma das apostas de Coutinho era descobrir quantos elementos seria possível eliminar do cinema sem que o resultado deixasse de ser cinema. Em outras palavras, qual o mínimo necessário para que um filme continue a ser filme? Subtraem-se roteiro, locação, movimento de câmera, cenário, pesquisa, tema e, no limite, até diretor: ainda é filme?[*]

10. Desdramatizar a montagem

Muito há para ser dito a respeito da montagem desse cinema de conversa. Antes de tudo, era imperativo preservar o tempo da fala, uma vez que ela não se prestava a integrar um discurso coletivo sobre alguma coisa. A fala não estava a serviço de nada a não ser de si mesma. Daí serem raros os casos em que um personagem voltava a aparecer dentro de um mesmo filme. Em compensação, eram donos absolutos de sua sequência, com tempo suficiente para se constituírem diante da câmera.

De outra parte, havia o desafio de manter o público na sala pelo tempo de um longa-metragem, o que implicava questões de ritmo, interesse, humor e dramaticidade. Coutinho não era indiferente a essas exigências. Se procurava,

---

[*] João Moreira Salles apud Carlos Nader, "No princípio era o verbo", em Eliska Altmann e Tatiana Bacal (org.), *Últimas conversas visto por* (Rio de Janeiro, 7 Letras, 2017), p. 85.

como em *Edifício Master*, ser fiel à ordem das filmagens, era também necessário montar os trechos de conversa de maneira a sustentar a atenção do espectador.

Daí o risco maior, que seria ficcionalizar a edição para obter efeitos de dramaturgia. Nada pior do que forjar contrastes ou relações de causa e efeito entre os módulos de conversa. A produção de falsas inferências e progressões apoteóticas era terminantemente vetada. Tratava-se, enfim, de evitar toda intenção dramatúrgica e ao mesmo tempo resguardar a dramaticidade natural dos relatos. Uma medida delicada, que o trabalho duradouro com Jordana Berg permitiu atingir.

PEÕES: LEMBRANÇAS DE UM INTENSO AGORA

Tão logo estabeleceu o conjunto de "mandamentos" descritos anteriormente e passou a ter um estilo reconhecível por conta deles, Coutinho precisou desobedecer a alguns já no seu filme seguinte. *Peões* (2004) o obrigaria a voltar a um tema, participar do processo de pesquisa prévia, filmar em lugares variados e usar cenas de outros filmes como material de arquivo. A façanha foi assimilar tudo isso sem abrir mão do essencial do seu método. Veremos como.

A campanha eleitoral de 2002 prometia ser a mais memorável da democracia brasileira que emergiu dos tempos de ditadura. Os candidatos do Partido dos Trabalhadores (PT) e do Partido da Social Democracia Brasileira (PSDB) enfrentavam-se pela terceira vez consecutiva nos primeiros lugares da disputa pela Presidência da República. Luiz Inácio Lula da Silva chegava a essa posição pela quarta vez, então concorrendo com José Serra no segundo turno das eleições. João Moreira Salles, fã ardoroso de documentários sobre campanhas eleitorais, propôs a Coutinho fazerem dois filmes em paralelo, que em princípio se agrupariam num só. Ele documentaria a campanha de Lula, franco favorito, e Coutinho, a do segundo candidato mais

Um tema épico tratado como música de câmara."

Eduardo Coutinho

cotado, que na ocasião ainda não estava definido se seria José Serra.

A proposta se chocou com a indisposição de Coutinho para filmar figuras públicas. Em conversa com Lula, este afirmou que, ganhasse ou não, sua campanha seria histórica. E ele só chegara ali por que tinha existido o movimento de trabalhadores no ABC paulista. Foi o bastante para Coutinho sugerir, como alternativa, procurar os operários que fizeram as greves de 1979 e 1980, e testemunharam de perto a ascensão de Lula. Assim, ele estaria no seu elemento e realizaria um antigo sonho: o de investigar o destino individual de gente comum que aparece nos registros de grandes eventos de massa. "Que fim levaram os peões do ABC?" Eis a pergunta que moveria o filme.

Os trabalhos de pesquisa começaram por reunir uma iconografia fotográfica e examinar cenas de multidão em filmes da época. O próprio Coutinho decupou em seus caóticos caderninhos pautados, cenas coletivas e as aparições de Lula nos filmes *ABC da greve* (1979-90), de Leon Hirszman, *Linha de montagem* (1981) e *Greve de março* (1979), de Renato Tapajós, *Greve!* (1979) e *Trabalhadores: presente!* (1979), de João Batista de Andrade, além de reportagens de TV. Esse material foi apresentado durante vinte dias ao pessoal do sindicato de São Bernardo e a ex-metalúrgicos dispersos, com vistas à identificação de pessoas e seus paradeiros. O dispositivo principal era, portanto, localizar pessoas cujas "carinhas" apareciam nas fotos e nos filmes, prova concreta de sua participação nas greves e nas grandes assembleias do estádio de Vila Euclides, posteriormente renomeado estádio 1º de Maio. Com apenas duas exceções (o dirigente sindical Djalma Bom e o fotógrafo Januário), Coutinho deixou de lado todos os que haviam ascendido na escala burocrática ou política. A fama e o cargo eram a linha de corte na escolha. "Eles podiam ter sido importantes no movimento, mas eu não estava fazendo um filme sobre a história das greves", afirmou no material de divulgação. Interessava-lhe o que estava aquém e além do político.

Diferentemente dos três filmes anteriores, desta vez Coutinho participou pessoalmente da pesquisa de personagens. Flashes desse processo foram integrados à edição final de *Peões*, sempre na perspectiva de deixar transparecer as condições de produção. Nos extras do DVD, constam registros rápidos de operários e seus familiares levando ao sindicato lembranças do movimento, como solicitado pelo jornal *Tribuna Metalúrgica do ABC*, que se referia ao filme como "Os peões do ABC".

A pesquisa se dava em rede, no sindicato e em bairros habitados por metalúrgicos, por meio de indicações de quem visualizava os álbuns de fotos e a compilação de cenas dos filmes. Coutinho lidava agora com uma "prisão" espacial localizada no passado, quando aquelas pessoas estiveram reunidas no movimento. Elas haviam se dispersado, 22 anos depois, em função principalmente da mecanização do trabalho nas fábricas. Um contingente significativo de migrantes tinha voltado para o Ceará, razão pela qual as filmagens se estenderam a Várzea Alegre, no estado nordestino, onde havia uma numerosa associação de ex-metalúrgicos. O movimento grevista tinha sido apenas uma passagem de suas vidas, oportunidade para se inserirem anonimamente na história. O filme os reunia novamente numa espécie de comunidade virtual.

Alguns elos interessantes existem entre *Peões* e *Cabra marcado para morrer*, já que passado e presente se articulam a partir das memórias e do reconhecimento de um grupo de trabalhadores, seja da cidade industrial, seja do campo. Como entre o *Cabra*/64 e o *Cabra*/81, aproximadamente duas décadas também separavam as greves das eleições de 2002. Coutinho retomara a história dos camponeses do Galileia em 1981, justamente no período em que o movimento do ABC mostrava seus frutos. Ademais, os filhos de Elizabeth Teixeira pertenciam à mesma geração de tantos migrantes nordestinos que se tornaram operários em São Paulo. A diferença fundamental era o envolvimento direto de Coutinho com o passado no *Cabra*, ausente em *Peões*, uma vez que ele só acompanhara as greves à distância. É preciso levar em conta, ainda, que *Cabra* evocava a história de um líder vencido e morto, enquanto *Peões* recordava a de um líder vivo e vitorioso. Outro eco importante é o de *Volta Redonda – memorial da greve*, feito treze anos antes, ainda no calor da greve de 1988. Ali também Coutinho procurara, sempre que possível, captar a afetividade dos operários e das suas histórias pessoais. O carinho dos trabalhadores para com a fábrica era um dado que voltaria a aparecer.

As filmagens de *Peões* ocorreram entre 28 de setembro e 27 de outubro de 2002, ou seja, entre as vésperas do primeiro turno das eleições presidenciais e o dia exato do segundo turno, quando Lula foi eleito chefe da nação. Coutinho conversou com 37 pessoas, em grande parte de origem nordestina, das quais 21 se efetivaram como personagens. Reuniu oitenta horas de material para a montagem com Jordana Berg. A ideia de dois filmes num só, mencionada por Coutinho na cena em que se volta aos dirigentes do sindicato, seria rapidamente abandonada. João Moreira Salles fazia *Entreatos* no modelo do cinema direto, sem entrevistas formais, enfocando a campanha de Lula no segundo turno. No

ABAIXO
Álbum de pesquisa de personagens de *Peões*.

AO LADO
Coutinho e Januário em *Peões*.

curso da preparação, optaria por utilizar somente filmagens não públicas do candidato. Comícios e aparições públicas entrariam como extras do DVD, com o título de *Atos*. Os filmes *Peões* e *Entreatos* foram lançados simultaneamente em 26 de novembro de 2004.

Peões oscila claramente entre dois sentimentos: orgulho e melancolia. De um lado, memórias calorosas do intenso agora do movimento, o brio por ter participado de um momento histórico, a lembrança que o altivo comunista João Chapéu guarda do orgulho do filho ao ver passar um caminhão com uma peça que o pai construiu. A satisfação, sobretudo, de ver um deles chegar ao posto mais alto do país. "Se eu saberia governar o país, quanto mais o Lula", garante Zé Pretinho, para logo se dizer preocupado com eventuais dificuldades para "nós governar".

De outro lado, a melancolia dos ex-metalúrgicos em suas vidas simples de aposentados, taxista, dona de casa, sacoleiro de muamba, inválido que vive com ajuda dos vizinhos. Melancolia que Coutinho suspeitava estar mais em nós, espectadores, que neles próprios. De qualquer forma, é certo que

> "Anônimo ninguém é na sua comunidade. Peões é sobre homens comuns."
>
> Eduardo Coutinho

paira no ar do filme uma tristeza pela dissolução dos trabalhadores como classe, devido ao desemprego, à precarização do trabalho e à pulverização dos postos laborais à margem da sindicalização. Coutinho chegou a filmar diversos lugares importantes para o movimento, hoje vazios. Desses, ficou apenas a praça apresentada por Djalma Bom, uma vez que o cineasta não quis induzir que tudo aquilo havia acabado. A conversa final com Geraldo, o único a permanecer ativo na fábrica, fornece um clímax melancólico e o rebate desconcertante do documentado ao documentarista: "Você já foi peão?". Ao que Coutinho respondeu: "Não, não que eu saiba". Na montagem final, restou apenas o "Não".

Há lembranças de sofrimento, de condição semiescrava, marcas de acidentes no corpo ("como o dedo do Lula"), assim como o desejo de que os filhos não seguissem a mesma profissão dos pais. Mas há igualmente a glória de ter participado de piquetes vitoriosos ou, como no caso de Zélia, de ter ajudado a salvar uma cópia do filme *Linha de montagem*, escondendo-a na sacola embaixo de um par de sapatos[*].

Como bem perceberam Cláudia Mesquita e Victor Guimarães[**], um forte contraste se estabelece entre as imagens de massa nos filmes *ABC da greve, Linha de montagem e Greve!* (únicos a permanecer como arquivo em *Peões*) e a solidão dos ex-peões em suas casas, quase sempre sozinhos diante da câmera. A preferência do diretor pelo tom menor faz com que tanto a épica das greves de 1979 e 1980, quanto a euforia popular com a provável vitória de Lula em 2002 não ocupem jamais o primeiro plano. Lula, aliás, aparece somente nas imagens do passado, enquanto no presente, há apenas menções a ele.

As anotações de Coutinho na decupagem de *ABC da greve* indicam sua atenção para as tomadas em que Lula aparece fumando, talvez por uma questão de identificação no vício. É particularmente interessante ver Coutinho voltar a

---

[*] Renato Tapajós complementa o relato desse episódio em Eliska Altmann e Tatiana Bacal (org.), *Peões visto por* (Rio de Janeiro, 7 Letras, 2017), p. 67.

[**] "*Peões*: tempo de lembrar", em Milton Ohata (org.), *Eduardo Coutinho*, cit., p. 592.

seu amigo Leon Hirszman, quinze anos após a morte deste, sentindo-se autorizado a fazer uma intervenção atrevida na cena de *ABC da greve* em que Lula aguarda, tenso, pendurado no cigarro, o momento de se dirigir a uma multidão de trabalhadores. Eliminando a narração de Ferreira Gullar, que historiava a trajetória de Lula, *Peões* enfatiza a dramaticidade do instante.

Mais que qualquer outra coisa, Coutinho queria ouvir as lembranças da relação entre militância, vida operária e vida familiar. Ecoam aqui suas palavras a respeito de *Cabra marcado para morrer*: "A mediação entre a vida e a história é a família. Isso é fundamental. A família, no filme, que à primeira vista parece menos 'político', é, nesse sentido, fundamental, é mais essencial do que aquilo que é propriamente político"*. Assim é que recolheu diferenças de postura entre marido e mulher, o arrependimento de uma mãe por não ter dedicado mais tempo aos filhos, a rejeição de um pai à ideia de o filho vir a ser peão como ele. Os laços de família ressoam até mesmo nos dois ex-metalúrgicos que comparam Lula a um pai, um irmão.

Peões.
Caderno de anotações de Coutinho.

* "O real sem aspas", entrevista à revista *Filme Cultura*, n. 47, 1984.

Como resultado, observou Renato Tapajós: "O filme trata de desconstruir generalizações como 'grevista' ou 'sindicalista', para mostrar os indivíduos nelas existentes. Suas histórias não são heroicas, nem épicas, mas trajetórias de vidas 'ordinárias' que, em determinado momento, tiveram um ponto comum: a greve"*.

Mesmo trabalhando contra alguns princípios de seu próprio método, Coutinho soube converter tudo a seu favor. Demarcou claramente o período da gravação de entrevistas, começando o filme com a primeira e concluindo com a última. Mais do que nunca, pediu closes muito fechados nos rostos dos interlocutores, de modo a sublinhar individualidades em contraponto com multidões. Incluiu uma cena comovente em que o velho Antônio e sua filha cantam "Debaixo dos caracóis dos seus cabelos" (referência à paixão de Coutinho pelas músicas de Roberto Carlos). E encontrou na carismática Luiza, gerente da cantina do sindicato, que adora xingar alguém, uma das grandes personagens de sua galeria. Luiza, aliás, foi pivô de um constrangimento ético para o cineasta. Num dado momento de sua entrevista, ela contava que Lula "bebia, bebia mesmo" e tinha sempre uma garrafa na mesa de sua sala no sindicato. Adversários de Lula exploravam na época seu gosto por cachaça. O filme passou em pré-estreias e causou embaraço a Luiza, que pediu a retirada da cena para não ser vista como traidora. Coutinho a atendeu no que ele chamou de uma "decisão tardia".

Com o tempo, *Peões* e *Entreatos* tornaram-se documentários históricos por retratarem parte do drama do país na passagem do século XX para o XXI. O filme de Salles flagrou o júbilo, mas também a fragilidade da inédita ascensão de um líder popular à Presidência da República. *Peões* sondou o ambiente que o construiu, mas também deixou cenas premonitórias sobre o que viria a partir de 2013.

Cito três exemplos. Para ilustrar o caráter honesto de Lula, Januário relata o dia em que chegou ao sindicato uma aparelhagem de som presenteada por alguém. Lula mandou devolver imediatamente porque o sindicato não estava à venda.

---

* Eliska Altmann e Tatiana Bacal (org.), *Peões visto por*, cit., p. 72.

E Januário conclui com a frase: "Esse é o cara!", a mesma que Barack Obama usaria para elogiar o presidente brasileiro numa reunião do G-20 em 2009. Em outra cena, Geraldo recorda-se de Lula, preso em 1980, fazendo uma breve visita ao velório de sua mãe sob escolta policial. Em 2019, encarcerado novamente pelos artífices do golpe parlamentar-judiciário de 2016, Lula seria proibido de comparecer ao velório do irmão Vavá e autorizado a passar apenas alguns minutos junto ao corpo do neto Arthur. Por fim, a sindicalista Tê profere uma avaliação que só seria compreendida mais tarde: "O Lula está chegando à Presidência, mas não o PT".

O FIM E O PRINCÍPIO: FILOSOFIA SERTANEJA

Às vezes é difícil localizar o princípio e o fim de uma ideia-filme de Eduardo Coutinho. Motes e títulos transitam de um projeto a outro, numa obra que foi se construindo numa cadeia de inspirações e *desinspirações*. De *Identidades brasileiras* a *Santo forte*, de *500 Brasis* a *Babilônia 2000*, de *Volta Redonda – memorial da greve* a *Peões*, as ideias foram mudando até tomarem feição definitiva. No caso de *O fim e o princípio* (2005), vale a pena considerar os rastros de outros projetos correlatos que ficaram para trás.

Em agosto de 2003, Coutinho redigiu um argumento de documentário com o título *O fim e o princípio*. Era para registro na Biblioteca Nacional e exibia, na cópia guardada, a inscrição "Falso" a lápis. Previa ali uma viagem a estados do Nordeste em busca de personagens – ou seus familiares e descendentes – que tinham aparecido nos registros fotográficos e fílmicos da Missão de Pesquisa Folclórica organizada por Mário de Andrade em 1938. Assim Coutinho descrevia suas intenções e limitações que imaginava encontrar:

> Essa procura, inclusive, deve ser incorporada ao filme. Para isso, além da exibição em telões nas praças e em aparelhos domésticos de TV, contamos com uma informação quase completa dos nomes

> *"Quando a fala é rica, ela se basta a si mesma. A fala permite que você voe."*
>
> Eduardo Coutinho

dos participantes. Escolhemos como locação a Paraíba porque 80% das filmagens da missão foram feitas nesse estado. O que vem a seguir nesse roteiro é a descrição sucinta dos folguedos e da filmagem, além dos nomes dos participantes. Estes, na maioria, devem estar mortos, assim como os grupos folclóricos e religiosos devem ter desaparecido ou se transformado. As locações também devem estar irreconhecíveis, devido à modernização. Não importa. Familiares, vizinhos e/ou amigos podem ser encontrados. E falarão de sua trajetória de vida, assim como dos folguedos e dos participantes evocados. De qualquer forma, o que me interessa não são tanto as ruínas (do passado), mas as construções (imaginárias) do presente, elaboradas pelos personagens.

O título foi de fato inspirado em trecho de uma crônica de Mário de Andrade sobre a Paraíba no livro *O turista aprendiz*, mas com as palavras invertidas. Talvez tenha ficado no inconsciente de Coutinho a frase do velho Enock, lá atrás em *Boca de lixo*: "O lixo é o final do serviço. E é dali que começa [...]".

Vale notar que ainda antes de 2004, Coutinho havia rascunhado uma sinopse de argumento com o título "As palavras" (posteriormente usado durante a produção de *Últimas conversas*), que sugere um esboço do que viria a ser *O fim e o princípio*. Transcrevo aqui:

> Este é um filme sobre a conversação (troca de palavras), a forma mais natural da linguagem, baseada na interação entre dois ou mais interlocutores situados face a face. [...] Escolhi, como locação única, o município de São Rafael, no sertão do Rio Grande do Norte, com 8 mil habitantes e a 210 quilômetros de Natal, onde já filmei (*Cabra marcado para morrer*) e creio conseguir a cumplicidade necessária para uma intervenção desse tipo. No fundo, o filme terá dois temas: o assunto de que se fala, baseado no cotidiano, e as formas linguísticas (e performáticas) em que os personagens (e o diretor) se exprimem na comunicação em tal contexto.

Ou seja, um filme de conversa sobre a conversa. Nada muito diverso do que afinal se concretizou como *O fim e o princípio*. A essa intenção, nutrida já havia alguns anos, juntou-se o desejo do realizador de se libertar de mais alguns elementos do seu método estabelecido até então. Queria se desvencilhar da pesquisa prévia de personagens e da escolha antecipada de uma "prisão" espacial. Procurava o prazer de uma aventura documental que nenhuma ficção seria capaz de lhe proporcionar. Assim, em junho de 2004, com recursos oferecidos por um programa de patrocínios da Petrobras, Coutinho foi parar, com uma pequena equipe, no município paraibano de São João do Rio do Peixe, uma estância termal a quinhentos quilômetros de João Pessoa, no extremo-oeste do estado. A razão principal da escolha era a existência de um hotel razoável para hospedar os aventureiros.

Coutinho levava um repertório de alternativas de abordagem, algumas de cunho sociológico, caso topasse com um acampamento do Movimento dos Trabalhadores Rurais Sem Terra (MST) ou com beneficiários do programa Fome Zero, implantado em 2003 para combater as causas imediatas e subjacentes da fome e da insegurança alimentar. Mas essas alternativas seriam logo abandonadas em troca, mais uma vez, dos encontros com gente comum. Se a viagem não rendesse filme, o tema seria a busca do filme.

Ainda não sabiam o que os aguardaria quando a diretora de produção Raquel Zangrandi, em conversa na recepção do hotel, ouviu falar da professora Rosilene Batista de Souza, a Rosa, uma jovem agente da Pastoral da Criança, pessoa querida de muita gente por ali. Alguns povoados (chamados de "sítios") foram sondados em sua companhia, como se vê no começo do longa, mas sem resultados animadores. Rosa morava no sítio Araçás, pequena comunidade rural a seis quilômetros do centro da cidade, composta de 86 casas, habitadas em sua maioria por pessoas com laços de parentesco.

A conversa inicial com Rosa, cercada por parentes no alpendre de sua casa, deu início aos trabalhos efetivos do filme. Rapidamente ficou claro que Coutinho encontrara sua "prisão" e seus personagens. O mapa que Rosa desenhou de Araçás, com a localização das casas de parentes e conhecidos, foi adotado como "roteiro" e exposto numa cena do filme.

O fim e o princípio. Caderno de anotações de Coutinho.

Sua casa virou o quartel-general da produção, onde a equipe almoçava e descansava nas pausas das filmagens.

A função do mediador, discretamente presente em *Santo forte* (Vera Dutra) e oculta em *Edifício Master* (Eliska Altmann) ganhava proeminência. Rosa era quem tomava a frente na chegada às casas, batia nas portas, pedia a bênção e muitas vezes fazia perguntas, visando estabelecer uma ligação mais íntima das pessoas com o filme.

Voltar à Paraíba mais de vinte anos depois do *Cabra* era motivo de alegria. "Na Paraíba, historicamente, houve uma quantidade enorme de poetas populares. Mas poderia ser outro estado do Nordeste. Existe no sertão um talento oratório e uma qualidade de imaginário que não se encontra em outros lugares. A riqueza da expressão é tamanha que os assuntos em si viram secundários. Para fazer um filme de fala, eu supunha, o melhor seria no sertão", explicou Coutinho a este autor quando da preparação do material de imprensa de *O fim e o princípio*.

Este acabou sendo o filme que melhor representou a atração de Coutinho pela expressão oral peculiar e surpreendente. Consuelo Lins apropriadamente chamou o cineasta de um "linguista selvagem"*. No Araçás, estava diante de gente que, em sua maioria analfabeta, só afirmava sua vida por meio do trabalho e da fala. O prazer auditivo de Coutinho perante o fraseado dos velhos, com sua poética arcaica, ressonâncias míticas e construções inusitadas, fica evidente nas entrelinhas do filme. Há uma sincera admiração pela cultura iletrada, mas capaz de produzir altos voos poéticos, por conta de uma "sabedoria [que] não vem só pela escrita", como diz o esperto Chico Moisés, uma espécie de João Grilo do mundo real. A exemplo do velho Aniceto, que, em *O fio da memória*, atirava perguntas ao entrevistador e o chamava de "inocente demais", Chico Moisés estabeleceu uma peleja incessante com Coutinho. Ora se reposicionava em relação à câmera, interferindo na estética do filme, ora desafiava a lógica do interlocutor e colocava a si próprio em dúvida: "Eu não sei se sei. Penso que sei, será que sei?".

Estamos no campo da especulação filosófica tingida pelas tonalidades do catolicismo popular. A origem e o fim do mundo, os mistérios da vida e o espectro da morte nunca estariam tão presentes em outros filmes de Eduardo Coutinho. Deus, Jesus e São Francisco são citados a cada conversa, assim como as lições explícitas de vida, as fronteiras entre o bem e o mal, a mentira e a verdade. Junto com as menções ao trabalho na roça, à seca, ao namoro e ao casamento surgem referências aos enigmas do céu e da terra, o fim dos homens e ao princípio das ausências.

Por um desvio de caminho, o nome da mediadora Rosa nos traz à lembrança Guimarães Rosa, objeto da admiração

---

* Consuelo Lins, "Eduardo Coutinho, linguista selvagem do documentário brasileiro", *Revista Galaxia*, n. 31, p. 41-53, jan.-abr. 2016.

de Coutinho. *O fim e o princípio* vem a ser um dos filmes mais roseanos do cinema brasileiro, bem mais que algumas adaptações de obras do escritor. A oralidade sertaneja transborda para o campo visual na forma de um gestual exuberante de significados, com meneios de cabeça, palmas substituindo palavras, olhares enviesados e pausas intrigantes. Com frequência as mãos se postam diante do rosto emoldurando e complementando as palavras. Nisso é particularmente expressiva a entrevista de Leocádio à janela de sua casa, com os braços postados em primeiro plano enquanto desfia suas considerações sobre a criação do mundo e a relação entre as palavras e as coisas: "Tem palavra comum e palavra certa. A palavra certa é aquela certa mesmo. Palavra em vão é palavra sem futuro".

Citando falas de Coutinho no filme *Eduardo Coutinho, 7 de outubro*, de Carlos Nader, Cláudia Mesquita e Consuelo Lins destacam a conexão entre esse filme e o pensamento de Walter Benjamin, uma das grandes influências do cineasta: "Para Coutinho, o que Leocádio faz é 'simplesmente' desenvolver, de modo próprio, a teoria da língua adâmica, de Walter Benjamin, que supõe a existência de uma língua originária, que nomeia as coisas do mundo de modo justo". Leocádio evocaria "essa grande tragédia" pós-Babel, produzida pelo desencontro entre palavra e coisa, "que enlouquece artista, enlouquece as pessoas, que está no cotidiano, gera briga na feira, assassinatos, grande poesia – porque a palavra não é a coisa"[*].

Caminhando de uma casa à outra em Araçás, Coutinho empreendia as conversas do jeito que mais gostava, ou seja, em situações mais ou menos improvisadas. A troca de ideias se dava através de uma janela ou na soleira de uma casa, enquanto a equipe chegava ou saía de algum lugar. Os encontros de pé se alternavam com outros mais formais, em cadeiras colocadas frente a frente.

Nem sempre as conversas se desenvolviam plenamente, como foi o caso do esboço de entrevista de Rosa com a velha

---

[*] Cláudia Mesquita e Consuelo Lins, "*O fim e o princípio*: entre o mundo e a cena", cit., 2014.

Lica, cujo efeito ficou sendo o de mostrar quando a palavra já não dá mais conta do pensamento. O silêncio diz muito também quando o falante Vigário se cala, estranhamente incomodado, a partir do instante em que a companheira de pouco tempo é chamada a entrar no quadro e se manifestar sobre o casal. Em outro momento peculiar, Zé de Souza, já completamente surdo, responde às perguntas escritas num pequeno caderno.

A performance artística, sempre buscada por Coutinho em seus personagens não artistas, aparece aqui no poema de Zeca Amador, nos bordados de Lice e nas fabulações de Chico Moisés, com seu incrível sonho em que visitava o inferno.

Por uma série de razões, aqui foi onde Coutinho mais anulou a busca da alteridade em relação a seus personagens, tornando-se praticamente um igual. Depois de gravar a conversa inicial com Rosa e mais dois ou três encontros no Araçás, sofreu uma grave crise de bronquite, sendo atendido por uma pneumologista que se encontrava em férias no hotel. Mesmo assim, teve que ser removido, inconsciente, num jato particular, para um hospital no Rio. Nos dois meses em que permaneceu no Rio, parte da equipe ficou na Paraíba, conduzindo pesquisas com potenciais personagens. Assim, o projeto original de fazer um filme sem pesquisas só seria efetivado em parte.

Em agosto de 2004, Coutinho voltava abalado pela doença, a evidência da velhice e o fantasma da proximidade da morte. É impossível dissociar esse estado de espírito da maneira como conduziu os encontros seguintes. Uma pergunta recorrente em quase todas as conversas era se a pessoa pensava na morte, se tinha medo de morrer. Havia certamente uma identificação com os personagens, quase todos idosos e alguns já enfermos. Na edição, a busca de homogeneidade levou à supressão dos poucos interlocutores jovens, nenhum deles extraordinário, se comparados aos mais velhos.

Coutinho aboliu – ou pelo menos reduziu – a "justa distância" que procurava guardar de seus parceiros de conversa, e o fez em mais de um sentido. A voz ficou mais terna, a proximidade dos corpos aumentou a ponto de – coisa rara

> 66
> *Eu faço filmes para tentar aguentar viver, é um pouco por aí."*
>
> Eduardo Coutinho

nos longas posteriores – aparecerem diretor e personagem dentro de um mesmo plano. A visão mais curta e a audição mais difícil dos velhos exigiam que ficassem mais perto.

O movimento de aproximação se dava também a partir de estímulos dos personagens, que muitas vezes devolviam perguntas, convocavam a opinião do diretor sobre esse ou aquele assunto, como a chamá-lo para dentro da conversa e, por extensão, para dentro da comunidade. Coutinho era presenteado com adjetivos como "bonzinho", "sabido", "chefe das caravelas" e um carinhoso "fofoqueiro". Em ensaio sobre o filme, Cláudia Mesquita e Consuelo Lins destacaram que "essa dinâmica produz 'conversas' no lugar de entrevistas, como se os personagens sertanejos não 'coubessem' em um tipo de dispositivo de conversação em que seu papel seria apenas responder"*.

A proximidade física entre cineasta e personagens, de certa forma, ecoava a contiguidade entre os parentes das diversas casas de Araçás. Tanto Mariquinha como Chico Moisés rompem a linha imaginária e tocam no corpo de Coutinho. O componente erótico da conversa, já referido acima, ganha maior efetividade quando o contato se torna corporal. Num momento de sua gesticulação, Leocádio está tão próximo que chega a chocar seu braço com a câmera.

Pelo fato de haver uma pesquisa concomitante às filmagens, em vez de poucos dias, Coutinho conviveu durante quatro semanas com o povo do Araçás. Eis outra situação inédita, que modificou seu relacionamento habitual com os personagens. Criaram-se vínculos de afeto e expectativas de reencontro, como se vê nas cenas – nunca repetidas desde Elizabeth Teixeira no *Cabra* – em que o diretor volta à casa das pessoas para se despedir. Coutinho se afeiçoou em especial a Mariquinha, a bordo do seu "cachimbão" e da fama de "nojenta" porque "não gosto de adular ninguém".

As despedidas eram acompanhadas de promessas de voltar com o filme pronto, o que aconteceu quatorze meses depois da conclusão das filmagens. *A volta* é um extra do DVD do filme, mostrando o reencontro de Coutinho com

---

* Ibidem.

os personagens que ainda estavam vivos. Uma exibição de *O fim e o princípio* foi realizada ao ar livre no terreiro da casa de Rosa, com a presença de alguns personagens na plateia. Outros não compareceram por doença ou medo de deixar a casa vazia. Coutinho os visitou, os abraçou, almoçou na casa de um deles e teve mais uma conversa carinhosa com Mariquinha. "Foi só ver você e passou a dor de cabeça. Amor é bicho bom", confessou ela. Outro momento emocionante desse retorno é o encontro entre o velho Assis e sua ainda mais velha irmã e "mãe de criação" Dora. Eles choram juntos, e Dora comenta que sua alma estava "toda banhada de rosas e maravilha". Chico Moisés, por sua vez, não perde a oportunidade de soltar mais uma de suas pérolas existenciais: "Perdido eu já nasci. Eu nasci no fim do mundo, me criei no meio do mundo e até agora não achei adonde eu tô".

Coutinho também estava no meio do mundo, mas não por muito tempo. *O fim e o princípio* começa com um *travelling* lateral da janela do carro, exatamente como *Peões*. Enquanto esteve no Araçás, mandou filmar uma série de pequenas ações exteriores, como uma microprocissão numa estradinha, um vaqueiro tangendo o gado, uma kombi fazendo chamada para comício e anúncio de remédios. Mas, nos anos seguintes, limitou-se a filmar em recintos únicos e fechados, como o teatro de *Jogo de cena*, a sede de um grupo teatral em *Moscou* e o estúdio de *Últimas conversas*. Só voltou às cenas externas quando, no ano anterior a sua morte, fez os extras para o DVD de *Cabra marcado para morrer*. A saúde precária o fez buscar um cinema possível, em que os personagens viessem até ele, e não o contrário. De visitante, Coutinho passaria à condição de visitado.

AS CANÇÕES: EMOÇÕES A CAPPELLA

Nos seis anos que se passaram entre *O fim e o princípio* e *As canções* (2011), Eduardo Coutinho realizou três longas-metragens de caráter francamente experimental. *Jogo de cena* também foi um filme de conversa, mas será tratado à

> "O som mais bonito que existe é a voz humana."
>
> Eduardo Coutinho

parte por seu teor de inovação com a matéria do diálogo entre diretor e personagens. *Moscou* e *Um dia na vida* fogem ao modelo da conversa para enveredar em searas ainda menos comuns da paisagem documentária. Trataremos desses três filmes no capítulo "Experimental". Reencontramos, portanto, o cineasta cara a cara com atores sociais, e somente eles, nesse inusitado filme musical.

Assim como sua ex-assistente Theresa Jessouroun, Coutinho acalentava há anos a aspiração de fazer um filme com fãs de Roberto Carlos, entre os quais ele estava incluído. Os direitos autorais, porém, custariam uma fortuna. Seria mais barato e rápido abrir o repertório para a música em geral, a fim de auscultar o coração das pessoas com o estetoscópio das canções.

Desde os moradores de *Santa Marta – duas semanas no morro*, cantar foi uma das maneiras de seus personagens

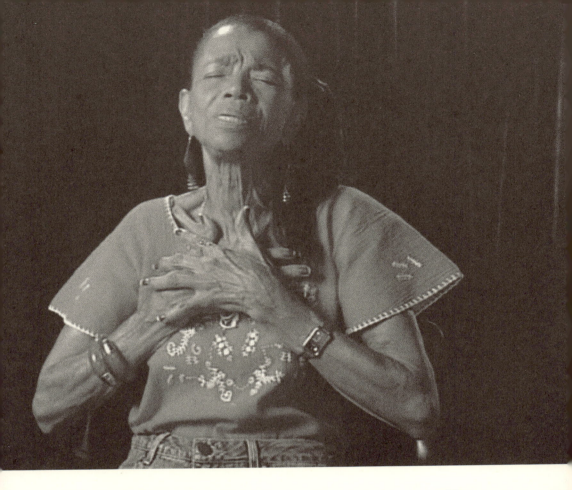

Déa em *As canções.*

reais revelarem um pouco mais de si. Cantava-se já nos seus programas do *Globo Repórter* rodados em Ouricuri e Exu. Canta-se também em *O fio da memória*, *Boca de lixo*, *Os romeiros do Padre Cícero*, *Santo forte*, *Babilônia 2000*, *Edifício Master*, *Peões*, *Jogo de cena* e *Moscou*. Uma rara exceção é *O fim e o princípio*, em que a musicalidade está mesmo na fala. Ao cantar, as pessoas se reinventavam e assumiam mais plenamente o "teatro de si mesmas" que Coutinho buscava estimular em suas conversas. Esse recurso, até então subsidiário, ganhava o proscênio com *As canções*.

Quando alguém passa da fala ao canto diante da câmera, algo imediatamente se transforma, sem que a pessoa deixe de ser ela mesma. O canto a introduz numa instância lírica e exige a implementação de uma eficácia performática que, na fala, surge mais naturalmente. A pessoa se teatraliza, como se, de maneira automática, adentrasse outra dimensão do eu, uma espécie de segunda natureza. Ismail Xavier observou essa "experiência comum nos filmes de Coutinho, quando um entrevistado se põe a cantar e se esmera na performance que ele próprio vê como uma síntese de sua capacidade de expressar um sentimento e uma atitude diante das circunstâncias da vida"[*]. O crítico e músico José Miguel Wisnik, ao escrever sobre *As canções*, elaborou a respeito do efeito mnemônico da canção: "Se toda lembrança revela que nós estamos condenados a ser sempre um outro, que já passou e que está em outro ou em nenhum lugar, nesses momentos-canção esse outro nos visita e, subitamente, nos habita"[**].

Durante a pesquisa de personagens, o título de trabalho do filme era "Cante e conte", o que revela a simplicidade do dispositivo. Os personagens deveriam cantar uma determinada canção e em seguida contar uma história pessoal que pudesse ser sintetizada ou tivesse sido afetada por ela. Outros títulos cogitados foram "Sentimental" e "Canções". O artigo "as" foi acrescentado por sugestão do poeta Eucanaã Ferraz para particularizar melhor as escolhas de cada um. Coutinho aceitou dessa vez, mas costumava resistir a artigos em títulos. Chegou a debitar o fracasso comercial de *O fio da memória* na conta do pobre artigo.

A poeta Laura Liuzzi, trabalhando para o filme na função de pesquisadora e assistente de direção, bateu pernas pela cidade do Rio de Janeiro com um pequeno cartaz onde se lia: "Alguma música já marcou a sua vida? Cante e conte sua história!". Era acompanhada pelo assistente João Maia, que gravava os testes *in loco*. Ela botou anúncio em jornal, afixou convocações em bares do Rio de Janeiro e frequentou karaokês. Coletou depoimentos e cantorias em locais de grande trânsito humano, como praias e o Largo da Carioca, assim como na sede da produtora VideoFilmes e nas casas e locais de trabalho das pessoas. Calcula ter ouvido cerca de 250 histórias, que submetia ao escrutínio

---

[*] Ismail Xavier, "O jogo de cena e as outras cenas", em Milton Ohata (org.), *Eduardo Coutinho*, cit., p. 625.
[**] *O Globo*, 17 dez. 2011.

do diretor. Segundo Laura, Coutinho fazia seleções às vezes surpreendentes, guiando-se mais pelo inusitado da música que pela qualidade da história. A expectativa dele recaía em músicas consideradas de mau gosto, com jeito de melodrama. Um critério incontornável era a afinação. No máximo, ele admitia que alguém desafinasse "com sentimento".

A montagem final elegeu dezessete cantadores, nenhum deles com passagem profissional pela música. Dois não participaram do processo de seleção. Silvia, a última cantadora a se apresentar, era mãe de uma pessoa da equipe e pediu para vir de São Paulo e contar a história do seu amor mal correspondido por um homem ao longo de trinta anos. Fátima, a cantora janisjopliniana de *Babilônia 2000*, foi especialmente convidada por Coutinho para cantar "Ternura", hit de Wanderléa, que ele já havia incluído na trilha musical de *O pacto*, 45 anos antes, e dado um jeito de inserir em *Moscou*. Assim, Fátima formava com Elizabeth Teixeira (*Cabra marcado para morrer* e *A família de Elizabeth Teixeira*) e Benedita da Silva (*O fio da memória* e *Babilônia 2000*) o trio de mulheres que apareceram em mais de um filme de Coutinho.

No total, são nove mulheres e oito homens, de faixas etárias e classes sociais diferentes em *As canções*, uma vez que o critério de escolha não era mais a localização nem qualquer outro dado individual, mas apenas a relação entre música e vida. Pela primeira vez, num filme dessa fase de Coutinho, dava as caras uma personagem estrangeira, a inglesa Isabell, com a história do samba que curou seu mal de amor no Brasil.

As gravações foram feitas durante sete dias de fevereiro de 2011, num estúdio do centro do Rio. Os personagens entravam em cena por uma cortina espessa e negra, como num palco, e se dirigiam para a cadeira-fetiche de Coutinho, onde todos os seus interlocutores se sentavam desde *Jogo de cena*. Postavam-se contra aquele fundo escuro, de frente para uma plateia agora somente presumida, enquanto em *Jogo de cena* ficavam de costas para uma plateia visível e vazia. Antes, porém, passavam algumas horas em companhia da preparadora vocal Cecilia Spyer, que lhes instruía a respeito de

> "A música é uma trança que torna a memória mais afetiva."
>
> Eduardo Coutinho

colocação de voz, respiração etc. O ator e encenador teatral Ernesto Piccolo, amigo de adolescência de João Moreira Salles e que se tornaria muito próximo de Coutinho, já tendo trabalhado com ele em *Jogo de cena* e *Moscou*, dava orientações sobre como sintetizar e otimizar os relatos orais.

Cada performance musical foi filmada duas vezes, em close e em plano mais afastado. Na montagem, Jordana Berg teve que escolher entre uma e outra opção, sem poder se movimentar entre as duas. Se fosse necessário reduzir a canção, deveria começar depois do início ou interromper antes do final, mas nunca fazer *raccords* (cortes em continuidade). Tudo era parte da regra do presente absoluto de Coutinho.

Mais uma vez, o melodrama estava na raiz de um filme de Coutinho. O melodrama visto com ascetismo, segundo ele. Seis das nove mulheres são sobreviventes da paixão, presas de amores infelizes, alguns bastante longos. A viúva Elaine se recorda dos quarenta anos de casamento embalados pela música "Dó-ré-mi". Maria Aparecida conta uma história na fronteira do improvável para concluir com uma aceitação da condição de traída: "Ele não precisa me amar. Meu amor dá pros dois". Entre as mulheres, "a música da minha vida" geralmente coincide com a música do casal.

Entre os homens, os dois mais velhos usam a oportunidade para reafirmar seu autoritarismo de gênero, enquanto os dois mais jovens deslocam sua emotividade para a relação com os pais. O feirante Ózio, por sua vez, lamenta o ano em que perdeu "três mães", referindo-se à mãe, à sogra e à esposa. São homens os únicos a colocar em cena algo alheio ao amor e o desamor romântico, o que pode dizer alguma coisa tanto sobre o enfoque masculino da emoção musical, quanto sobre as referências de vida dos mais novos.

A performance *a cappella* e obrigatoriamente sentados deixava os cantadores um tanto nus. As imperfeições do canto amador aparecem mais, desprovidas do amparo dos instrumentos e projetadas naquele espaço quase vazio. Alguns se desdobram para fornecer uma interpretação pessoal da canção, com divisões rítmicas e entonações próprias. Outros cantam de maneira mais neutra, sem deixar a emoção aflorar. Três mulheres e um homem choram diante da câmera, durante o relato ou a canção. Dois homens cantam composições de sua própria autoria: Ramon apresenta a música que escreveu para purgar a culpa de não ter agradado ao pai enquanto vivo; Ózio entoa a canção que fez para exorcizar a lembrança da mulher morta e tocar a vida.

"Perfídia", bolerão de estima de Coutinho, é ouvido em duas vozes diferentes, a pedido do diretor. Roberto Carlos, com duas canções, é o único compositor que se repete no filme, constituindo nisso, talvez, a homenagem que Coutinho pretendia originalmente.

Nos rascunhos da montagem, Jordana Berg utilizou cartões escritos "Cante" e "Conte" para arquitetar o sequenciamento das cenas. Havia a preocupação de quebrar o automatismo entre canção e relato, num exercício que certamente vinha de *Jogo de cena*. Daí termos a abertura com Sonia cantando "Minha namorada" para só narrar sua história dezoito minutos depois. Ora a pessoa conta antes de cantar, ora se dá o contrário. Vários obedecem à ordem conta-canta-conta. Há os casos de Nilton, José, Fátima e José David, que só aparecem cantando.

Alguns momentos de entrada e saída de cena foram preservados por seu teor performático. O "invacilável" Queimado entra com garbo e se despede pedindo para fazer um louvor a Jesus Cristo, que é o que mais o emociona. O "comandante" Barbosa sai cantando apoteoticamente e Lídia deixa o "palco" chorando em direção à coxia.

Certos personagens ficaram de fora do filme porque tinham boas histórias mas cantavam irremediavelmente mal; outros porque cantavam bem mas tinham histórias fracas. Houve casos onde prevaleceu o cuidado ético de Coutinho, como o do homem que desistiu de cometer um crime ao ser consolado pela canção "Fera ferida", de Roberto Carlos. Conta-nos Laura Liuzzi que a possibilidade de um conflito em família selou a exclusão do personagem.

Apesar de uma razoável diversidade, não é um filme excepcional pela qualidade dos personagens. Nem todos têm o carisma que, àquela altura, já se esperava de um filme

As canções.
Cartões de montagem utilizados por Jordana Berg.

coutiniano. Quando falam da importância da música em geral nas suas vidas, são bastante previsíveis. As canções, por seu turno, nem sempre parecem justificar plenamente o desenrolar das conversas, que Coutinho tenta sustentar às vezes penosamente, como que tirando leite de pedra. Embora tenha assegurado que foi uma filmagem feliz, ele soa desmotivado no seu lugar de interlocução. Intervém relativamente pouco, deixa passar boas oportunidades de aprofundar a conversa. Seu melhor momento é quando Déa se esquece de uma parte da letra de "Último desejo", de Noel Rosa, e ele a completa. Na faixa comentada do DVD, bem de acordo com a persona que criou para si, explicou que a lembrança da frase lhe veio porque citava "as pessoas que eu detesto".

As canções chegou, de certa forma, como um retorno de Eduardo Coutinho à zona de conforto depois das iniciativas muito experimentais de *Jogo de cena*, *Moscou* e *Um dia na vida*. Quando muitos se perguntavam sobre o rumo que poderia tomar uma carreira levada àqueles extremos, Coutinho retomava seu lugar numa cadeira diante de

As canções.
Valéria Ferro, Coutinho e Cecilia Spyer nos bastidores.

pessoas comuns. A situação performática, porém, ganhava uma ênfase superior, podendo-se juntar esse filme a uma vertente teatral de sua filmografia. O personagem coutiniano aqui é comparável ao *performer* que, nas palavras de Claudio Bezerra,

> se constitui como um ser mutante a partir dele mesmo, de suas experiências de vida e da relação com a equipe, nas filmagens, escavando, de improviso, o imaginário e a memória do presente, em associações livres. [...] Um *estilo* de documentário que aposta em certo "dom" artístico de pessoas comuns, aguçado no contexto atual de uma sociedade marcada pelo desejo de visibilidade e superexposição da intimidade.[*]

Com *As canções*, Coutinho deixou seu mais eloquente manifesto, se não de amor, de atenção carinhosa para com a cultura de massa. Em entrevistas ao longo de toda a sua carreira, semeou ambiguidades a respeito da televisão e da indústria cultural. Tinha horror à banalidade, mas também aos filósofos que torciam o nariz para a cultura de massa ("Adorno é abominável!"). Admitiu sempre que essa cultura era o substrato da vida de seus personagens populares. O melodrama, as telenovelas e o consumo romântico estavam na base das histórias que coletava em seus filmes. A música, com o lugar especial que ocupa no imaginário do país, tinha a faculdade de exaltar esses ingredientes pela ativação da memória e das emoções.

Na faixa comentada do DVD de *As canções*, Coutinho declarou que, se tivessem de retirar toda a cultura brasileira e deixar só uma manifestação, sua escolha seria a música popular. Embora não primasse pela afinação nem por qualquer dote musical, amava a música romântica brega, os bolerões antigos e as canções de letras trágicas como "Serenata do adeus", de Vinicius de Moraes, ou "Último desejo", de Noel Rosa. Com frequência, pedia aos colegas de equipe que cantassem esse tipo de música ou botassem para tocar

---

[*] Cláudio Bezerra, "Um documentarista à procura de personagens", em Milton Ohata (org.), *Eduardo Coutinho*, cit., p. 409 e 413.

no YouTube durante os intervalos de filmagem e montagem. Valéria Ferro era alvo frequente de suas provocações musicais. Cantava junto, tropeçando na memória das letras e na insegurança das notas.

O crítico José Geraldo Couto chamou atenção para o contexto em que *As canções* surgiu:

> Depois de dezenas de documentários que abordam, de um modo ou de outro, a criação dessa música (filmes sobre Cartola, Vinicius de Moraes, Humberto Teixeira, Novos Baianos, Wilson Simonal, Arnaldo Baptista, Tom Zé etc.), começam a aparecer obras focadas na sua recepção, na maneira como os indivíduos se apropriam desse rico patrimônio. *As canções* e o inédito comercialmente *Vou rifar meu coração*, de Ana Rieper (sobre o cancioneiro brega), são exemplos desse novo enfoque.*

O filme gerou uma inusitada contraparte na China pela diretora brasileira Milena de Moura Barba em 2018. *Beijing into Songs* [Canções em Pequim] escalou quatorze chineses para fazer o mesmo em cenário rigorosamente semelhante. Eles cantam em mandarim, mongol e dialetos como o miau. Uma senhora canta até sem letra, como faz desde menina, em busca de algo mais sutil e ligado à imaginação. À exceção do formato da cadeira, cujo espaldar parece nos lembrar de que estamos na China, tudo o mais é idêntico na disposição da cena. A diferença é que Milena não parece se esforçar tanto quanto Coutinho para extrair as histórias de seus entrevistados. Afora uma ou outra exceção, os chineses têm mais carisma e desenvoltura que a média dos brasileiros no filme original. Sem falar no repertório de gestos, que é um atrativo à parte. Além disso, os exemplos de relação entre música e lembrança também são mais variados, indo do orgulho de um militarista ao brigão que mudou de vida depois de ser instado por uma garota a ouvir uma música de Enya.

---

* José Geraldo Couto, "Veja estas canções", blog do IMS, 16 dez. 2011.

ÚLTIMAS CONVERSAS: CRISE E SUPERAÇÃO

O título atribuído por João Moreira Salles a esse filme finalizado após a morte de Eduardo Coutinho sublinha o fato de o cineasta ter concluído sua obra da maneira mais apreciada por ele: diante de outras pessoas, com uma câmera no meio. Estava no seu elemento, em que pese a dificuldade e a rejeição com que encarou a tarefa de conversar com adolescentes.

Seu desejo original era filmar com crianças, buscando uma certa "infância da linguagem", quando a forma e o sentido das palavras ainda não tinham encontro certo. Entrando na faixa dos oitenta anos, conversar com crianças seria outra vertente para sua coleção de alteridades. A proposta inicial era curiosa: filmando em escola pública, ele faria a professora contar aos alunos a história de João e Maria. Depois pediria a cada criança que recontasse a história para a câmera. A ideia esbarrava, contudo, na suposição de que seria difícil obter autorização dos pais para um filme como aquele.

Coutinho abandonava também o projeto de *Reencontro*, ao qual vinha se dedicando nos meses anteriores por sugestão de João Moreira Salles. O calor humano experimentado nas filmagens de *O fim e o princípio*, somado à fragilidade da saúde precária após mais uma internação com enfisema pulmonar, alterava sua habitual demanda de convivência. Planejava então fazer um filme de reencontros com personagens marcantes de seus documentários pregressos. A cineasta Beth Formaggini, encarregada de pesquisar o paradeiro das pessoas, recordou em conversa com este autor: "Coutinho era viciado nos seus personagens. Reencontrá-los naquele momento seria uma fonte de energia vital". A viagem à Paraíba para filmar *A família de Elizabeth Teixeira* e *Sobreviventes de Galileia* fez parte desse movimento de autorrecuperação.

Beth apurou novos endereços, falecimentos e desaparecimentos de gente de *Santa Marta*, *Santo forte*, *Babilônia 2000* e *Edifício Master*. O processo seguiria em frente com outros filmes, mas as gravações de um piloto foram interrompidas

> " *Eu supro minhas necessidades afetivas, fisiológicas, estéticas com a conversa.*"
>
> Eduardo Coutinho

no terceiro dia. Coutinho reencontrou Vera e dona Thereza de *Santo forte*, e Maria do Céu de *Edifício Master*, mas ficou insatisfeito com os resultados e resolveu arquivar a ideia. Jordana Berg editou trechos desse material bruto, que foram exibidos numa sessão de homenagem póstuma a Coutinho no Festival É Tudo Verdade de 2014*.

Ao conformar-se com a opção de filmar com adolescentes, Coutinho retomou o título "Palavra", que o rondava ultimamente. Pretendia investigar as formas de falar dos estudantes do ensino médio de escolas públicas do Rio de Janeiro. A ênfase não estaria tanto em suas histórias de vida, pois os considerava muito jovens para ter um repertório interessante. Queria atentar para os usos da linguagem, as gírias, as maneiras de transformar o pensamento em palavras.

Se *Jogo de cena* e *As canções* reuniam pessoas de classes sociais variadas, "Palavra" devolvia Coutinho a um universo socialmente mais homogêneo. Os estudantes de escolas públicas comuns eram em sua maioria de famílias humildes. Os pesquisadores Geraldo Pereira e Laura Liuzzi visitaram doze escolas e Cieps, e fizeram pré-entrevistas com 97 meninos e meninas do terceiro ano do ensino médio. Com cada um conversaram cerca de cinco minutos, a partir de perguntas como: "Já se arrependeu de alguma coisa? Como é hoje a relação com a mãe e o pai? Qual foi a primeira vez que foi à igreja e por que foi? O que te dá prazer na vida?". Desses, 28 foram depois filmados oficialmente e nove entraram no corte final, ficando seis para os extras do DVD.

Em mais outra transgressão de suas próprias regras, antes das gravações Coutinho tinha uma rápida conversação com os estudantes no camarim, onde eram maquiados. O set foi montado no mesmo estúdio de *As canções*, laconica-

---

* Dois anos depois da morte do diretor, a *Folha de S.Paulo* tomou uma carona na ideia e produziu o média-metragem *Reencontros com Eduardo Coutinho*, dirigido por João Wainer. Seis personagens marcantes foram entrevistados para comentar suas lembranças do diretor. Os elogios são muitos, à exceção relativa de Andréa Beltrão, que conta como penou diante da recusa de Coutinho a "dirigi-la" em *Jogo de cena*. A vendedora ambulante Fátima (*Babilônia 2000* e *As canções*), evangélica, só lamenta o fato de ele ter sido "ateu" (na verdade, era agnóstico). Cida conversa com a equipe na mesma janela em que Coutinho a abordou em *Babilônia 2000*. A ex-dançarina Suze (*Edifício Master*) abre um champanhe em sua memória. A atriz Fernanda Vianna (*Moscou*) e o estudante Thiago (*Últimas conversas*) completam o elenco.

mente cenografado por Emily Pirmez para simular uma sala de aula de escola pública. Era a primeira vez que Coutinho usava cenografia desde os filmes de ficção dos anos 1960 e 1970. Elogiou a luz preparada por Jacques Cheuiche, considerando-a a melhor de todas. Os personagens entravam por uma porta comum, mas era como se adentrassem um palco, onde os esperava a mesma cadeira de *Jogo de cena* e *As canções*. Para a montadora Jordana, aquela cadeira preta, exigida por Coutinho, tinha se convertido na "alma do cinema dele". Era uma espécie de "cenário encarnado", gerando a falsa sensação de que podia ter alguma potência*.

Correram os quatro primeiros dias de filmagem, em novembro de 2013, quando uma conflagração interior paralisou Coutinho. À primeira vista, pareceu mais uma de suas crises de incerteza, como acontecera, principalmente, em *Babilônia 2000*, *Edifício Master* e *Moscou*. Coutinho trabalhava contra o eterno fantasma do fracasso. Em algum momento da produção, ameaçava estagnar, interromper os trabalhos, achando que aquilo não "dava filme". O documentário *Apartamento 608* ilustra bem esse processo com relação a *Edifício Master*. Mas desta vez o quadro era bem mais grave. Coutinho estava muito enfraquecido fisicamente e deprimido espiritualmente, à beira de um colapso.

João Moreira Salles, produtor e amigo filial, havia convidado Carlos Nader para codirigir o filme com ele, no intuito de ajudá-lo e encorajá-lo. Nader, porém, se sentiu intimidado por um "temor reverencial" e declinou da proposta. O convite tinha sua razão de ser. Coutinho admirava o trabalho do jovem cineasta desde 1996, quando viu *O fim da viagem*, primeiro *opus* da longa convivência documental de Nader com o caminhoneiro Nilson. Essa convivência, por sinal, iria culminar no premiado *Homem comum* (2015), no qual Nader tecia paralelos entre a vida de Nilson e o filme *A palavra* (1955), de Carl Dreyer. Havia um diálogo não explícito entre os dois, a ponto de Coutinho ter pedido a Nader autorização para usar, em "Palavra", uma pergunta

---

*   Jordana Berg, "Diário de montagem", em Eliska Altmann e Tatiana Bacal (org.), *Últimas conversas visto por* (Rio de Janeiro, 7 Letras, 2017), p. 12.

que ele fez a Nilson em *Homem comum*: "Você não acha que a vida é uma coisa muito estranha?", aqui dirigida ao menino Thiago. Um pouco antes de se iniciarem as filmagens de Coutinho, Nader fez com ele uma entrevista que resultaria no filme *Eduardo Coutinho, 7 de outubro*.

No fim do quarto dia de filmagem com os estudantes, Jordana Berg foi chamada ao estúdio para tentar animar o diretor. Sentaram-se frente a frente, Jordana na cadeira dos personagens e Coutinho na do diretor. Jacques Cheuiche tinha a câmera ligada. Jordana ouviu Coutinho resmungar sobre o que pretendia: sentar-se na cadeira em frente e se fazer gravar dizendo: "Eu estou fazendo um filme sobre tal, tal e tal, mas realmente acho que vou me foder porque não vou conseguir, e eu já previa desde o começo…". Foi então que a montadora e o fotógrafo tiveram a ideia iluminada de agir imediatamente. Jacques ordenou: "Está bem, então vamos fazer agora". Jordana se levantou e disse: "Senta aqui".

Eles trocaram de lugar, e daí em diante é o que se vê na abertura de *Últimas conversas* (2015). Entre pausas graves e expressões de desânimo, Coutinho desabafou sobre seu impasse, aventando a hipótese de desistir de um filme em que não estava acreditando: "Melhor não fazer". Perguntava-se como quebrar a armadura, a "castração" e a relativa indiferença com que os adolescentes chegavam até ali. Mais que isso: "Momentaneamente ou para sempre, perdi a direção de um mundo que eu tinha ou que posso ter tido. Aí é o fim… Ter fé é difícil, recuperar a fé é muito difícil".

Jordana entendeu que, naquele momento, Coutinho transformava sua angústia em performance. O fracasso anunciado se transmutava em material bruto. A maior parte dos encontros incluídos na montagem final se deu depois dessa sessão de autoanálise filmada.

Para o espectador que assiste à conversa com Jordana, o que vem depois parece desmentir aquele estado crítico. A seleção final pode ter eliminado os diálogos mais taciturnos ou desinteressados, privilegiando aqueles em que Coutinho estava mais interativo, motivado e entretido. Ele soava extremamente confortável diante de seus jovens interlocutores.

AO LADO
Últimas conversas.
Jordana Berg e Coutinho no set.

Se eu estou filmando o outro é porque não me conheço, e preciso conhecer o outro para me ver."

Eduardo Coutinho

Ora sugeria um avô xereteiro com suas perguntas exóticas, ora um idoso defasado que se atualizava com a garotada. Mostrava-se curioso por celulares, diários, escritos e roupas da galera. Estimulava as conversas com visível interesse e se divertia com sinceridade. A alguns ele avisou que iria fazer perguntas absurdas, "como se fosse um marciano ou tivesse cinco anos de idade". Ao cumprimentar um deles, afirmou ser "jovem no ofício". De Pâmela, quis saber a diferença entre namorar e ficar. Quando Breno perguntou se podia proferir um palavrão num poema de sua autoria, ele respondeu, exclamativo: "Palavrão eu adoro, puta que pariu!". Com sorridente assombro, leu em voz alta um trecho pornográfico do diário de Tayna.

Mas o que mais parecia mobilizar sua atenção eram os dramas que vinham contradizer a expectativa de que jovem ainda não tinha memórias de vida. A doce Rafaela foi às lágrimas ao contar o seu déficit de amor materno; Evani percebeu, na primeira vez que se esqueceu do aniversário do pai ausente, que ele já não era tão importante em sua vida; Pâmela chorou ao se lembrar de ter sido tratada como objeto; Breno relatou que fazia terapia contra o tédio e a insatisfação.

Em momentos como esses, Coutinho não media palavras para se associar às infelicidades e perplexidades dos jovens. Algumas frases soavam impiedosas: "A infância e a adolescência são cruéis"; "Viver é sofrer, ninguém pediu para nascer, nem sabe quando vai morrer"; "O tédio leva ao suicídio, a vida é um tédio"; "A vida é ama e morre, não é ama ou morre". A conversa com Thiago foi particularmente interessante por se assemelhar às trocas metafísicas com os velhos de *O fim e o princípio*. O diálogo com o menino enveredou por caminhos especulativos sobre o lugar do silêncio no mundo e a insanidade que pode ser causada por "tudo o que for eterno".

O que se dava ali era uma interlocução especialmente intensa na obra de Eduardo Coutinho. A extrema diferença de idade provocava um abismo produtivo entre as partes. Não havia possibilidade de identificação, mas ainda assim o diretor octogenário procurava criar pontes que ligassem a busca dos jovens às suas próprias. Àquela altura, sua situação doméstica estava muito deteriorada por conta dos transtornos mentais do filho Daniel. No estúdio, por vezes Coutinho parecia estar conversando consigo mesmo e questionando sua condição. Estava tentando ver a si próprio – ou quem sabe ao filho – nos meninos e nas meninas. Quando Breno conta o dia em que "surtei totalmente", ele interroga: "Como é surtar totalmente? Eu queria tanto surtar".

Nesse como em tantos outros filmes, Coutinho perguntava coisas que lhe interessavam e lhe angustiavam: o medo da morte, a vida depois da morte, a relação pai e filho, a presença ou a ausência da fé. Jordana Berg sintetizou essa dinâmica em conversa com este autor: "O Coutinho nasceu sem manual de instruções. Pegava o manual dos outros porque ele mesmo não tinha".

Mais ainda que *As canções*, *Últimas conversas* desmentia o prognóstico de que Coutinho, depois de *Moscou* e *Um dia na vida*, filmes nos quais apagou sua presença em cena, não voltaria mais à simples conversa de antes. Ele não só renascia no

Pâmela Luana no set de *Últimas conversas*.

diálogo, como o fazia mais participativo e lúdico. O humor, claro, era frequentemente autoderrisório, como nas duas frases atiradas a Tayna: "Tudo o que eu estou fazendo dá errado agora", e, ao tomar o celular da garota e este se apagar: "As coisas somem da minha mão, pô!".

Da parte dos personagens, o retrato de juventude que emergiu daquela sala vazia era marcado pelos traumas do bullying, do preconceito ou do abuso sexual; por pais separados, ausência da figura paterna e tudo o que caracteriza a adolescência, fase mais cruel de nossas vidas. Mas havia também a contrapartida dos sonhos, das superações, do olhar lúdico para o mundo, do filosofar ingênuo que às vezes desembocava em corolários de razoável profundidade. Estavam ali a coragem de Tayna e Breno ao se dizerem ateus, e a de Estephane ao declarar seu afeto pela "padrasta", a nova companheira de sua mãe.

O filme era como uma espécie de prova oral para os alunos-personagens. Eles procuravam dar o seu melhor. Por sugestão dos pesquisadores, levavam seus escritos, celulares, fotos, músicas favoritas, pedacinhos do seu mundo para mostrar ao velho perguntador. O material bruto contém diversas despedidas calorosas, em que Coutinho se levanta para abraçá-los, é beijado e olhado com carinho. No curso das filmagens, a partir do célebre quarto dia, era como se ele aos poucos se revigorasse e recobrasse parte da confiança.

Esse processo ganhou um fecho apoteótico com a décima personagem, sobrinha da diretora de produção Carolina Benevides. Ao fim das filmagens, a equipe providenciou duas crianças para conversarem com Coutinho, um pouco como consolo pelo projeto não realizado, um pouco como ensaio para um possível futuro filme. A conversa com a pequenina Luiza foi mantida na edição final. Era uma bela surpresa, que quebrava o padrão do filme tanto em relação à faixa etária quanto à classe social. Luiza encantou Coutinho e o público com seus risos, suas respostas cheias de graça e uma definição que calou fundo no diretor: "Deus é o homem que morreu". Mesmo àquele pinguinho de gente, Coutinho não poupou perguntas sombrias. Referindo-se à van que a apanhava na escola, indagou: "E se um dia a van não vier?". Mais adiante, pediu que ela simplesmente contasse como era o mundo antes de ela existir.

A exultação dessa que seria a última conversa de Coutinho num filme seu marcou um contraste brutal com o seu destino que o esperava dois meses depois, quando foi morto pelo filho Daniel a facadas, num surto de esquizofrenia. Ele havia visto e apreciado o material bruto, que somava 32 horas, além de ter feito anotações iniciais em cadernos de decupagem. Semanas depois do choque da tragédia, João Moreira Salles e Jordana, unidos pelo luto e pela orfandade, deram início à pós-produção.

A primeira providência foi editar o filme segundo o que eles achavam que Coutinho teria feito, com base no que tão bem conhecem do mestre e nas observações faladas e escritas que ele deixou. Contudo, essa opção aos poucos foi se mostrando inadequada. Fazer um filme "como ele" não parecia legítimo. Decidiram, então, dar forma final a um novo filme com o material dele. Perceberam que ser coutiniano, naquele caso, seria mostrar Coutinho e o processo do filme um pouco mais do que ele provavelmente faria.

Foi assim que a tensa conversa com Jordana entrou na montagem, bem como os pequenos intervalos entre personagens, quando Coutinho e a equipe trocam palavras fora do quadro. Algumas tomadas da sala vazia, em silêncio, ecoam outros momentos de vazio e silêncio na obra do diretor, como os planos dos espíritos em *Santo forte*, as salas e corredores ermos de *Edifício Master* ou o teatro ocasionalmente deserto de *Jogo de cena*. Leandro Saraiva anotou que existe "no centro dessa obra baseada na fala, uma tensão entre palavra e silêncio"*.

Ao fim de oito meses de montagem, "Palavra" tinha um novo título, dado por João. *Últimas conversas* não parece emergir do próprio filme, mas ser agregado a ele em função do desaparecimento do diretor. Em contrapartida, é fiel à concretude que Coutinho buscava em seus títulos. Os créditos

---

* Leandro Saraiva, "Narrativa da subjetividade em *Edifício Master*", em Milton Ohata (org.), *Eduardo Coutinho*, cit., p. 562.

ganharam sua forma definitiva: "Um filme dirigido por Eduardo Coutinho, montado por Jordana Berg e terminado por João Moreira Salles". De certo modo, efetivava-se aí uma velha atração pela ideia do filme inacabado, que talvez viesse do trauma do primeiro *Cabra marcado para morrer*. "O ideal, quando morrer, que infelizmente a gente morre, eu queria que fosse no meio de um filme. E que o filme fosse exibido inacabado. O meu sonho é fazer filmes inacabados. Se eu morrer é perfeito. Espero que demore, não é?", disse ele em agosto de 2013, já na preparação de *Últimas conversas*.

Com essa escolha de edição, o derradeiro ato da existência fílmica de Coutinho adquiria um arco comovente, que começava na crise e terminava na luz; começava na morte e ia dar na vida, que era a menina Luiza. As palavras são de João no encarte do DVD: "É como se os personagens lhe tivessem dado a vida. O que, no fundo, é um dos papéis que eles desempenharam ao longo desses anos todos".

A rigor, a conversa com Luiza, embora tenha sido mesmo a última a ser filmada por Coutinho, não foi a sua última participação como entrevistador num filme. Esse marco ficou com o documentário *Sete visitas* (2015), em que o diretor Douglas Duarte escalou seis pessoas diferentes para entrevistarem uma mesma mulher, a operária, ex-camponesa e ex-garota de programa Silvana. Além de Coutinho, ela respondeu a perguntas de uma escritora, uma dupla de terapeutas da técnica Fogo Sagrado, um psicanalista, um juiz de direito e da sua própria filha. A experiência, muito bem-sucedida, ampliava o escopo do modelo coutiniano para colocar em foco os distintos interesses dos entrevistadores, filmados com a mesma visibilidade que a entrevistada. A equipe técnica principal era formada por habituais colaboradores de Coutinho: Jacques Cheuiche, Jordana Berg e a técnica de som direto Valéria Ferro.

Coutinho conversou com Silvana durante quinze minutos na tarde do dia 26 de novembro de 2013. Ainda se encontraria com outro personagem de Douglas para um

---

* Entrevista à revista *Portfólio*, n. 3, ago. 2013, citado em Eduardo Escorel, blog *Questões Cinematográficas*, 6 out. 2014.

filme paralelo, que acabou não sendo feito. Um vínculo se estabeleceu desde o princípio com Silvana porque ambos fumavam e falavam palavrões em cena. Sem a tensão de um filme que dependesse dele, mas entre os velhos conhecidos Jacques e Valéria, Coutinho estava perfeitamente à vontade. Duvidou dos relatos de sucessivas tentativas de suicídio da moça, argumentou sobre a superposição de verdades e mentiras, divertiu-se com os regionalismos paranaenses e, ao final, procurou se inteirar dos ângulos de câmera utilizados.

Coutinho deixando o estúdio e perguntando à equipe se havia cumprido as regras foi, até onde se sabe, sua última atuação diante de uma lente de cinema. Já havia então se transformado, ele próprio, num dispositivo de documentário, inclusive alheio.

EX
PERI
ENTA

EXPERIMENTAL///

Eduardo Coutinho foi um dos cineastas mais experimentais do Brasil no seu tempo. Um teor de pesquisa formal esteve presente em grande parte dos seus filmes, nas várias fases de uma carreira algo mutante. Podemos pensar na experimentação com a linguagem falada já no curta *Le Téléphone*, dos tempos de estudante. *O homem que comprou o mundo* e *Faustão* desestabilizavam a estrutura de seus respectivos gêneros, a comédia política e o western nordestino.

Fora do campo da ficção, não é preciso ressaltar a dimensão inventiva de *Cabra marcado para morrer*, nem a ousadia de aventuras documentais como *Boca de lixo, Babilônia 2000, Edifício Master* e *O fim e o princípio*. Nesses trabalhos, a fixação de dispositivos e a aposta exclusiva no acaso dos encontros humanos representam um grau considerável de experimentação no âmbito dos documentários.

Ainda assim, parece razoável destacar três filmes que, por sua natureza de pura especulação sobre o estatuto da expressão audiovisual, põem especialmente em evidência o Coutinho experimentalista. São eles: *Jogo de cena, Moscou* e *Um dia na vida*.

JOGO DE CENA: A CRENÇA POSTA À PROVA

Em entrevista à revista *Intermídias*, em 2005, Eduardo Coutinho fez uma conjectura inquietante sobre o futuro, inspirada pelo seu pensamento trágico:

> Eu imagino que daqui a pouco, se eu estiver vivo, e as coisas se passam de repente, eu vou fazer documentário num palco em cadeira de rodas. Aí eu vou ter que chamar os atores. Então eu me vejo terminando feliz até de poder fazer um filme nem que seja em um estúdio de teatro chamando as pessoas, e fazer um filme de conversas, mesmo que seja em cadeira de rodas.

O cadeirante não se efetivou, mas depois da aventura em campo aberto de *O fim e o princípio*, Coutinho enfileirou cinco filmes em recintos únicos e fechados, com personagens que vinham até ele. Na avaliação de seu produtor João Moreira Salles, ele inventava um cinema adequado a sua falta de saúde. *Jogo de cena* (2007) foi o primeiro e significou mais um relançamento de sua carreira. O xamã da conversa com gente comum voltava a trabalhar com atrizes profissionais e com a encenação desabrida. Pela primeira vez, deixava de fincar seu compasso numa comunidade específica (uma favela, um edifício, um conjunto de trabalhadores, um agrupamento rural) e se expunha a personagens dispersos. Tal como em *Cabra marcado para morrer* e *Santo forte*, abria novas fronteiras para o documentário brasileiro.

Incorporar a encenação ao documentário não era uma novidade dessa obra. O "coronel" Theodorico Bezerra se autoencenava à vontade no "seu" *Globo Repórter*. *Cabra* reapropriava a memória da dramatização de 1964 num documentário. Alguns personagens reais de *Santo forte*, *Babilônia 2000*, *Edifício Master* e *O fim e o princípio* dançavam na borda entre a sinceridade e a autofabulação. Implicitamente, Coutinho os liberava para mentir, desde que não exagerassem – o que assumiu de maneira explícita num diálogo com Silvana em *Sete visitas*, de Douglas

Duarte. As conversações com ele se davam em situação análoga à do teatro, em que o diretor estimulava a interpretação natural do ator.

Houve quem detectasse a semente de *Jogo de cena* na personagem Alessandra, de *Edifício Master*, a moça que precisava acreditar em suas mentiras para que elas parecessem verdadeiras. Em entrevista à revista *Contracampo* n. 45, Coutinho comentou: "Essa garota de programa esvazia a banalíssima discussão dos limites entre verdade e mentira. Se o cara me contar algo bem, não tenho como não acreditar, seja lá o que ele estiver contando. É uma relação subjetiva, não objetiva, a que mantenho com os personagens"*. Ismail Xavier viu em Alessandra "o reconhecimento definitivo do documentário como um jogo de cena"**. Nessa frase pode ter nascido o título do filme, embora a expressão "jogo" fosse frequente nas observações de Coutinho sobre sua relação com os interlocutores. Havia mesmo o precedente de *O jogo da dívida*, documentário da época do Cecip.

Em 2006, o "mestre da conversa tântrica", como o chamou Carlos Nader, estava disposto a dar um passo além na indiferenciação entre relato verídico e narração ficcional. Partiria do primeiro para chegar à segunda. Escolheu trabalhar apenas com mulheres para explorar o que lhe era diferente, mas não só por isso. Coutinho nunca negou sua preferência por conversar com mulheres diante da câmera. "Quando você entrevista dez mulheres e dez homens, na montagem vão ficar sete mulheres e três homens. Eu acho que é assim no mundo inteiro. No Brasil, isso é evidente: uma mulher pode se emocionar e chorar. Essa possibilidade de chegar à emoção está ligada à história da mulher."***

A produtora VideoFilmes começou por colocar anúncios em jornais populares, numa revista feminina e em vagões do metrô reservados às mulheres em horários de pico, com os seguintes dizeres: "Convite: se você é mulher com

---

* Entrevista realizada por Cléber Eduardo, Eduardo Valente e Ruy Gardnier. Disponível em: <http://www.contracampo.com.br/45/frames.htm>. Consultado em 27 jul. 2019.

** *Revista Cinemais*, n. 36, p. 233.

*** Entrevista a Anita Leandro e Marc Henri Piolet, *France Amérique Latine Magazine*, mar. 2005.

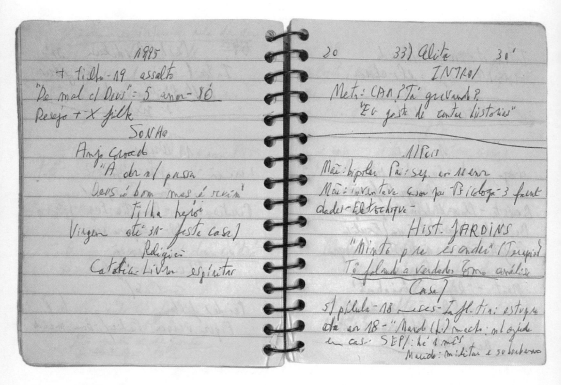

Jogo de cena. Anotações de Coutinho.

mais de dezoito anos, moradora do Rio de Janeiro, tem histórias para contar e quer participar de um teste para um filme documentário, procure-nos". O anúncio, exibido na abertura do filme, atraiu 83 mulheres, das quais 23 foram selecionadas e sete ficaram na edição final.

O que leva uma pessoa a atender a um convite como esse? A pergunta foi feita a elas próprias nos "testes" conduzidos pela diretora assistente Cristiana Grumbach, incluídos nos extras do DVD do filme. Foi também matéria de indagação do crítico Jean-Claude Bernardet em seu blog: "Uma imensa solidão, uma forma de exibicionismo, o desejo de aliviar a dor pela socialização, de se livrar definitivamente desse engulho pelo espetáculo, a esperança de que algum desafeto envolvido no relato veja o filme e se arrependa, ou receba a mensagem: tá vendo, tô aqui, bela e formosa, num filme? O que há além do *Jogo de cena*? A vivência que não é conteúdo dos relatos"*.

---

* Blog do Jean-Claude, em Milton Ohata (org.), *Eduardo Coutinho*, cit., p. 636.

Como de praxe, os "testes" foram apresentados a Coutinho em forma de vídeo e relatórios. Feita a seleção pelos habituais critérios de qualidade da história e carisma na apresentação, as 23 escolhidas foram filmadas em junho de 2006 no palco do teatro Glauce Rocha, no centro do Rio. Entrava em cena a cadeira de couro preta que acomodaria seus personagens em mais três filmes. O cenário interior demandava ajustes de luz inéditos em seus documentários. A equipe aumentava, acrescida de maquiador e preparador de elenco.

Concluída essa fase, Coutinho pensou em parar por aí e fazer um filme somente com as personagens reais. Não fosse a insistência de João Moreira Salles para que ele perseverasse na ideia original, não haveria *Jogo de cena*. Passou-se, então, ao casting das atrizes que reproduziriam, a sua maneira, as histórias verídicas. Entre as mais conhecidas, foram em algum momento cogitadas Laura Cardoso, Léa Garcia, Zezé Motta, Negra Li, Patricia Selonk, Natália Lage e Gisele Fróes. A decisão final recaiu sobre Marília Pêra – retornando ao seu primeiro diretor no cinema, de *O homem que comprou o mundo* –, Fernanda Torres, Andréa Beltrão, Débora Bloch, Clarice Niskier e Natália Lage. As três últimas não permaneceram no filme devido à estrutura que seria adotada na montagem.

Cada atriz recebeu a gravação editada da sua contraparte real, acompanhada do material bruto (que poderia servir como uma memória da personagem) e uma transcrição das falas. Coutinho lhes entregou também duas folhas de instruções intituladas "Vagas observações redigidas por um diretor que odeia escrever e não sabe exatamente o que quer". Ali solicitava que não imitassem nem criticassem as personagens, e que incorporassem tanto quanto possível as interpelações das conversas comuns ("entendeu?", "olha", "imagina" etc.). De resto, estavam livres para se prepararem para as filmagens, que ocorreram três meses depois, em setembro de 2006, no mesmo local.

Coutinho se recusava terminantemente a dirigir as atrizes. "Que venham prontas", pedia. A Marília Pêra solicitou que fizesse uma mulher explosiva, mas "pra dentro".

Fernanda Torres recorreu a Domingos Oliveira para ensaiá-la. Andréa Beltrão se sentiu provocada e desamparada diante do diretor na hora de gravar. Ernesto Piccolo se aproximou de Coutinho pela primeira vez para identificar e preparar as atrizes pouco conhecidas que também representariam personagens reais. Coutinho, a princípio, rejeitava esse recurso, mas acabou apreciando o que Ernesto fez com Mary Sheila. Os dois tornaram-se grandes amigos e reeditariam a parceria em *Moscou* e *As canções*.

Na filmagem com as atrizes, Coutinho também se reinventava em ator, uma vez que fingia conversar com a personagem real, cujas respostas já conhecia. O documentarista-*performer* deixava o paraíso do real para se obrigar a fingir. Uma pista para o espectador interessado em discernir atrizes de personagens é reparar que o diretor faz menos perguntas às primeiras. Cristiana Grumbach, postada a seu lado nas gravações, fornecia uma espécie de "ponto", auxiliando-o na lembrança dos tópicos a explorar em cada conversa. Estava montado, assim, o aparato que gerou esse autêntico tratado sobre a enunciação de relatos no cinema.

Jogo de cena foi o projeto mais ambicioso em termos de concepção e montagem na carreira de Eduardo Coutinho desde *Cabra marcado para morrer*. Havia vários dispositivos atuando conjuntamente, e era necessário articulá-los de modo a não tornar a estrutura mecânica, não criar um sistema previsível. Era preciso desnortear o espectador, mas numa medida razoável que não o desestimulasse a participar do jogo. A intensidade emocional dos relatos livrava o filme de ser uma mera meditação intelectual sobre a arte de representar, como ressaltou Sandra Kogut em ensaio a respeito[*].

No princípio de tudo havia os relatos das personagens que atenderam ao convite público ou foram indicadas por alguém. Oito histórias ficaram no filme, seis delas foram interpretadas também por atrizes, famosas ou não. O escopo desses pedaços de vida não diferia muito do modelo melodramático presente em outros filmes do diretor. Eram

---

[*] Sandra Kogut, "Sobre *Jogo de cena* de Eduardo Coutinho", em Eliska Altmann e Tatiana Bacal (org.), *Jogo de cena visto por* (Rio de Janeiro, 7 Letras, 2017), p. 67.

mulheres afetadas pela personalidade dos pais, pelas separações conjugais ou pela perda de filhos, quando não por mais de uma dessas razões. O amor, a gravidez, o perdão e a culpa estavam na base de quase tudo. As figuras do pai opressor, do marido abusivo e do filho amado pairavam no extraquadro como espectros. Algumas se apresentavam mais descontraídas, mas os temas da solidão e da busca de afeto estavam sempre à espreita.

As falas das personagens reais eram contaminadas pelo mágico: os sonhos, as visões, o papel da espiritualidade ou a pura autofabulação, insinuada aqui e ali. Portanto, é impróprio dizer que o filme faz um jogo entre vida e cena, uma vez que muito do que se apresenta ali como vida é em boa parte cena. O jogo, na verdade, é entre duas formas de encenação. Mas é preciso considerar ainda um outro lado dessa equação. As atrizes, na medida em que se conectavam com o material dramático, produziam também uma energia vital que não pode ser tomada como mero teatro. O jogo, então, passava a ser entre duas formas de verdade – a verdade da cena, sempre buscada por Coutinho, e uma presumível verdade da vida. A questão crucial era a distância (ou a proximidade) entre "ser" e "soar como".

Uma terceira camada se sobrepunha: as atrizes célebres foram convidadas a narrar um episódio de suas vidas que nunca tivesse sido divulgado na mídia. Fernanda Torres descreveu a noite que passou numa camarinha de candomblé, na casa de uma tia, na esperança de conseguir engravidar. Por ser sua primeira intervenção, Fernanda nos leva a crer que está reproduzindo uma fala de Aleta, sua modelo. Andréa Beltrão evocou o cheiro de alfazema da sua babá. Ainda aqui, as histórias continuavam sendo pessoais, nunca públicas, perfazendo uma paisagem do imaginário feminino voltado para a família e a maternidade. Até mesmo os exemplos de arte citados por Mary Sheila (a tragédia *Gota d'água*, baseada em *Medeia*) e Sarita (o filme *Procurando Nemo*) tratam da relação entre pais e filhos.

Havia, ainda, mais duas camadas que não foram aproveitadas no filme. Coutinho pediu que algumas atrizes complementassem seu relato com uma espécie de coda em terceira pessoa. Disso restou apenas um pequeno resquício quando Débora Almeida, ao fim de sua convincente atuação em primeira pessoa, vira-se para a câmera e conclui: "Foi isso que ela disse". Da mesma forma, uma intenção que não chegou a se efetivar era fazer as atrizes representarem diante das suas contrapartes reais sentadas na plateia, ouvir os comentários delas e incorporá-los numa performance posterior, no modelo típico de Jean Rouch. Outro material excluído da edição foi a saída de cena das personagens, acompanhadas por uma câmera até o lado de fora do teatro, na avenida Rio Branco.

A laboriosa montagem de Jordana Berg, com aportes decisivos de Coutinho e João, tinha por horizonte ético definir quais partes das falas de personagens reais seriam ditas por elas próprias, em vez de pelas atrizes. Isso posto, caberia explorar diversas combinações e cortes sugestivos. O primeiro desses cortes pode ser comparado, com algum exagero, à passagem do osso para a nave espacial em *2001: uma odisseia no espaço* (1968). É quando Andréa Beltrão retoma em continuidade a fala de Gisele pela primeira vez, fazendo-nos saltar, de um só golpe, do real para a representação, dentro do mesmo relato. A alternância entre personagem e atriz se dá nesse módulo de maneira aparentemente clássica, num discurso linear. Mas quando o mesmo se repete mais adiante, entre Sarita e Marília Pêra, a continuidade se estilhaça. A atriz às vezes antecipa o que a personagem tem a dizer, induzindo à inversão de papéis. Nessa dupla, o encadeamento ocorre em duas ocasiões curiosas, unindo tomadas em que Sarita e Marília mordem os lábios. Já nas alternâncias entre Aleta e Fernanda Torres, ocorrem repetições dentro do relato da atriz, como se ela replicasse a si própria, ao mesmo tempo que interpreta a outra.

Em certa medida, estamos diante de um filme de atrizes. A primeira a subir ao palco foi uma atriz menos conhecida, Mary Sheila, para interpretar outra de igual quilate, a rapper Jackie Brown, que só aparecerá 57 minutos depois. Perceberemos, então, que Mary Sheila mesclou a sua própria história à de Jackie, sua amiga e companheira do grupo

Nós do Morro, embaralhando os dispositivos já na largada. Uma das últimas personagens reais a entrar em cena foi Marina, atriz principiante, que não teve ninguém fazendo o seu papel, pois ela mesma já duplicava sua condição. Débora Almeida, por sua vez, representou uma personagem ausente no filme, a babá Maria Nilza, cuja história foi inteiramente desapropriada de sua dona. A Maria Nilza original está somente num extra do DVD.

A relação entre "ser" e "soar como" se complica quando comparamos os ecos das vivências reais com o empenho das performances. Tomemos a história da mulher que perdeu o filho num assalto. Da primeira vez, a ouvimos da atriz Lana Guelero, fisgada numa agência de figurantes. Ela narra com tamanha convicção e envolvimento emocional, chegando às lágrimas, que nos convence de estarmos diante da personagem real. Coutinho achou por bem fazer um segundo take com ela porque, no primeiro, o choro era copioso demais. Eis que, 42 minutos depois, encontramos Claudiléa, a dona da história, que se expressa com igual comoção. Teríamos que examinar a natureza dessas duas fontes de lágrimas para chegarmos a uma conclusão sobre qual seria a mais verdadeira.

Andréa Beltrão falhou em reproduzir a serenidade de Gisele, sua modelo, e chorou por ela e pela personagem, stanislawskianamente. Marília Pêra, ao contrário, não quis ver as imagens de Sarita, preferindo se guiar somente pela transcrição das falas. Assim, sem o parâmetro da modelo, pôde trazer a história para sua forma mais olímpica de atuar, mudando coisas de lugar e evitando o pranto que volta e meia aflorava em Sarita. Por via das dúvidas, levou ao teatro um bastão de cristal japonês para o caso de Coutinho precisar de suas lágrimas. Esse comentário, repleto de ironia sobre o método de interpretação, é um dos momentos mais divertidos do filme.

As ferramentas do cinema-verdade não foram poupadas em *Jogo de cena*. As três atrizes famosas têm o momento de avaliar sua performance *in loco*, num movimento reflexivo que amplia o alcance do "jogo". O caso de Fernanda

Filmagem de *Jogo de cena*.
Alberto Bellezia, Coutinho e Fernanda Torres.

Torres é especial porque o comentário invade e contamina sua atuação. Ela entra em cena já desestabilizada por uma discussão anterior com o diretor e pela observação que ele faz enquanto ela toma o lugar na cadeira: "Você fez igualzinho, né?". Seja ou não por isso, Fernanda tem algumas panes durante a performance. Interrompe por duas vezes e confessa a vergonha de representar uma pessoa que de fato existe, cuja verdade será sempre inalcançável. Perturbação, fracasso, dissimulação e retomada se sucedem no rosto expressivo da atriz, como um estudo corporificado sobre as fissuras do ofício. São os instantes mais tensos e reveladores. Ter autorizado a inclusão desse material foi uma prova de compreensão e grandeza por parte de Fernanda.

Em dois momentos, o canto ocupa a cena: no rap autobiográfico de Jackie Brown e na volta de Sarita ao palco, a seu pedido, para dar um colorido menos depressivo à sua participação. Ela canta "Se essa rua fosse minha" acompanhada pela voz fantasmática de Marília Pêra, que quebra duas regras tardias dos documentários coutinianos: o uso do off e o final emotivo – no caso, um *petit grand finale* antes da imagem do palco vazio com as duas cadeiras, ícones de todo o artifício que acabamos de testemunhar.

Conforme anotou Consuelo Lins, *Jogo de cena* abre uma fase em que Coutinho intensificou o movimento reflexivo sobre sua trajetória artística*, movimento que avançaria por caminhos imprevistos em *Moscou* e *Um dia na vida*. Desde seus trabalhos nos anos 1990, ele já havia retirado da entrevista o peso da comprovação. Alguém dizer alguma coisa diante da câmera não mais servia de prova nem de garantia de verdade. Coutinho passou a trabalhar com essa pequena, mas fundamental diferença entre o que as pessoas dizem e o que eventualmente são. Em *Jogo de cena*, prosseguia nessa agenda, mas utilizava um expediente mais radical. Nossa crença era posta à prova até o limite de percebermos que não importava crer, mas embarcar no fluxo das histórias, rir e chorar com as artimanhas da vida e da representação. O texto e a performance, que sempre importaram mais que a vida real das pessoas nos seus filmes, saltavam ao proscênio, senhores de si. Os falantes, como situou Jean-Claude Bernardet, eram "apenas os hospedeiros da fala"**.

As surpresas eram frequentes, a instabilidade constante. A cada novo rosto ou nova cena, era preciso reajustar nossa expectativa e nossa relação de "fé" no que ouvíamos. O procedimento sublinhava mais uma vez que a diferença entre documentário e ficção se faz mais no ponto de vista de quem consome do que no de quem produz. Documentário é aquilo em que decidimos "acreditar". Enquanto Coutinho jogava no papel de documentarista-*performer* e as mulheres na busca de sua melhor performance, o espectador testava sua percepção. Esse espectador ativo e participante era levado ao ponto de abrir mão de suas exigências quanto à autenticidade dos relatos.

Um precedente é o documentário experimental *Surname Viet Given Name Nam*, de 1989, em que Trinh T. Minh-ha filmou o relato duro e comovente de mulheres que viveram os horrores da Guerra do Vietnã. A meio caminho da projeção, o espectador descobria que, na verdade, estava vendo atrizes interpretando depoimentos reais de outras mulheres. Ali, no entanto, havia somente uma surpresa desestabilizadora,

---

*   Consuelo Lins, "Eduardo Coutinho: linguista selvagem do documentário brasileiro", cit., 2016.
** Blog do Jean-Claude, 14 jan. 2008.

que eventualmente chocava o público em sua crença referente a um fato histórico. *Jogo de cena* não trabalhava com a mera surpresa, nem com um material histórico, mas com o propósito de relativizar o que consideramos falso e verdadeiro nos testemunhos da vida pessoal. As diversas estratégias adotadas no decorrer do filme afastavam a ideia de truque e nos convidavam a desmistificar toda a noção de pureza, já que mesmo nos impulsos mais sinceros, há um lugar para a atuação dramática.

Jogo de cena foi lançado nos cinemas em novembro de 2007, quatro meses depois de *Santiago*, de João Moreira Salles, e quatro meses antes de *Serras da desordem*, de Andrea Tonacci. Era um período de ouro para o documentário brasileiro, em termos de produção, criatividade e interesse do público. Os três filmes colocavam uma forte perspectiva autoral sobre o estatuto do chamado cinema do real. Depois deles não haveria mais inocência na posição do cineasta ou dos personagens, que, mediados por uma câmera e um microfone, não podem garantir nada além de um mero jogo de cena.

MOSCOU: ESTÉTICA DO INACABAMENTO

Para onde iria Eduardo Coutinho depois de *Jogo de cena*? Era a pergunta que muitos se faziam no ano de 2008. O entrelaçamento de relatos verídicos e simulados levava o realizador a um extremo da sua própria teoria do documentário. João Moreira Salles brincava dizendo que seu próximo projeto só poderia ser sobre o Homem-Aranha ou algo similar. Jean-Claude Bernardet afirmava que "esse cineasta interlocutor sentado atrás da câmera não só não faz mais sentido, como não é mais possível depois de *Jogo de cena*, que dissolveu o sujeito entrevistado e, por consequência, o sujeito entrevistador"[*].

Coutinho voltaria, sim, à cadeia de interlocutor em *As canções* e *Últimas conversas*, mas naquele momento estava disposto a radicalizar ainda mais, saindo completamente de

---

* Blog do Jean-Claude, ago. 2009.

sua zona de conforto. *Moscou* (2009) haveria de ser o passo mais arriscado de toda a sua carreira, pelo menos em termos de posicionamento de si mesmo e escolha estética. A teatralidade assumida de *Jogo de cena* instava Coutinho a entrar mais fundo nesse terreno, evocando seus tempos de teatro na virada dos anos 1950 para os 1960. O desejo de entrar para uma escola de arte dramática, naquela época de juventude, ficara irrealizado por vergonha de passar pelo incontornável teste de ator.

Ele já havia ensaiado essa reaproximação com o teatro no ano de 2000, quando o produtor Marcello Dantas o convidou a criar alguma coisa com a TV Pinel para um grande evento sobre os cinquenta anos da televisão brasileira. Fundada em 1996, a Pinel é um canal destinado à expressão dos portadores de transtornos mentais, sediado no Instituto Municipal Philippe Pinel, unidade de atendimento psiquiátrico no Rio de Janeiro. Os temas da Pinel eram tratados à época com humor, geralmente em esquetes idealizados e interpretados pelos pacientes. Coutinho resolveu atender à encomenda da maneira mais direta possível, ou seja, filmando um desses esquetes – no caso, uma sátira ao popularesco Programa do Ratinho, exibido no canal SBT.

Tudo é caótico em *Porrada!* (2000), curta de apenas cinco minutos. Num palquinho diante de um auditório cheio de gente fantasiada, uma atriz faz as vezes do apresentador no quadro do exame de DNA. A "Ratinha" recebe o cantor "Bonzaguinha", que não quer reconhecer a paternidade de um suposto filho, e o confronta com a mãe. "Quem fez o filho tem que assumir!", grita a "Ratinha", enquanto a plateia agride o cantor e pede: "Porrada!". A sátira tem alvo duplo. Alude à relação conflituosa entre os compositores Gonzaguinha e seu suposto pai, Luiz Gonzaga, que sempre pôs em dúvida a paternidade; e à hegemônica TV Globo, para onde mandam internar o personagem do Super-Homem, que chega para acudir o pai relapso. "A Globo é bom de louco!", exclama a mãe num dado momento.

A gravação foi feita de um só jato, com a câmera de Cristiana Grumbach se movendo atordoadamente em meio à confusão da cena e aos cinegrafistas da TV Pinel. O teatro, ali, era uma catarse coletiva, embora cada um respeitasse os limites de seu papel. A loucura era agenciada – e também controlada – pela encenação. Coutinho, Cristiana e o técnico de som Ivan Capeller limitavam-se a captar o que já estava preparado para outro suporte.

De certa forma, *Moscou* também faria isso, mas por processos muito mais sofisticados de intermediação. Coutinho decidiu filmar a preparação de uma montagem fictícia de *As três irmãs*, de Anton Tchekhov, que nunca haveria de estrear. Por isso o documentário foi rodado com o título de "Antes da estreia". O salto no escuro incluía fazer um filme sem se relacionar diretamente com os atores/personagens e perder ainda mais o controle, abdicando de grande parte da autoria em favor do diretor teatral Enrique Diaz e do elenco.

Tchekhov era uma admiração antiga de Coutinho, desde que assistiu a duas montagens inesquecíveis de *As três irmãs* – uma pela Escola de Arte Dramática em 1956 e outra pelo Teatro Oficina em 1972. A peça havia sido montada em 1998 e 1999 por Bia Lessa e Enrique Diaz, respectivamente. O Grupo Galpão foi escolhido por constituir, em si, uma pequena comunidade (quatro casais numa espécie de família ampliada) e ser menos afeito à egolatria, deixando-se assim flagrar nos dilemas do seu processo criativo. Ademais, o grupo possuía, em Belo Horizonte, um teatro adaptável às exigências da filmagem, o Galpão Cine Horto. Caberia aos treze atores convidar o diretor de teatro com quem gostariam de trabalhar. De uma lista de sugestões, o eleito foi Enrique Diaz, seguido de Aderbal Freire Filho e Paulo de Moraes. Coutinho ainda tentou argumentar em favor de Bia Lessa, mas a opção acabou se mostrando inviável. Enquanto Enrique tinha Bel Garcia, da Companhia dos Atores, como sua assistente, Coutinho dispunha mais uma vez de Ernesto Piccolo, agora como assistente de direção, fazendo a "ponte" entre ele e o pessoal do teatro.

Só no primeiro dia de filmagem, 18 de fevereiro de 2008, o elenco tomou conhecimento, não sem algum espanto, do texto escolhido. A partir dali, durante três semanas, as duas equipes interagiram nos diversos compartimentos do teatro, esvaziado das cadeiras para compor uma série de "caixas pretas". Na versão final do filme, Coutinho aparece somente numa cena de mesa, na qual ele e Enrique supostamente dão a partida nos trabalhos. Além disso, apenas ouve-se sua voz que lê a sinopse da peça, no início, e as últimas palavras do texto de Tchekhov no final. De resto, ele é, mais do que nunca, o "fantasma" que almejava ser quando se colocava diante de seus interlocutores.

Desde a conversa de abertura, Coutinho anunciava sua intenção de trabalhar com o inacabado. Achava que a peça de Tchekhov não deveria ter um desfecho. O que lhe importava, em *As três irmãs*, era seu caráter inconcluso, os fragmentos e as lacunas, correlatos da irrealização dos personagens. Não fazia questão que o público assimilasse a íntegra da peça por meio do filme. Nem queria fazer um making of da montagem. Muito menos dirigir atores. Em suma, Coutinho sabia muito bem o que não queria. Durante o percurso, descobriria, afinal, o que queria.

Enrique Diaz estava, de certa forma, sintonizado com o cinema de Coutinho na medida em que seu metateatro já buscava incorporar o processo de criação aos espetáculos e estimular o trânsito entre personagens e vivências dos próprios atores[*]. Para tanto, ministrava diversos exercícios lúdicos ou imersivos, envolvendo ocupação de espaços pelos corpos, reforço e quebra da ideia de grupo, "jam sessions" de palavras e ações, e duplicação de atores vivendo um mesmo personagem, às vezes dentro da mesma cena.

O filme apresenta as performances resultantes de alguns desses jogos orientados por Enrique. Num deles, inspirado pela insatisfação dos personagens de Tchekhov e suas reminiscências obsessivas, os atores são solicitados a relatar alguma coisa com que se debatem no momento e uma lembrança do passado. Mais adiante, são instados a fazer o mesmo, usando os relatos uns dos outros. O exercício sugere um desdobramento de *Jogo de cena*, com a particularidade de

---

[*] Sobre isso, ver Isabel Penoni, "O jogo da cena contemporânea: notas sobre um filme de Coutinho", em Eliska Altmann e Tatiana Bacal (org.), *Jogo de cena visto por* (Rio de Janeiro, 7 Letras, 2017), p. 12.

que agora são todos atores. As duplicações do filme anterior ganhavam corpo entre os atores, entre Coutinho e Enrique, seu duplo dentro da cena, e entre teatro e cinema.

Se em *Jogo de cena* Coutinho partia da vida para chegar ao teatro, em *Moscou* fazia o percurso inverso. A trama frágil e polifônica de *As três irmãs* servia como um dispositivo para que os atores acessassem camadas de sua memória afetiva e as trouxessem à tona. Nesse sentido, é exemplar a sequência em que o elenco se dispersa ao final de uma cena, ficando no centro do palco somente Masha (Fernanda Vianna, atriz abalada no momento por conta de uma doença da mãe). Ao vê-la chorar, as irmãs Olga (Inês Peixoto) e Irina (Simone Ordones) retornam para consolá-la. O que se vê, então, é uma mistura indiscernível de motivações teatrais e pessoais, externadas em olhares ternos, murmúrios e afagos, de onde brota aos poucos o "Hino de Divinópolis", elo recorrente no filme a ligar Minas e Moscou. Essa conexão, aliás, fica patente também em algumas referências verbais e visuais, como a foto que Arildo de Barros exibe na cena de abertura, associando um cinema frequentado na mocidade a uma praça da capital russa.

Mais do que o próprio filme, os extras do DVD e o diário das filmagens publicado pelo ator Eduardo Moreira no blog do Galpão[*] dão uma ideia do tenso diálogo cinema-teatro ocorrido naqueles dezoito dias. Apesar da ausência de um propósito de estreia no palco, era necessário produzir um conjunto de cenas que justificasse um filme. Embora tudo fosse ensaio, busca e exercício, cada passo já estava sendo filmado e poderia, portanto, constituir espetáculo. Nada, exceto algumas reuniões fechadas entre Coutinho e Enrique, estava sendo feito para não ser mostrado.

A convivência de demandas do teatro e do cinema era permeada por belos achados e inevitáveis conflitos. O estilo experimental de Enrique Diaz e as invenções "malucas" do elenco assustavam Coutinho, que cobrava um certo nível de formalização para o filme se comunicar. Desconstruir sim, mas era preciso construir algo também. Os atores, por sua

---

[*] Disponível em: <https://is.gd/sot1CS>. Consultado em 14 maio 2019.

Filmagem de Moscou.
Jacques Cheuiche e Coutinho.

vez, acostumados com o teatro de rua e pouco afeitos às minúcias de Tchekhov, se ressentiam de mudanças bruscas de rumo num prazo extremamente exíguo para dar forma mínima ao texto. O diário de Eduardo Moreira registra, em dado momento, "uma grande confusão e uma sucessão de lances desesperados dos atores tentando encontrar algo de palpável". Enrique tinha também sua cota de insatisfação com o "excesso de encenação" dos atores, que, a seu ver, acabava soando falso e convencional.

Atuar para o teatro ou para o cinema? O dilema dos intérpretes se mantinha enquanto as câmeras de Jacques Cheuiche e Alberto Bellezia, e os microfones de Valéria Ferro dançavam em meio às cenas, sem serem dissimulados. Alguns momentos são de interlocução direta com as lentes, como quando as três irmãs recebem o oficial Verchinin, representado pela câmera, e quebram a quarta parede cinematográfica. O paralelo é feito entre Verchinin como a novidade na casa e o cinema como novidade no teatro do Galpão. Em outra cena do tipo, Eduardo Moreira dirige-se diretamente à câmera, cercado pelos outros Verchinin.

O jogo de cena (ou jogo de cine) entre teatro e cinema tinha lances muito felizes, como a cena já mencionada em que as irmãs consolam Masha e a câmera de Cheuiche tem

Filmagem de *Moscou*. Momento de tensão no set.

a sensibilidade de não cortar, aproximando-se da mesa para a tomada mais cativante de todo o filme. Por vezes, a filmagem corria independentemente de Coutinho, a exemplo do exercício com os atores dizendo o texto enquanto fazem um lanche, com a câmera circulando pelos seus rostos, por sugestão de Enrique Diaz. Em outras ocasiões, Enrique propunha ações destinadas somente a fazer avançar o seu processo, mesmo sabendo que não interessariam ao filme. Nesse caminho dialético, cinema e teatro ora se encontravam, ora corriam em paralelo.

A angústia habitual de Coutinho era compartilhada por parte do elenco e se estendeu pelos cinco meses de montagem, fase em que a confiança do produtor João Moreira Salles parecia ser o esteio principal. Ele enxergou a necessidade de se assumir a fragmentação como princípio de edição. Sugeriu eliminar muito do processo e valorizar o que era vago e incerto. Assim é que o filme ganhou sua estrutura eminentemente híbrida, formada por leituras, oficinas, exercícios, ensaios e cenas semiprontas, sem maior distinção entre uma coisa e outra. Abandonar a expectativa de fornecer uma visão compreensível da peça foi uma decisão salvadora.

Daí que muitas cenas, belas em si, falham em estabelecer vínculo claro com o seu sentido dentro da peça. É o caso da sequência em que os atores riscam fósforos numa sala completamente escura enquanto suas vozes cantam "Como vai você", do repertório de Roberto Carlos. O apreço de Coutinho pela Jovem Guarda ecoa também na cena de camarim em que Masha canta "Ternura", a segunda das três apariçôes do hit de Wanderléa num filme do diretor (além de *O pacto* e *As canções*).

Os extras do DVD deixam entrever que houve problemas de captação de som e de iluminação, que certamente influíram nas escolhas da montagem. Em contrapartida, as entranhas do teatro, com suas passarelas, escadas, coxias, e seus tablados, depósitos e camarins, puderam ser razoavelmente explorados. Da mesma forma, chama atenção a cenografia indicial composta de instrumentos musicais, miniaturas de móveis, objetos cênicos desenhados em papel (como a vela com que Masha simula iluminar uma cena) ou traçados de giz (como a porta que Irina risca na parede e se mostra ineficaz para deixá-la escapar da prisão provinciana).

O sentido de inacabamento atingiu em cheio o grupo quando não restou tempo para ensaiar o quarto ato da peça, apresentado somente como leitura. O filme incorpora essa ausência de desenlace, sendo concluído com a voz de Coutinho que se extingue aos poucos sobre a tela preta no último plano. O filme como que se esvai no desejo sempre adiado das três irmãs de voltar para Moscou.

"Moscou é a utopia, é o socialismo, é o céu, é Deus, é Nova York, não importa. É um sonho que você nunca vai encontrar", disse Coutinho em entrevista à época do lançamento do filme[*]. O título definitivo foi sugerido por João Moreira Salles, que dois anos antes havia lançado a revista *piauí* com um nome igualmente geográfico e monovocabular. *Moscou* tinha a concretude apreciada por Coutinho para seus títulos e, ao mesmo tempo, evocava a aspiração dos Prosorov de sair da província e voltar para um lugar mais

---

[*] *Folha de S.Paulo*, 4 ago. 2009.

vital e moderno do qual guardavam lembranças agradáveis. Moscou, o lugar onde nunca se chega.

Para muitos, Coutinho tampouco chegou a parte alguma com *Moscou*. Foi o filme que mais dividiu opiniões e provocou polêmica crítica entre todos os que ele lançou no cinema. O próprio diretor tinha suas restrições: "É um filme que deu errado, mas eu considero ao mesmo tempo que tem um mistério interessante"[*]. Dizia gostar do filme justamente por ser o filho enjeitado. Desde os meses aflitivos de montagem, Eduardo Escorel duvidava que ali existisse um filme. Quando do lançamento, foi taxativo numa resenha do seu blog atrelado à revista *piauí*: "Ao propor a encenação, Eduardo Coutinho sabia estar fazendo uma aposta de risco. Esperava que o confronto das personalidades envolvidas no ensaio fizesse surgir algo que pudesse documentar. Mas gravou cerca de oitenta horas, com duas câmeras, e nada de interessante ocorreu"[**].

A relativa ausência de Coutinho na parte visível e audível do filme causou estranhamento a quem vinha acompanhando sua obra. Em *Moscou*, o cineasta não era mais uma presença implícita ou explícita ao lado da câmera. A interação foi substituída, quase sempre, pela observação. Uma observação participante, digamos, mas ainda assim, na maior parte do tempo, uma observação de eventos cênicos. O cineasta não se afirmava naquele idioma, que ostensivamente não era o seu. Contudo, a relativa ausência da interlocução não bastava para explicar o impasse. O fato é que o trânsito almejado entre fatos do teatro e da vida não fluía a contento porque, diferentemente de *Jogo de cena*, em que o processo de incorporação era sempre surpreendente e instaurava uma dúvida real, em *Moscou* já estava dado que tudo ali era teatro. O dispositivo era uma prática já consagrada no meio teatral, estando mesmo na base do método Stanislawski. O coeficiente de novidade era pequeno diante do que o filme ambicionava.

---

[*] Entrevista a María Campaña Ramia, em María Campaña Ramia e Cláudia Mesquita, *El otro cine de Eduardo Coutinho* (Quito, Corporación Cinememoria, 2012).

[**] Blog *Questões Cinematográficas*, 1 ago. 2009.

Do lado dos que se encantaram com *Moscou* estavam críticos e acadêmicos respeitáveis. Para o crítico Fábio Andrade, talvez seja o maior filme do realizador: "Coutinho nos leva para o escuro, nos dando apenas brevíssimos momentos de vidência aos quais podemos desesperadamente tentar nos agarrar. Mas podemos, também, nos entregarmos às infinitas possibilidades daquela escuridão – capaz de se amalgamar com a da própria sala de cinema"*. Em apreciação mais recente, o crítico Raul Arthuso afirmou que "no fundo, todo o cinema de Eduardo Coutinho parece convergir para este filme: *Moscou* é um convite a uma casa inquietante, na qual já estivemos hospedados, mas precisamos sempre conhecê-la de novo"**. Já Ilana Feldman refletiu extensamente sobre a dissolução das individualidades e a "incompletude programada" do filme, arriscando-se ainda a uma curiosa comparação: "Coutinho, o narrador-demiurgo de fora, que, como um deus do Velho Testamento, criou o mundo e se retirou de cena"***.

A "retirada" de Coutinho seria ainda mais estridente no seu próximo filme. Ou, mais uma vez, no ensaio de um filme.

UM DIA NA VIDA: DOSSIÊ DA ESTUPIDEZ HUMANA

Como vários filmes de Eduardo Coutinho que nasceram de outro projeto ou da junção de mais de uma intenção, *Um dia na vida* (2010) teve origem numa ideia ambiciosa. Por alguns anos, ele vinha acalentando o desejo de fazer um filme só com citações. Esse tipo de material estava sempre no seu radar, desde os excertos de livros de gramática francesa que compuseram as falas surrealistas do curta de estudante *Le Téléphone*, passando pela lista de compras absurdas de Rosinha em *O homem que comprou o mundo*. Nesse novo

---

*   Revista *Cinética*, Especial *Moscou*, abr. 2009.
** Revista *Cinética*, Sessão Cinética, 11 jul. 2018.
*** Ilana Feldman, "O filme que não acabou", em Milton Ohata (org.), *Eduardo Coutinho*, cit., p. 647.

propósito, havia intenções ideológicas e dramatúrgicas, assim como uma base teórica mais complexa, que envolvia autoria, originalidade, influência, apropriação, plágio, paródia, pilhagem e ressignificação de textos de diferentes naturezas.

Ninguém estaria na tela falando da vida. Atores seriam convidados a ler manifestos políticos, bulas de remédio, regulamentos, editais, notícias de jornal, trechos de livros de gramática ou da lista telefônica e toda uma cornucópia de excertos de várias categorias. "Uma ideia muito benjaminiana", conforme afirmou João Moreira Salles, aludindo a Walter Benjamin, eterno guru intelectual de Coutinho. A leitura dos textos seria em tom cartorial ou com intenções inadequadas ao conteúdo. Coutinho e Laura Liuzzi compilaram transcrições em cinco grossos cadernos impressos, a que foi dado o título brincalhão de "Dossiê da estupidez humana", certamente inspirado no *Dicionário de ideias prontas* que Gustave Flaubert coligiu durante grande parte de sua vida. O dossiê continha, entre outras mil coisas, material sobre culinária russa, anúncios místicos e de sexo, horóscopo, celebridades, índices econômicos, inglês para viagem, prestidigitação, etiqueta, enfermidades, contabilidade bancária, crimes passionais, peças do CPC da UNE, poesia de São João da Cruz, educação sexual para meninas de treze anos e transcrições de programas de TV e de documentários do próprio Coutinho.

Os programas de oito canais da TV aberta, que viriam a ser o único material de *Um dia na vida*, foram gravados da manhã do dia 1º até a madrugada de 2 de outubro de 2009, no estúdio da Copacabana Filmes. Uma sexta-feira qualquer, sem futebol ou qualquer acontecimento especial. Diante de oito monitores, Coutinho e a montadora Jordana Berg iniciaram ali mesmo o trabalho de edição, selecionando e cortando como numa ilha de televisão ao vivo. Interessava apenas o que fosse produzido especificamente para a TV, excluindo-se, portanto, filmes. Jordana se recorda:

> Saímos com as dezenove horas de imagens gravadas e fizemos uma edição desse material. Seria parte de um filme com atores, mas aquele

material era tão absurdo e chegava a ser tão ficcional que não caberia atores reproduzindo tudo aquilo. Todos os que participaram dessa experiência, ao serem expostos de maneira tão intensa à crueza dos canais abertos, saíram chocados. Coutinho não saiu minimamente impressionado, pois frequenta esses canais – do seu jeito, é claro – e nos achou um bando de "limpinhos".[*]

A relação de Eduardo Coutinho com a televisão sempre foi ambivalente. Um prêmio em programa de TV mudou sua vida ao possibilitar uma estada na Europa, em fins da década de 1950. Vinte anos mais tarde, aprendia a fazer documentários no *Globo Repórter* e, tempos depois, se aperfeiçoava dirigindo para TVs estrangeiras. Em paralelo, desenvolvia um olhar crítico implacável para o lixo da televisão aberta, onde tudo se opunha ao cinema que ele apreciava e gostava de fazer. No seu entender, a TV via o povo ou de longe, como uma orquídea rara, ou de muito perto, como um repositório de folclore e suposta sabedoria. Para diversão da plateia da Flip de 2013, confessou o desejo de fazer uma regulação radical da mídia: "Se fosse eleito ditador, eu acabava com todas as concessões públicas provisoriamente. E seria deposto no dia seguinte por um milhão de evangélicos".

Ficando já claro que o projeto sobre o dossiê completo não avançaria, optou por se ater à colheita das televisões. Rascunhou então um argumento denominado "Grades", que previa a utilização das gravações num estudo sobre a recepção da mídia televisiva. Eis um trecho da apresentação:

> Alugaremos uma casa ou apartamento de classe média, que será a única locação do filme. Através de anúncio de jornal ou pela internet serão convidadas pessoas maiores de dezoito anos que serão submetidas a uma triagem. Alunos de escolas de teatro ou mesmo atores poucos conhecidos serão contratados para fazer os exercícios mais complicados. Nessa casa, será instalada uma ilha de edição onde os candidatos selecionados verão pela primeira vez o fragmento (ou fragmentos) escolhidos para cada um ou para um grupo deles.

---

[*] Jordana Berg, "Quase tudo monta", em Milton Ohata (org.), *Eduardo Coutinho*, cit., p. 353.

Em outra sala, haverá propriamente a filmagem (duas semanas), pouco depois de o assistente de direção ter encaminhado que tipos de trabalho vão desenvolver. As performances dos "atores" podem incluir uma discussão concreta dos fragmentos que viram. Uma discussão, por exemplo, sobre como ele (ou eles) "recebem" e transformam (ou não) a mensagem que a emissora ou os anunciantes pretenderam comunicar. Mais importante, eles poderão elaborar improvisações provocadas pelo fragmento apresentado. [...]

Não sabemos exatamente como será esse filme, como ele será montado. Se soubéssemos, não valeria a pena fazer o filme. Certo é que, ao invés de limitar-se a uma crítica ou aprovação genérica da mídia TV no Brasil, teremos um mosaico que nos dará uma visão nova de como funciona a TV e como funcionam os receptores da informação.

Se em algum momento Coutinho levou a sério esse esboço de filme, não sabemos. O fato é que na edição posterior, junto com Jordana, ele classificou as imagens por grandes categorias como "bunda", "dinheiro", "pureza" e "pedofilia". Eliminou o que lhe pareceu por demais repugnante. A ordenação cronológica foi respeitada, assim como a integridade das tomadas originais e dos anúncios comerciais. Ao final, tinham em mãos 95 minutos do suprassumo do circo televisivo.

Obedecendo às respectivas faixas de horário, da manhã à noite, sucedem-se os telecursos, os programas pseudoeducativos, os de culinária e beleza feminina, autoajuda e religião, televendas, reportagens policiais, novelas, variedades e, por fim, os indefectíveis pastores da noite. O repertório incluía do comercial da bonequinha que fazia cocô às expectativas para o anúncio, no dia seguinte, do país escolhido para sediar as Olimpíadas de 2016. Havia as dicas de um cirurgião plástico de celebridades e de uma nutricionista a respeito dos alimentos mais indicados para os portadores de cada tipo sanguíneo.

Qualquer declaração de isenção de Coutinho nesse trabalho soava puramente retórica. Estava ali uma crítica frontal à irrealidade cotidiana da televisão popular. A seleção

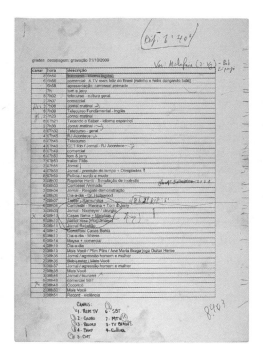
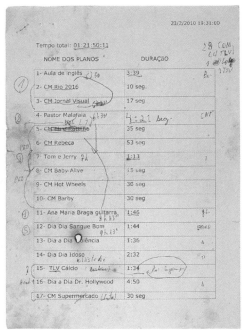

ACIMA
Decupagem de *Um dia na vida* com marca de cigarro de Coutinho.

AO LADO
Decupagem de *Um dia na vida* com o título provisório *Grades*.

privilegiou um certo exotismo, acentuado por uma edição que reproduz o fluxo incessante da televisão, sem pausas, silêncios ou tempos mortos. Essa "fidelidade" ao formato original faz com que tudo se assemelhe a um zapear constante. Não um zapear movido pelo acaso, mas um cuidadosamente pensado de antemão. Digamos, um zapping de autor.

Embora sem nenhuma intervenção visível além das anotações de horário num canto da tela, *Um dia na vida* é um filme construído para surtir efeitos sobre o espectador. Seja a pura hilaridade, por exemplo, quando corta do show da banda gótico-paródica Massacration para as feições tumulares do repórter William Waack; seja a ironia política, quando passa de Lula parafraseando o "Yes, we can" de Obama diretamente para uma recepção de socialites paulistas no programa de Amaury Jr. Os cortes bruscos ora realçam a aleatoriedade fundamental do veículo, como ao passar de uma reportagem do *Jornal Nacional* sobre o 50º aniversário da "ditadura comunista chinesa" para um quadro cômico ambientado num salão de beleza; ora provocam ilações irônicas, como na transição direta entre o programa evangélico

Transforme seu mundo e a "transformação radical" da "mulher mais feia do mundo" em uma diva através de *liftings*, tratamento dentário e de pele etc.

Aqui vale um parêntese para ressaltar que existia um precedente semelhante no uso desse dispositivo. No ano 2000, para o mesmo evento que encomendou *Porrada!* a Coutinho, Murilo Salles e Felipe Lacerda realizaram um vídeo de nove minutos, intitulado *50 anos de TV brasileira*. A programação completa dos canais abertos do Rio de Janeiro foi gravada durante as 24 horas do dia 17 de setembro de 2000, data em que a TV completava cinquenta anos no Brasil. Numa edição randômica, foram depois pinçados quatro segundos de imagem de cada canal, de 28 em 28 minutos. Esses quatro segundos foram montados, repetindo-se sempre a mesma ordem, dos canais em números crescentes. Finalmente, em nove minutos de projeção, os diretores pretendiam dar "uma ideia clara do imaginário televisivo brasileiro".

A viabilidade comercial de *Um dia na vida* era nula, já que tudo dependeria da autorização de uso das imagens de uma infinidade de pessoas, empresas e emissoras de TV. O experimento estava fadado a ser um objeto não identificado, circunscrito a exibições semiclandestinas. A primeira sessão pública ocorreu no dia 28 de outubro de 2010, na Mostra Internacional de Cinema de São Paulo. Sem qualquer crédito de realização, o filme se apresentava, laconicamente, como "material gravado como pesquisa para um filme futuro", numa evidente manobra de despiste. Não se cobravam ingressos, o que só fazia aumentar a expectativa pelo "filme misterioso do Coutinho".

A anunciada "sessão única" se repetiria depois em mostras, cineclubes, salas de centros culturais e universidades, sempre com divulgação restrita às redes sociais e entrada gratuita, usualmente seguidas de debate com o diretor. Em nova exibição na Mostra de São Paulo em 2013, os ingressos distribuídos apresentavam o título de um filme de Chris Marker: *Um dia na vida de Andrei Arsenevich* (2000). Já não havia mais o fator surpresa, mas apenas a curiosidade de conhecer a seleção feita pelo diretor e o efeito do filme em tela grande.

O simples ato de deslocar aquele material do ambiente doméstico e da tela familiar da televisão para uma situação-cinema tinha, antes de mais nada, um efeito dadaísta, algo como *Fontaine*, o mictório de Duchamp no museu. O que eventualmente passava despercebido no fluxo indistinto da programação da TV ganhava ênfase diante de plateias aprisionadas no cinema, submetidas como o personagem de *Laranja mecânica* (1971) à tortura audiovisual e, ao mesmo tempo, predispostas a um olhar mais atento e crítico. O banal, o ridículo, o cafona, o patético, as imposturas e o sensacionalismo ficavam sublinhados nessa exposição descontextualizada, evidenciando o que, na TV, era já desprovido de contexto. Na internet, onde passou a circular informalmente e consumido por indivíduos isolados em telas pequenas, o filme não fazia muito sentido.

Para a equipe envolvida, *Um dia na vida* era conhecido como "O proibidão do Coutinho" ou "o filme da televisão". Para o diretor, era simplesmente "um troço". Ele assegurava que lançaria o "troço" nos cinemas se soubesse que a transgressão não lhe renderia mais que uns seis meses na cadeia. Por um tempo alimentou a esperança de levar o filme a plateias populares para ouvir comentários, a exemplo do que planejou em "Grades". Seria uma forma de completar o tal "filme futuro", coletando as impressões de quem consumia aquele produto – que era justamente quem frequentava a galeria de personagens de tantos filmes seus.

Um dia na vida era uma espécie de contracampo do seu cinema de conversa, o manancial que alimentava as histórias ali contadas e a maneira jocosa, dramática ou exibicionista como afloravam. Aqui, porém, como observou Consuelo Lins, "entre nós e esse 'ambiente midiático', não há mais a graça dos seus personagens"*. Tampouco havia a presença do cineasta como instigador da ação-conversa. Ele, que havia protagonizado a autoinserção do realizador no documentário com *Cabra marcado para morrer*, aqui desaparecia por completo, quase no limite de criar um filme, em si, invisível.

---

* Consuelo Lins, "Eduardo Coutinho: linguista selvagem do documentário brasileiro", cit., 2016.

Restavam, sim, algumas semelhanças com a metodologia de seus filmes anteriores. As cartelas de abertura situavam o dispositivo adotado. A "prisão" numa conjuntura determinada eram os programas de um único dia, numa variação do seu presente absoluto. A montagem partia de uma coleta prévia e mantinha-se fiel à sucessão temporal dos programas na grade das TVs. Não havia narração, comentário, nem qualquer adendo ao material gravado. Dada a frequência com que os programas e comerciais se reportavam ou se dirigiam às mulheres, Jean-Claude Bernardet enxergou no filme uma continuidade com a temática feminina de Coutinho.

A razoável repercussão das primeiras exibições abriu as comportas de uma catarse sobre os horrores da televisão brasileira. A colagem, abalizada pela assinatura de Eduardo Coutinho, testemunhava a qualidade vexatória de uma mídia decisiva na formação da mentalidade do espectador médio. Em seu blog, depois de participar do debate na primeiríssima sessão, Eduardo Escorel apontava as evidências do "mau uso da concessão pública de que (as emissoras) são beneficiárias, e também os atentados sistemáticos à dignidade humana que cometem, abusando da liberdade de definirem o conteúdo de sua própria programação"*.

Com *Um dia na vida* e *Moscou*, Coutinho empreendia seus projetos mais dependentes de uma intermediação intelectual. Em fins de 2010, mais uma vez se colocava a pergunta: para onde rumariam ele, seus inseparáveis cigarros e sua bolsa a tiracolo? A fase mais experimental estava encerrada. O retorno aos simples encontros com personagens, em *As canções* e *Últimas conversas*, viria reafirmar uma vocação e restituir-lhe o verdadeiro deleite.

---

* Eduardo Escorel, blog *Questões Cinematográficas*, 2 nov. 2010.

PER
NA
GEM

PERSONAGEM///

Longe de pretender um perfil pessoal de Eduardo Coutinho, este capítulo apenas reúne anotações esparsas sobre o seu peculiar modo de vida, seus interesses e suas preferências. Dedicar a isso algumas páginas se justifica por Coutinho ter encarnado, em paralelo a seus filmes, um personagem singular, com manias e contradições, humano talvez em demasia. A forma como era cultuado e respeitado não impedia que os mais próximos reagissem com gracejos ao seu pessimismo criativo e ao seu mau-humor de fachada.

O intelectual que desprezava o intelectualismo, o progressista que desdenhava dos discursos ideológicos, o agnóstico que esperava proteção dos santos, o ranzinza que as pessoas adoravam – Coutinho enfeixava muitos sinais contrários e fez disso uma personalidade talvez única nos bastidores do cinema brasileiro.

VIVER COM POUCO, FILMAR COM POUCO

Eduardo Coutinho tinha uma vida extremamente frugal, ao ponto mesmo da imprudência. Vestia-se franciscanamente e dispensava qualquer luxo. Quem abrisse sua mala durante uma viagem encontraria, provavelmente, umas poucas peças de roupa, muitos pacotes de cigarros, saquinhos de iguarias vagabundas e nada mais.

Sua dieta alimentícia era paupérrima. Se dependesse de sua vontade, comeria somente salgadinhos (de preferência frituras), batatas chips ensacadas, pão de alho e coisas do gênero. Saladas e frutas eram consideradas piores que veneno. Em matéria de bebidas, apreciava o café, o licor Amaretto, as caipirinhas e o uísque barato. Certa feita, repreendeu João Moreira Salles por lhe presentear com um uísque escocês mais requintado: "Não gaste dinheiro com uísque caro pra mim".

Nunca formou uma poupança. Gabava-se de só ter tido seu primeiro talão de cheques aos 38 anos. Na juventude, influenciado por familiares adultos, frequentava pistas de turfe, hábito readquirido nos tempos de vacas magras, anos 1990, quando voltou a frequentar as cadeiras populares do Jockey Clube e fazer pequenas apostas. Perdia muito mais que ganhava, voltando para casa com a bolsa a tiracolo cheia de livros e vazia de dinheiro.

Coutinho era genial e modesto também na hora de filmar. Cedo na carreira, mudou-se do casarão da ficção para o casebre do documentário, querendo com isso livrar-se da carga pesada do cinema. A progressiva depuração do seu método foi uma maneira de se desfazer de efeitos e adereços, acercando-se do que considerava essencial. João Moreira Salles deteve-se largamente sobre esse processo, que chamava de "o cinema mínimo de Coutinho".

No dizer de Laura Liuzzi, ele dava valor ao que não tem valor. Todo o seu processo criativo era plasmado em pequenos cadernos de espiral, como um quitandeiro de antigamente. Usava canetas esferográficas comuns para escrevinhar seus garranchos, numa caligrafia prejudicada por um dedo mínimo quebrado na infância. O máximo de tecnologia que adotava era uma máquina Olivetti Lettera 22, quando precisava escrever alguma coisa para olhos alheios.

Suas produções requeriam equipes pequenas e recursos exíguos. Além da câmera, do microfone e da luz básica, bastavam duas cadeiras e gente na frente dele. "Um filme em que eu precise de mais de duas vans não serve, elimina!"

SEM LUGAR CERTO

A par de uma vida doméstica difícil, Coutinho não permanecia muito tempo em sua própria casa. "Não janto em casa há cinquenta anos", disse um dia. O Cecip e a VideoFilmes foram suas moradas diurnas mais costumeiras, onde havia sempre quem "cuidasse" dele, inclusive na esfera pessoal. Segundo Eduardo Escorel, ele suscitava o desejo das pessoas de acolhê-lo.

Quando não estava num daqueles endereços, seu lar era a rua, as livrarias e os cafés – qualquer lugar onde lhe permitissem ler, fumar e ficar sozinho. Não que fosse um *globe-trotter*, muito pelo contrário. Quando viajava, com frequência se perdia em cidades estranhas. Em Santa Maria da Feira, no festival de 2004, saiu para passear e, extraviado, foi trazido de volta por um soldado do corpo de bombeiros. Convidado com frequência a festivais, só pegava aviões grandes, que julgava mais seguros. "A Amazônia é um mundo meio fechado pra mim, de monomotor eu não ando mesmo. Acho que nunca faria um filme sobre índio."

O convite para integrar a Academia de Artes e Ciências Cinematográficas de Hollywood, recebido em 2013, foi direto para a lata de lixo, sendo resgatado pelo pessoal do Cecip. João Moreira Salles finalmente o convenceu a aceitar. Ele ainda pôde participar, muito a contragosto, do exame de documentários daquela edição do Oscar, mas dificilmente envergaria um smoking para ir a Hollywood.

Preferia o recolhimento a qualquer situação festiva. "Odeio a exaltação da alegria, o carnaval, esses troços." Mas gostava de cantar, mesmo sem saber, e de ouvir os outros cantarem. Roberto Carlos e a Jovem Guarda foram um xodó da vida inteira. "Ternura", sucesso na voz de Wanderléa, estão em *O pacto*, *Moscou* e *As canções*. Músicas do rei aparecem nesses três filmes e também em *Santo forte*. Mais de uma vez, pediu que personagens dos seus filmes cantassem o bolero "Perfídia".

Em matéria de política, desde sua passagem furtiva pelo Partido Comunista, Coutinho não se manifestou publicamente a favor de nenhum partido. Mantinha-se como um livre pensador (às vezes dizia-se "um cara vacilante"), contrário a toda forma de autoritarismo e dogmatismo, inclusive os de esquerda. Certa vez questionou: "A famosa frase do Marx sobre o equívoco dos filósofos, que tentam compreender o mundo quando na verdade deveriam tentar modificá-lo... Não é assim. O importante é compreender, senão você faz a revolução, decreta o fim da religião, e o que sobra?".

A VIDA POR UM CIGARRO

O cigarro entre os dedos e a fumaça ao redor eram a marca estética da presença de Eduardo Coutinho. O vício começou em Paris, em 1958, com os cigarros Royal, que naquela época já tinham filtro. Nos últimos tempos, o favorito era Marlboro de caixinha vermelha, consumido à base de três a cinco carteiras por dia. A rigor, as tragadas absorviam pouco mais da metade, já que o cigarro era apagado e trocado no meio do caminho.

As histórias em torno do fumo estão entre as mais pitorescas de sua vida. Permissão para fumar era condição para sua estada em qualquer lugar. Salas de embarque de aeroportos, por exemplo. Segundo relato de Eduardo Escorel, numa escala em Toronto, em companhia de Jean-Claude Bernardet, ele armou um biombo com a mala e a bolsa, deitou-se no chão e acendeu um cigarro escondido. Bernardet o alertou de que poderia ser preso, ao que ele respondeu: "Mas eu *quero* ser preso!". Eu mesmo o filmei dando baforadas sob uma placa de "Proibido fumar" no aeroporto do Galeão.

Voos longos eram um suplício. Longas-metragens no cinema lhe causavam crises de ansiedade, exceto quando o cinema tinha uma área de fumantes, como o antigo Paissandu, no Rio. Nas palestras em que tinha de participar respirando a seco,

O fumante transgressor.

começava sempre com uma reclamação e se apresentava como "presidente da liga tabagista e pró-leprosos". Depois de assistir a um espetáculo com Fernanda Torres em 2006, visitou a atriz no camarim e fez, segundo ela, o maior elogio que poderia receber e que a deixou lisonjeada: "Fernanda, fiquei uma hora e meia sem fumar".

Vivia pulando de um "leprosário" para o outro sempre que a proibição o expulsava ou o lugar fechava. Negociava exceções em bares e restaurantes, do Brasil ou do exterior, tentando convencer garçons e gerentes a permitir seu cigarrinho. Quando compareceu à retrospectiva de seus filmes no MoMA de Nova York, à falta de um hotel que aceitasse fumantes, passou cinco dias fora da lei, pitando às escondidas dentro do quarto. O cinzeiro abarrotado de metades de cigarro apagadas era parte da decoração de sua sala no Cecip. Na VideoFilmes, a sala denominada "Eduardo Coutinho" era a única onde se podia fumar, mesmo que o alarme contra incêndio disparasse a todo momento. Diante de fotógrafos da imprensa, rapidamente acendia um cigarro para que não pensassem que se tratava de um clone.

O enfisema pulmonar o perseguiu por muitos anos, requerendo sessões de nebulização e algumas internações em estado grave. Mas estava convencido de que, se parasse de fumar, assim como de filmar, morreria. Ao cineasta Josafá Veloso se definiu sucintamente: "Eu não faço nada. Só faço uns filmes aí e fumo".

Sobre drogas, admitia que experimentou maconha e cocaína. "Já tive alucinações com maconha, o que é um absurdo. Alucinações violentíssimas, horrorosas. Simplesmente não dá pra mim. Uma hora tentei fazer um filme usando cocaína, na época da montagem. Não adiantou porra nenhuma."

O FANTASMA DO FRACASSO

"Como você pode estar de bom-humor a esta hora da manhã?", perguntava Coutinho ao sempre ensolarado Ernesto Piccolo nos dois períodos em que esteve hospedado na casa dele. As manhãs e o início de qualquer atividade (filmagens, entrevistas, palestras) eram contaminados pela indisposição. Quem o conhecia já estava a par: era um mau-humor de fachada, que logo se dissolvia à medida que as coisas avançavam, e ele quase sempre se punha divertido e comunicativo. Nos longos dias de montagem, Jordana Berg já sabia como se comportar quando ele chegava "péssimo". Ela fingia não perceber ou se dizia igualmente "péssima", o que o desarmava.

Havia certamente razões íntimas para aborrecimento, mas, com o passar dos anos, aquele estado já se tornara parte da composição do personagem. Um pessimismo militante e o fantasma do fracasso estavam definitivamente introjetados. Mas a conversa com seus personagens o retirava rapidamente do buraco. "Não tenho mais esperança em ser feliz, que meus filmes façam sucesso ou que o Brasil dê certo. A única coisa que me salva é aquela pessoa ali na minha frente. Ela percebe isso e quer me ajudar", disse um dia a Beth Formaggini.

Ele admitia um componente estratégico no frequente pessimismo em relação ao trabalho. Era como um jogo de exorcismo, no qual, achando que o filme certamente fracassaria, alguma coisa haveria de resultar bem. Precisava do espectro da derrota para finalmente vencer. Nas filmagens de *Edifício Master*, Jacques Cheuiche decidiu colocar uma câmera por trás da equipe principal para fazer "um filme sobre o filme que não deu certo". A uma das personagens de *Últimas conversas* ele se lamenta: "Tudo o que eu faço agora dá errado". Certamente aquela entrevista foi uma das primeiras da manhã. Pouco depois, estava radiante de alegria na troca com os jovens estudantes.

Coutinho sabia que era folcloricamente considerado pessimista, mas dizia que, no cinema, via o mundo com "um olhar feliz". Assim ganhava o afeto das pessoas, que, depois de aparecer em um de seus filmes, guardavam uma lembrança carinhosa do "velhinho legal". Como disse Fátima Gomes, a personagem-cantora de *Babilônia 2000* e *As canções*, a um repórter pouco depois da morte de Coutinho: "A felicidade dele era ouvir as histórias dos outros".

MATERIALISTA MÁGICO

Definindo-se como um "materialista mágico", Coutinho tentava dar conta de suas vacilações entre a fé e a descrença. Afirmava que não tinha fé, mas adoraria ter. E respeitava plenamente quem tinha, fosse qual fosse o credo ou a crendice. Não se dizia ateu porque não queria afirmar nada sobre a existência ou não de Deus.

A falta de fé não o impedia de cumprir alguns rituais, por via das dúvidas. Nos tempos do *Globo Repórter*, usava uma correntinha que ganhou de uma mulher da umbanda. Perdeu várias vezes e, sempre que achava, redobrava a confiança no poder da peça. Em outras épocas, levava uma santinha de papel de Nossa Senhora de Guadalupe nas viagens de avião. "Não quero ser feliz. Que o avião não caia já está bom." Enquanto fazia *Santo forte*, sempre por via das dúvidas, botava alimentos para um santinho na sala do Cecip. Houve um tempo em que frequentou assiduamente a igreja de Nossa Senhora do Rosário dos Homens Pretos e de São Benedito, no centro do Rio.

Para ele, o comportamento mágico era algo sempre presente na vida. "O que é a neurose senão uma forma de magia? A repetição de rituais, coisas que fazemos sem perceber. É tudo magia. Não dá pra distinguir, na essência, uma religião 'elevada' da crendice."

ZERO EM TECNOLOGIA

A tecnologia era um universo apreciado, mas quase totalmente desconhecido para Eduardo Coutinho. Nos últimos anos, possuía um telefone celular que tocava sempre nas "horas erradas" e custava a ser silenciado. Tinha pavor de computadores e um apego a sua velha máquina de escrever portátil como se fosse um animal de estimação. Precisava de ajuda externa para conseguir sintonizar a televisão em quartos de hotel. Por volta de 2009, era despertado todas as noites às duas da madrugada pelo relógio de pulso cujo alarme não sabia desprogramar.

Depois que se improvisou em cinegrafista para filmar o comício de Elizabeth Teixeira, em 1962, nunca mais pilotou uma câmera. Limitava-se a conferir os enquadramentos do diretor de fotografia e eventualmente posar para algum fotógrafo interessado no clichê do cineasta de olho na lente. No entanto, gostava de bons equipamentos e sabia o que queria tecnicamente, embora não dominasse modelos e especificações. Apreciava as novidades que a equipe criava ou lhe trazia, como a claquete eletrônica que Edgar Moura improvisou com uma lanterna de mineiro no *Cabra*/81 ou um pequeno refletor que Jacques Cheuiche usava para discretamente iluminar os olhos dos seus interlocutores, o que Coutinho julgava imprescindível.

Não tinha paciência para fones de ouvido. Nos últimos anos, sua audição começava a fraquejar. Durante as gravações de *Últimas conversas*, às vezes não ouvia direito o que os adolescentes lhe diziam. Ao fim de uma determinada conversa, festejou ter compreendido tudo à perfeição. A técnica de som Valéria Ferro o havia convencido a fazer um pequeno teste e não retirara o fone do seu ouvido. Ele só percebeu ao término da cena. Esbravejou, mas acabou adotando o equipamento para as conversas subsequentes.

LEITURAS E INFLUÊNCIAS

Coutinho foi aficionado por futebol de botão na infância, tenista diletante na adolescência e flertou com o basquete na mocidade, além de apostar no turfe. Mas seu esporte preferido, sem dúvida, era ler. Nas conversas, deixava fluir seu repertório cultural naturalmente, sem nunca soar pernóstico, pois estava sempre atrelado às experiências da vida. A seu respeito, Eduardo Escorel aplica literalmente a expressão "leitor voraz", contando como ele arrancava dos livros as páginas mais interessantes e enfiava na bolsa, em

Coutinho lê *A condição humana*, de André Malraux, nos Alpes franceses (por volta de 1958).

lugar de marcá-los. Estripava os volumes e removia as capas para carregar menos peso.

Não caberia aqui citar todos os livros e autores que mais o impressionaram, até porque isso nunca foi apurado. Mas é certeiro mencionar Walter Benjamin como a influência mais duradoura. Vez por outra se referia a esse aforismo do pensador alemão, tomado como um resumo do que gostaria de ser e de fazer nos filmes: "Quanto mais esquecido de si mesmo está quem escuta, tanto mais fundo se grava nele a coisa escutada". Dizia-se apaixonado pela melancolia e o messianismo de Benjamin. À época de *Santo forte*, quando achava que a vida não lhe reservava mais nada, apegou-se a esta frase do filósofo: "Só nos foi dada a esperança por consideração àqueles que não têm mais esperança"[*].

O sociólogo Pierre Bourdieu foi outro autor que calou fundo no cineasta por conta de sua proposta de uma "escuta ativa e metódica". Costumava citar como sua utopia o que Bourdieu escreveu sobre o ato de entrevistar no ensaio "Compreender", incluído em *A miséria do mundo*:

> A entrevista pode ser considerada como uma forma de exercício espiritual, visando a obter, pelo esquecimento de si, uma verdadeira conversão do olhar que lançamos sobre os outros nas circunstâncias comuns da vida. A disposição acolhedora que inclina a fazer seus os problemas do pesquisado, a aptidão a aceitá-lo e a compreendê-lo tal como ele é, na sua necessidade singular, é uma espécie de amor intelectual: um olhar que consente com a necessidade, à maneira do 'amor intelectual de Deus', isto é, da ordem natural, que Spinoza tinha como a forma suprema do conhecimento.

Sabemos de sua paixão por Tchekhov, Guimarães Rosa, Raquel de Queiroz (*O quinze*), Claude Lévi-Strauss (*O pensamento selvagem*), Jacques Rancière, Georg Simmel e muitos outros. A partir de certo ponto, Coutinho dedicou sua atenção prioritariamente a ensaios. Numa entrevista a respeito do autor de *Grande sertão: veredas*, em 2005, contou: "Ultima-

---

[*] Sobre a herança benjaminiana na obra de Coutinho, ler o artigo: "Coutinho, leitor de Benjamin", Laécio Ricardo de Aquino Rodrigues, *Revista Devires*, v. 8, n. 2, p. 118-37, jul./dez. 2011.

mente não leio mais romance. Só leio ensaio. Ou então Platão, que não entendo. E bêbado. Bêbado é bom porque você lê *A crítica da razão pura* em meia hora e não fica nada depois".

Em algumas ocasiões citou o livro *Transcultural cinema*, do cineasta etnográfico David MacDougall, que desmonta a ilusão de que o documentarista filma o real. Fez alusões importantes, ainda, a *A representação do eu na vida cotidiana*, do sociólogo Erving Goffman, por examinar as diferenças com que cada pessoa se apresenta a distintos interlocutores, sempre lançando mão de alguma encenação.

No cinema, Chaplin foi seu primeiro grande amor e Leon Hirszman, o primeiro "pai espiritual". A esse respeito, Mateus Araújo levantou uma hipótese fértil quanto ao parentesco entre alguns filmes de Leon e de Coutinho[*]. O *Cabra/64* poderia ser primo em segundo grau de *Maioria absoluta* (enquanto Bernardet o associa ao hieratismo de *Pedreira de São Diogo*); *Faustão* e *São Bernardo* seriam consanguíneos por terem nascido de um projeto comum da Saga Filmes no Nordeste; o tratamento de Gabriel Joaquim dos Santos em *O fio da memória* ecoaria o dos artistas de *Imagens do inconsciente*; e *ABC da greve* aparece como um dos filmes-guia de *Peões*. Eu acrescentaria o nelsonrodriguianismo que passa de *A falecida* para *O pacto* e os laços distantes entre os curtas musicais de Leon (*Cantos de trabalho, Partido alto, Nelson Cavaquinho*) e *As canções*.

Mais tarde, Coutinho entusiasmou-se com a "palavra incorporada" de *Shoah* (1985), de Claude Lanzmann ("Muito melhor que todas as imagens de arquivo que já não querem dizer mais nada") e os filmes de Jean-Marie Straub e Danièle Huillet, em que o som direto e a palavra contribuíam para a criação de "imagens extraordinárias". Na entrevista constante deste livro, mencionou também Buñuel, Stroheim, Fritz Lang, Rossellini, Renoir, Cassavetes, Godard, Joris Ivens e Jean Rouch como alvos de admiração. Transcrevo abaixo uma lista feita em novembro de 2007, em consulta para o meu blog *Faróis do Cinema*. O pedido

---

[*] Mateus Araújo, "Eduardo Coutinho, Pierre Perrault e as prosódias do mundo", em Milton Ohata (org.), *Eduardo Coutinho*, cit., p. 439.

era para que apontasse e comentasse cinco filmes considerados fundamentais:

> Filmes, sem faróis. Primeira impressão – choque pós. Em geral, sem revisão (desilusão? ou não). Sem ordem de preferência (ou choque)
>
> **1.** *Shoah*, de Claude Lanzmann, 1985, quando vi. Diretor de um só filme, provavelmente (que preste). Se julga dono do assunto, Holocausto, impõe regras. Deve ser um chato. Mas o filme é extraordinário. Tudo no presente, sem arquivos. Importância do mecanismo de morte no atacado: problemas de gestão industrial. Nove horas de duração. Sofrimento e recompensa.
>
> **2.** *A morte de Empédocles*, do [Jean-Marie] Straub [e Danièle Huillet]. Visto na Cinemateca do MAM. Som direto, colinas do Sul da Itália, atores vestidos a caráter, texto clássico (Hölderlin). Sem voz off. Palavras, vento. Tragédia seca, esta sim.
>
> **3.** *Faces*, de [John] Cassavetes. Visto em 1968. Deslumbramento. Revisto quinze anos depois. Impossível corresponder à primeira impressão, filme recriado na cabeça, impossível. Quando vir pela terceira vez, creio que o filme aguenta e crescerá.
>
> **4.** *As I Was Moving Ahead Occasionally I Saw Brief Glimpses of Beauty* (checar o título), de Jonas Mekas. Visto em VHS, péssimo estado, em Buenos Aires, há alguns anos. Filme-diário para acabar com os filmes-diário. Testamento, final do último milênio. Nada acontece. Letreiros. Piano e a voz do Mekas reportando-se ao passado das imagens. Nenhum som direto. Planos de dois, cinco segundos. Câmara não para. Luz e focos pras picas. Dura quase cinco horas, acho – tem que ser visto inteiro, de uma vez – se você aguentar. Tempo que passa, passou.
>
> **5.** *Rio Bravo*, de Howard Hawks. Visto em 1959, por aí. A elegância das pessoas (homens) que andam. Se mexem. Gestos. Andam. Vivem. Uma escarradeira. Cinema clássico, além dele.
>
> Nota – Escrito, sem revisão, em cinco minutos. Olivetti, Lettera 22.

ENVELHECIMENTO E MORTE

Como já vimos no capítulo "Repórter", Coutinho, aos quarenta anos, publicou no *Jornal do Brasil* um artigo sobre os cineastas idosos de Hollywood. O mote era o retiro de Chaplin em sua *villa* suíça, aos 84 anos, afastado das lides cinematográficas. O texto inventariava o estado de saúde e a eventual inatividade de diretores septuagenários e octogenários. A preocupação com o envelhecimento parecia já então alcançar o quarentão Coutinho. Mais tarde ele chegaria à conclusão de que "ninguém fica maduro. O cara é criança, fica jovem e depois envelhece direto. Comigo foi assim".

A saúde nunca foi o seu forte. Ainda garoto, teve um episódio de anemia que lhe custou uma temporada em Campos do Jordão. Uma otite o levou à mesa de operação para retirada de parte do osso mastoide. Na juventude, suspeitava ter um sopro no coração, o que não parece ter-se confirmado. Quando entrou no século XXI, as décadas de tabagismo e a falta de exercícios físicos lhe cobravam alto preço. A vida era uma luta permanente contra o abatimento causado pela insuficiência pulmonar e o cotidiano doméstico atormentado. Os transtornos psiquiátricos do filho Daniel e o relacionamento atribulado com a esposa o levavam a passar o maior tempo possível fora de casa, tendo sido abrigado por Ernesto Piccolo durante duas temporadas de vários meses em sua residência.

A idade avançada e a saúde precária o liberaram de censuras em relação ao que falava publicamente e em gravações. Desabrochou o seu gosto por palavrões e comentários irreverentes. Ao mesmo tempo, precisou reorganizar seu trabalho em torno de situações de filmagem mais cômodas, quando tomava cápsulas de guaraná para se manter ativo e atento. Houve períodos em que caminhava se apoiando nos móveis e caía com frequência. A todos parecia que Coutinho seria, cedo ou tarde, vitimado pelo enfisema que o mandara para hospitais por duas vezes em estado grave. O destino, porém, haveria de lhe pregar uma de suas peças.

O tema da morte, que sempre o afetou, tornou-se obsessivo nos seus últimos meses de vida. No dia 29 de janeiro de 2014, se reuniu com João Moreira Salles, Eduardo Escorel e este autor para gravar a faixa comentada do DVD de *Cabra marcado para morrer*, que finalmente seria editado. A sessão foi assistida por José Carlos Avellar, Bárbara Rangel, Flora Thomson-Deveaux e o engenheiro de som Denilson Campos. Antes e depois da gravação, Coutinho se mostrava atormentado pelo fato – comentado num extra do DVD – de que José Eudes, filho de Elizabeth Teixeira, havia sido assassinado pelo irmão Peta. Quatro dias depois, ele próprio seria morto por Daniel a facadas dentro de casa, num surto de esquizofrenia do filho. Tinha então oitenta anos. A mulher, Maria das Dores, foi também ferida e escapou da morte ao se trancar em outro cômodo do apartamento.

Eduardo Escorel refletiu sobre a tragédia no seu blog *Questões Cinematográficas*, em 31 de março de 2014:

> É possível que a tragédia pudesse ter sido evitada. Mas para isso teria sido preciso recorrer a medidas extremas que o próprio Coutinho nunca admitiu. De certa forma, ele foi vítima da sua própria inércia. Carregando a culpa própria dos sobreviventes, não cansamos de nos perguntar se poderíamos ter impedido o que aconteceu. Faltou-nos a determinação capaz de romper a barreira das conveniências, e de vencer graus variados de comodismo. O respeito à privacidade acabou contribuindo para o desfecho imprevisto.

O velório e o enterro contaram com a presença de alguns personagens de seus filmes. Mesmo os que nunca mais o tinham encontrado levavam flores e a gratidão por terem sido ouvidos. Fátima Gomes, que havia cantado em *Babilônia 2000* e em *As canções*, voltou a soltar a voz, agora em sua homenagem, cantando "Faraó ou Deus", de Shirley Carvalhaes. Coutinho, homem sem religião, gostava de ouvi-la cantar esse hit evangélico. Provavelmente gostaria também, ainda que negasse, de saber que, na mesma semana de sua morte, o MST batizou sua unidade de vídeo como Brigada Audiovisual Eduardo Coutinho.

HERDEIROS E SEGUIDORES

As influências exercidas por Eduardo Coutinho sobre o documentário brasileiro são matéria de debate. Talvez estejam mais na esfera da simples admiração do que na execução prática. De qualquer maneira, suas lições de ética no trato com os personagens, confiança na força da palavra e incorporação das "mentiras verdadeiras" ecoaram fundo na consciência de toda uma geração de jovens documentaristas, alguns dos quais passaram por suas equipes.

Eduardo Escorel, por exemplo, montava *Cabra marcado para morrer* quando realizou o documentário *Chico Antônio, o herói com caráter* (1983) e reconhece um influxo direto do modelo coutiniano de acercamento do personagem. De resto, o *Cabra* permanece como uma obra única, inimitável. Sergio Goldenberg, que iniciou carreira como assistente e codiretor de Coutinho, orgulha-se de trazer um pouco do mestre para todos os seus trabalhos, em especial *Profissão: doméstica* (1991) e *Funk Rio* (1994). O mesmo se dá com Theresa Jessouroun, que se diz influenciada no respeito pelos humildes e excluídos, na postura de deixar os entrevistados à vontade para ganhar sua confiança progressivamente, e mesmo na estruturação dos filmes a partir das transcrições das entrevistas (a montagem no papel). Isso é visível, sobretudo, em seus documentários *Alma de mulher* (1998), *Samba* (2001), *Os Arturos* (2003), *Vida severina* (2006) e *Fim do silêncio* (2009).

Outras realizadoras que colaboraram com Coutinho e herdaram porções importantes do seu método foram Beth Formaggini (*Nobreza popular* [2003], *Memória para uso diário* [2007], *Pastor Cláudio* [2017]), Consuelo Lins (*Chapéu Mangueira e Babilônia: histórias do morro* [1999]), Cristiana Grumbach (*Morro da Conceição* [2005]). A troca de influências entre Coutinho e João Moreira Salles mereceria um estudo à parte, tais são as sutilezas resultantes desse encontro. Mas é possível intuir que *Santiago* tem ecos do *Cabra* (o reexame do material bruto) e de *O fio da memória* (o personagem Gabriel e seus escritos).

Fora do seu campo de auxiliares, cabe destacar as influências absorvidas por Evaldo Mocarzel (série *À margem...*[2003-8], *Mensageiras da luz: parteiras da Amazônia* [2004]), e Douglas Duarte, que explorou vertentes do seu dispositivo e o escalou como entrevistador em *Sete visitas*. Milena de Moura Barba replicou *As canções* na China. Esther Hamburger detectou ecos de *Theodorico, o imperador do sertão* nas telenovelas *Roque Santeiro* (1985) e *O salvador da pátria* (1989).*

Além dos documentaristas aqui citados, e possivelmente outros, não foram poucos os que se esforçaram por captar ingenuamente "a fala do povo" e incorporar detalhes do processo de filmagem como se fosse uma fórmula transferível e infalível. Muitos desconsideraram o fato de que o método de Coutinho estava além do culto à espontaneidade. Era antes o fruto de uma engenharia de seleção, recorte e depuração que tinha na filmagem o seu momento de epifania e na montagem a consolidação de um critério.

FILMES SOBRE EDUARDO COUTINHO

Cinema de reportagem: a obra de Eduardo Coutinho (2001), de Daniela Muzi, Daniela Santoro, Maria Aparecida Costa e Maria Eduarda Mattar. Coutinho e alguns de seus colaboradores mais próximos falam sobre o seu trabalho e sua maneira de ser.

Verdade marcada para viver (2004), de João Novaes. Documentário feito nos moldes do cinema verdade que celebra os quarenta anos das primeiras filmagens de *Cabra marcado para morrer*.

Cabra marcado para viver (2008), de Alexandre Carlomagno. Documentário sobre a obra de Coutinho com ênfase em *Cabra marcado para morrer*.

---

* Esther Hamburger, "Eduardo Coutinho e a TV", em Milton Ohata (org.), *Eduardo Coutinho*, cit., p. 425-6.

Apartamento 608: Coutinho.doc (2009), de Beth Formaggini. Bastidores das filmagens de *Edifício Master* documentados pela diretora de produção do filme. Coutinho na lida com os personagens e com o fantasma do fracasso.

Coutinho repórter (2010), de Rená Tardin. Em entrevista, Coutinho rememora os tempos do *Globo Repórter* e o contexto em que retomou o projeto de *Cabra marcado para morrer*.

Eduardo Coutinho, 7 de outubro (2013), de Carlos Nader. Coutinho é entrevistado sobre seu método e comenta cenas de alguns de seus filmes. Nader trabalha aqui com a equipe principal do cinema de conversa de Coutinho.

Reencontros com Eduardo Coutinho (2016), de João Wainer. Dois anos após a morte do diretor, seis personagens de seus filmes recordam o contato com ele e falam da própria vida no momento.

Banquete Coutinho (2019), de Josafá Veloso. Filme-ensaio sobre a obra de Coutinho, baseado na afirmativa de que ela se constitui de "um único filme" com vários alter egos do cineasta.

ENTREVISTA

SEIS HORAS COM EDUARDO COUTINHO

Durante a tarde e a noite de 27 de agosto de 2003, Eduardo Coutinho concedeu a mais longa entrevista de sua vida até então. Foram seis horas de conversa ininterrupta, em que rememorou e reavaliou os diversos momentos de sua carreira, assim como expressou seus pontos de vista sobre o documentário e a ficção. Apesar de excelente entrevistador, Coutinho não facilitava o trabalho de quem o entrevistasse. Sua fala era veloz, entrecortada pela profusão do pensamento e, muitas vezes, emitida em tom baixo, no limite do compreensível. A transcrição que se segue procura conservar algo do seu estilo verbal, mas foi editada de maneira a facilitar uma leitura fluente. Já na primeira resposta, vai um exemplo de sua atitude profundamente crítica perante o ato da entrevista alheia.

1. O pequeno fã.
Campeão da memória.
Teatro na Europa.
São Bartolomeu.

P. Antes de pensar em cinema, o que você achava que ia fazer na vida?
R. Tem duas questões que me deixam atemorizado: perguntas gerais – o que você acha do cinema brasileiro, da televisão, sei lá o quê – e a que começa pela biografia. Acho intolerável… Então qual é a pergunta, mesmo? Eu nem ouvi.

P. Está bem, vou reformular. Como o cinema entrou na sua vida?
R. Quando garoto, era fanático por cinema, enquanto espectador. Tem bairros de São Paulo que eu conheço porque ia procurar os programas duplos dos cinemas. Eu tinha cadernos em que anotava todos os filmes que via. Joguei fora num dia de loucura, o que foi mau porque dentro dos

cadernos tinha críticas de jornais que sumiram. Eram um documento incrível... Mas, na época da minha adolescência, não se fazia cinema no Brasil. Tinha a chanchada... eu via e adorava. Mas fazer cinema? Não. Sonhava com filmes americanos. Cansei de ver os mexicanos, argentinos. Depois de 1945 começaram a chegar os italianos, franceses e tudo o mais. A distribuição por volta de 1947 era muito menos centrada no filme americano do que hoje. Enfim, eu era um espectador.

P. De qualquer forma, não era puro diletantismo, já que você anotava...
R. Sim, mas anotava como um débil mental. Eu comprava a revista *Photoplay*, queria saber todos os atores de um filme, anotava toda a ficha técnica. Era uma coisa totalmente doentia de cinéfilo, entende?, que geralmente te leva à ruína e é um dos negócios mais estéreis que existem. Eu dava estrelas, chorava em filmes que hoje abominaria. Só por volta de 1952 comecei a ver o cinema clássico: *Intolerância* etc.

P. O Seminário de Cinema do Museu de Arte de São Paulo teve um papel importante nesse seu momento de pensar o cinema mais seriamente. Como era o seminário?
R. Não era como uma escola de cinema, onde você tivesse curso de fotografia, direção, história do cinema etc. Era tudo um pouco improvisado. Tinha a salinha lá, vinham professores e alguns convidados para falar. Por que esses cursos? Porque a partir do surgimento da Vera Cruz, e de outras companhias, começaram a aparecer novas possibilidades, além da chanchada, de se fazer cinema no Brasil. Mas logo viria a falência [da Vera Cruz]. Estímulo, no fundo, seria talvez *Rio 40 graus*, mas aí parou também, houve a crise e afinal não fiz nada. Ficou a ideia, até que eu fui para o Idhec.

P. Sua memória lhe ajudou muito na hora de conseguir recursos para ir estudar cinema em Paris...
R. Eu tinha capacidade de decorar. Com isso ganhei dinheiro em televisão e rádio. Eu ia lá, decorava todos os municípios de São Paulo, como podia perder? Eu sabia todos! Santa Catarina, por exemplo, tinha setenta, sei lá. Eu decorava todos por ordem alfabética e bum! Comecei com essa "cultura de boca" aos quatorze anos, num programa da Rádio Tupi. Passei toda a adolescência ganhando mais com o rádio do que com a mesada. Fiz de tudo que você pode imaginar, fingia... Sabe quando você vai no rádio e fala: sou assim, assado, quero encontrar uma moça assim, assado... Tudo mentira... Tinha um programa que perguntava sobre ópera, então se decoravam os nomes dos autores de oitenta óperas. Você nem sabia o que era ópera, tinha que decorar. Depois veio a televisão. Eu fui ao programa *O céu é o limite* e perdi. Fui então a outro parecido, *O dobro ou nada*, e então ganhei dinheiro. Fui responder sobre Chaplin. Não sabia nada quando me candidatei, mas em duas ou três semanas já sabia tudo. Eram oitenta filmes, com ficha técnica de oito a trinta pessoas, eu sabia absolutamente tudo. Tinha meu próprio método mnemônico. Três dias depois de sair do programa, só me lembrava de 10%. Três meses depois, tinha esquecido tudo, sabe? Você se livra daquele depósito de lixo.

P. Por que Chaplin?
R. Escolhi o tema por pura tática. Achei que era o único tema universal do cinema na época. Mais que Hitchcock. Todo mundo sabia quem era Carlitos. Daí eu ganhei esse dinheiro e fui para a Europa.

P. Na Europa você trabalhou com teatro, fez tradução de *Pluft, o fantasminha*.
R. Em Paris frequentava o Teatro das Nações. Era maravilhoso. Eu via o Piccolo de Milão, o Berliner Ensemble, óperas, balés. Quando ia lá pegar a credencial de imprensa, lembro que via de longe ensaios do Ingmar Bergman e do Luchino Visconti. Espetáculos extraordinários. Interessei-me pelo teatro por que estava lá. Mas foi por acaso que traduzi duas peças para o Michel Simon.

P. O ator?
R. Não, um velho jornalista que morou no Brasil e fazia programas de rádio sobre música brasileira, poesia e tal. Tanto que mudou o nome para Simon Brésil. Para o Teatro das Nações ele traduziu *Gimba**. Ele estava longe do Brasil havia tempos e me pedia para fazer uma primeira tradução para um péssimo francês. Pelo menos ele ficava com uma noção das gírias etc., e depois dava a forma final. Fiz isso no *Gimba* e no *Pluft*, mas no final não assinava nada porque não era da associação de tradutores. Ele me dava um dinheirinho, e acabou.

P. E você chegou a dirigir o *Pluft*...
R. No último ano que passei na França, fui morar na Casa do Brasil, na primeira leva depois da inauguração. Era um prédio, como diziam, bonito por fora, mas por dentro... O teto era preto, a parede vermelha... Vá morar num prédio modernista pra ver o que é bom pra tosse. Tinha lá um teatrinho péssimo, em diagonal e ainda meio aberto, todo de cimento armado. Nada podia ser pior para a acústica do que isso, mas tinha o palquinho e se podia fazer palestra e teatro. Aí, falamos com a diretora da casa e não me lembro por que encenar *Pluft*. Porque era mais fácil, sei lá. A gente fez e foi uma direção medíocre. A Maribel era a Gilda Grillo, moça linda que fez teatro e hoje é uma famosa terapeuta. Paulo Villaça, o ator principal de *O bandido da luz vermelha* [1968], era o Capitão Perna-de-Pau. A mãe de Pluft era vivida por Lucila Ribeiro, que mais tarde se casou com Jean-Claude Bernardet e se tornou pesquisadora do cinema brasileiro. O único ator francês era o garoto que fazia o Pluft. Ele era filho do (cineasta francês) Jacques Baratier e, aos treze anos, sabia mais filosofia que eu.

P. Você viajava pela Europa?
R. A maior parte do tempo passei em Paris. Um dia fiz um *autostop* com o Rolf Orthel, um colega holandês do Idhec. Não tínhamos destino certo. Fomos fazer um filme nas férias. Tínhamos uma câmera 16 mm de corda. Acabamos numa cidadezinha nos Baixos Alpes, onde dormíamos de favor num estábulo. Ali existia uma aldeia abandonada que se chamava São Bartolomeu. Foi onde fiz meu primeiro documentário. Uma droga, mas fiz. Mudo, sobre uma vila abandonada, onde tinha morrido todo mundo. Bom, esse filme só existe em copião.

---

* *Gimba, o presidente dos valentes* (1959), drama social de Gianfrancesco Guarnieri.

2. Um vacilante no CPC. Documentando a miséria. *Cabra marcado para morrer*, primeiro tempo.

P. De volta ao Brasil, por que resolveu se mudar para o Rio em 1961?
R. Eu tinha uma família enorme em São Paulo e mil problemas. Ir para o Rio era outra vida. Além disso, eu queria fazer cinema. O Cinema Novo era no Rio. Quase fiz continuidade em *Os cafajestes* [Ruy Guerra, 1962], o que poderia ter mudado a minha vida. Talvez não fizesse CPC, não fizesse *Cabra marcado para morrer*, sabe essas coisas que mudam a vida? Eu queria sair de São Paulo. Ia ao Rio com certa frequência. Então conheci o Leon Hirszman, frequentei o CPC, e o Leon me chamou para uma das poucas funções pagas em *Cinco vezes favela*, que era gerente de produção. Imagine eu a mexer com dinheiro...

P. Fale do projeto de filmar poemas do João Cabral de Melo Neto.
R. Isso foi depois do *Cinco vezes favela*. Talvez pelo fato de que me sacrifiquei fazendo uma coisa ingratíssima, odiosa, que não sei fazer, que é produção, o Carlos Estevam me disse uma hora: "Você vai dirigir o próximo filme do CPC". É curioso, porque naquela época quase todo o núcleo do CPC era do Partido Comunista, da Ação Popular, da Polop* etc. Eu não era nada. Era um vacilante, como sou até hoje. Foi então que surgiu a ideia de juntar os poemas sociais *O rio* e *Morte e vida severina*, do João Cabral, e ainda *O cão sem plumas*, que alude ao rio Capibaribe. Fui para Recife e de lá saí à procura da nascente do Capibaribe. Quando cheguei em Toritama, a uns 150 quilômetros do litoral, de repente não tinha mais rio, estava seco. Ao voltar ao Rio, o João Cabral tinha mudado de ideia e desautorizado a adaptação.

P. Por quê?
R. Veja só como são os acasos da vida. Conheci o João Cabral na França, logo após a filmagem da aldeia de São Bartolomeu. Fui para Marselha e lá as caronas acabaram. Sem um tostão, procurei o consulado brasileiro para conseguir a passagem

---
* Organização Revolucionária Marxista-Política Operária (ORM-Polop), o primeiro agrupamento a se organizar como opção partidária ao Partido Comunista Brasileiro.

---

de volta a Paris. Diante do cônsul, acho que não reconheci logo o João Cabral. Sentei no sofá e ele começou a contar umas histórias da vida dele, falou do prêmio ao poema *O rio* etc. No fim da conversa, ele me emprestou o dinheiro. E eu jamais voltei a conversar com João Cabral, porque depois ele negou a autorização do filme. Eu tinha vontade de perguntar por quê. Um dia, numa noite de autógrafos, fiquei com vergonha de falar. Mas parece evidente que falaram para ele que o CPC na época era uma coisa complicada. E ele certamente era traumatizado pelo fato de ter sido quase expulso do Itamaraty, acusado de ser comunista.

P. E você, como conciliava uma formação familiar conservadora com essa vivência junto à esquerda do CPC?
R. Eu tinha influências familiares e de formação totalmente conservadoras e de direita. A evolução política se deu nessa época, com as viagens, Brecht, o contato com o CPC. A vantagem é que o CPC não me cobrou nada. Eu me lembro de uma conversa com o Leon, em que eu disse que tinha

adorado os primeiros filmes do Truffaut, inclusive *Les Mistons* [*Os pivetes*, 1957]. O Leon deve ter achado que eu era um reacionário. Mas, enfim, eu tinha estudado cinema na França e ficamos amigos. Eu estava à vontade, porque não tinha que prestar continência para o partido. E havia o desejo de mudar o Brasil, de que eu compartilhava.

P. Você era o documentarista oficial da UNE Volante?
R. Não era bem assim. Havia o núcleo de cinema do CPC que o Leon dirigia. Reuniram os diretores e fizeram *Cinco vezes favela*. Eu gerenciei a produção dos episódios de Miguel Borges (*Zé da Cachorra*), Marcos Farias (*Um favelado*) e Cacá Diegues (*Escola de Samba Alegria de Viver*). Quando chegou o filme do Leon (*Pedreira de São Diogo*), que tinha mais dinheiro e dois assistentes, troquei aquilo por um lugar na primeira UNE Volante. Era uma caravana de cerca de cinquenta pessoas que percorria o país para pregar a reforma universitária. Tinha um grupo de teatro, diretores da UNE, que faziam a parte de política, debates etc., e resolveram que deviam registrar, fazer um documentário sobre o Brasil – o que era uma loucura numa viagem de dois dias em cada lugar. Eu me interessei por ir junto. Mal conhecia o Brasil, tinha passado três anos na Europa.

P. Por onde vocês viajaram?
R. Começamos, acho, por Curitiba. Mas logo na primeira parada, três *photofloods* explodiram, foi um desastre. O cinegrafista, da Agência Nacional, não era modelo para ninguém. Além disso, o tempo era escasso. Nessas condições, só dava para registrar a própria UNE Volante. Querer mostrar a realidade em volta seria um absurdo. Eu me lembro que chegamos em Curitiba, tínhamos somente seis horas ali. Só dava pra perguntar: "Onde é que tem miséria aqui?". E corríamos para lá. Por isso não deu filme nenhum. A partir de certo ponto, o cinegrafista ficou doente e eu passei a fazer a câmera. Até hoje não sei nem sequer carregar uma câmera de fotografia. Assim foi que, com uma câmera na mão, fui para João Pessoa, no Nordeste. Fui filmar o comício de Sapé, que está no *Cabra*. Nem sabia o que era fotômetro. Ia botando os rolos de três minutos e filmando. O comício foi salvo pelo acaso. Saiu limpinho, aproveitável. Houve vezes em que filmei e não saiu nada. Nunca mais fiz câmera depois disso.

P. Que tipo de projeto era o *Cabra marcado para morrer* original?
R. Era um filme que contava um fato real, e não uma peça triunfalista de esquerda. No fundo, o roteiro era tão documental, no sentido de que era muito de acordo com a história que eu tinha ouvido da Elizabeth e dos jornais. Não tinha essa coisa ideológica tão evidente.

P. Você declarou que teve muitas dificuldades em filmar com os camponeses. Que tipo de dificuldades?
R. Veja bem, no Cinema Novo as pessoas estudavam [em cursos de] direito, estudavam não sei o quê, mas quem tinha experiência de teatro? Nem técnica tinham, como no começo de *Cinco vezes favela*. Não se sabia onde botar a câmera, era uma coisa quase amadora. Aí você encontra camponeses que, em primeiro lugar, eram analfabetos. Tirando um personagem, além da

Elizabeth, todos eram analfabetos. Então você não pode dar escrito pro cara ler, estudar. Ia fazer uma cena e o cara ficava duro, era complicado. Para uma determinada cena [a discussão dos camponeses com o dono de terras diante do alpendre da casa], eu fiz um laboratório e guardei os diálogos exatamente como saíram. Em 1984, a cena foi dublada, mas se você lê no papel, é extraordinário como as coisas são ditas. Mesmo assim, os corpos não ficavam à vontade. Eles chegavam lá e ficavam parados. Ora, na dúvida, fique parado... Era complicado pela minha incompetência, pelo fato de que precisaríamos de um longo tempo de ensaio e entrosamento, e também porque a distância cultural era muito maior que hoje. Naquele tempo não havia televisão nem nada de cinema. A instrução de não olhar para a câmera, a ordem de "corta", tudo era um absurdo para eles.

P. Até que ponto você era influenciado por filmes neorrealistas como *La terra trema* [*A terra treme* (1947), Luchino Visconti], que trabalhavam com atores não profissionais?

R. Eu via tudo o que passava no Brasil. Adorei *Salvatore Giuliano* [Francesco Rosi, 1962]. Achei *La terra trema* extraordinário. Mas não tinha isso de "vi, vou pensar". Era insegurança absoluta, mesmo. Eu me lembro de que havia o plano de um homem botando telha [a construção de um telheiro filmada com câmera baixa] e eu já fiquei irritado, porque tinha uma escada ali. Depois ele coloca a telha de um jeito que o movimento do corpo descobre o sol – e eu falei "isso já é frescura". Enfim, talvez tivesse uma vontade de não interferência, mas não uma referência a tal ou tal diretor, tal ou tal filme. A produção era tão complicada que não dava para pensar em projeto estético.

P. Eu sempre tive uma dúvida em relação à cronologia do *Cabra*: como se salvaram as últimas cenas filmadas na noite do golpe militar?

R. Os copiões foram presos, mas quase todos os negativos já tinham sido enviados para o Rio. Aquelas cenas [Elizabeth serve café a um grupo de camponeses e ouve ruídos do lado de fora da casa, antecipando a prisão do marido] foram preservadas por obra do acaso. O Gerson Tavares, que alugava os equipamentos, levou um mês para provar que não era comunista, mas apenas um comerciante. Ele queria liberar o material, todo guardado num quartel. Quando, enfim, ele pegou o equipamento de volta, simplesmente viu que o chassi não tinha sido aberto. Ele retirou o rolo e botou na lata. Aquilo virou uma cena crucial do filme mais tarde.

P. O que aconteceu pessoalmente com você na noite do golpe?

R. Filmamos aquela cena e fomos dormir às três ou quatro horas da manhã de 1º de abril. Sempre que há um golpe, eu estou dormindo. Assim foi com a invasão da Tchecoslováquia, quando eu estava em Praga. Quando acordo, é com a notícia. Dessa vez eu cheguei a pensar: "Que bom, aquela cena estava tão difícil, que é melhor dar um tempo". Mal sabia que iam ser quase vinte anos... Às dez da manhã, toda a equipe deixou a casa e foi para Galileia, que parecia o lugar mais seguro. Realmente, [os militares] foram na casa primeiro. Só não foram para

Galileia os "caras da pesada" [maquinistas, eletricistas etc.], que diziam "nós não somos comunistas". Ficaram num bordel de lá. Foram presos, apanharam. Em Galileia, dormimos em redes na sede da Liga Camponesa. No dia 2 de abril veio o aviso de que o Exército estava chegando. Nós nos escondemos num matagal, como está contado no filme. Eu levei um rádio de pilha e ouvi a notícia que o presidente João Goulart já estava em Porto Alegre ou Montevidéu. Quando nasceu o dia, dividimos o grupo para chegar a Recife. Eu não me arriscava a viajar para o Rio porque tinha documento com barba. Naquela época, era um perigo. Só podia ser cubano. A eles [a repressão] interessava manter a versão de que o filme era dos cubanos, não da UNE.

P. A história da guarda e recuperação do filme tem lances mirabolantes...
R. Na minha ingenuidade, o que eu queria era montar o filme, ver o que fazia daquilo. Foi a primeira vez que o Zelito Viana botou dinheiro em cinema. Pagou uma pré-montagem do material. Vimos que era incompleto, banguela, tinha plano fora de foco, problemas de lente. Pensávamos que poderíamos voltar em um ano ou dois, refazer essas cenas. Ficou aquele copião lá. Alguns amigos viram, todo mundo deve ter achado um horror. Os copiões ficaram na minha casa, e em torno de 1970 eu dei para o David Neves guardar na garagem do seu pai, um general [Luiz Neves]. Os negativos eu só tirei da Líder em 1975, ou seja, onze anos depois, o que mostra a minha irresponsabilidade. Em 1975 é que voltou a ser possível pensar no filme. Eu fui à Líder, retirei clandestinamente o material e o depositei na Cinemateca do Museu de Arte Moderna [Rio]. Dali eu produzi a cópia 16 mm que exibi em 1981 à Elizabeth e aos camponeses de Galileia.

3. Cinema Novo e ficção. *O pacto*, *O homem que comprou o mundo*, Faustão.

P. À época do golpe você estava filiado ao Partido Comunista Brasileiro, não é?
R. Acontece que, na preparação do *Cabra*, fiz comício em Liga Camponesa como representante da UNE. Logo, tinha contato com ativistas políticos, e de repente estava numa reunião do Partido Comunista. Eles pensavam que eu era filiado, faziam tudo na minha frente. Chegou uma hora em outubro [de 1963], que eu pensei: "Já que me confundem, me enquadrem logo nisso". Poucos meses depois veio o golpe. Participei de mais três ou quatro reuniões até 1965 e depois acabou mesmo. Aliás, a última reunião de que tomei parte foi no edifício Master, onde morei por seis meses nessa época.

P. Você sentia que existia uma agenda no Cinema Novo, um conjunto de pensamentos hegemônicos? Que relação você tinha com isso?
R. Eu nunca fui militante da "arte pela arte" nem muito menos do CPC, essa coisa sectária. Na realidade, eu não tinha agenda nenhuma, esse é o problema. Não tinha agenda estética ou existencial para nada. Eu era agendado. Que agenda é essa de um cara que fez um filme [*O pacto*] porque o Nelson Pereira dos Santos não pôde viajar para o Chile? Que fez outro filme [*O homem que comprou o mundo*] porque

Luiz Carlos Maciel brigou com a produção? Que fez um filme de cangaço [*Faustão*] porque a Saga Filmes queria fazer filmes de cangaço? Ora, eu não sabia o que queria fazer. A gente vivia morto de fome para na sexta-feira ter o dinheiro para passar o fim de semana. Era uma loucura... Por que eu não pensei em procurar o [Thomaz] Farkas e fazer documentário? Nunca passou pela minha cabeça. Bem, eu não tinha iniciativa. Nesse sentido, meu primeiro filme foi o *Cabra*, e ponto final.

P. Você era bem polivalente. Era chamado para documentar coisas, para fazer roteiros de ficção, como os de *A falecida* e *Garota de Ipanema*. Como era sua contribuição para a dramaturgia de ficção?
R. Eu não fazia roteiros por paixão. Você imagina que naquela época ninguém sabia nada, não tinha Syd Field, a "ciência do roteiro" não existia. As pessoas tinham que inventar. O Leon me chamou porque, enfim, eu escrevia. Ele achava que eu tinha senso crítico. Na época do roteiro de *A falecida*, nós conversávamos sobre a peça do Nelson Rodrigues, eu recomendava a opção de tirar o aspecto farsesco, as tias malucas e tal. Quanto a *Garota de Ipanema*, é um filme em que eu sofri muito. Leon queria fazer um filme de censura livre, usar um mito para desmistificar, tudo tinha que ser leve. Mas o que eu tinha a ver com a Garota de Ipanema?

P. Como você foi parar em *O pacto*?
R. O Leon estava no Chile, casado com a Liana Aureliano, que estava exilada. Lá ele se entendeu com os chilenos e surgiu o projeto de uma coprodução com Argentina e Brasil, que era uma bela ideia. Para o episódio brasileiro foi indicado o Nelson Pereira dos Santos. Eu também havia sido chamado ao Chile para um projeto cinematográfico sobre reforma agrária – e olha que ainda nem era o tempo do Salvador Allende, mas do Eduardo Frei. Na véspera da viagem, o Nelson comunicou que não podia ir. Cheguei sozinho a Santiago, e de repente ia dirigir o filme.

P. Aí então você criou a história desse casal da Zona Norte.
R. Eu criei a história já conhecendo as dos outros episódios. Resolvi que o meu seria bem brasileiro, meio Nelson Rodrigues. O problema da minha história foi a falta de coragem. O filme é um pacto de morte e devia terminar mal. Mas eu botei o cara enganando, as pessoas não morrem. Até me lembro do Rogério Duarte a dizer que não terminar mal era coisa de comunista. Mas eu sentia que os outros episódios eram tão pra baixo...

P. Dos seus filmes de ficção, acho esse o que melhor resistiu.
R. Envelheceu, mas é bem dirigido. E tem a sequência inicial da festa, onde pude usar músicas de Roberto Carlos, The Golden Boys, Wanderléa. Até hoje tenho prazer de ver. Adorei filmar a cena em que os dois assistem a *Suplício de uma saudade* [Henry King, 1955]. Eu chorei pra burro com esse filme.

P. Você ainda chora no cinema?
R. Choro menos. Em coisa de pai e filho eu choro sempre, até hoje não tem solução. Em *A morte do caixeiro viajante* [de László Benedek, 1951] eu chorei muito, foi um vexame. Choro, ainda choro. E é terrível,

porque você tem que esconder. Se começar a ter soluços altos, você pode ser expulso do cinema e quando sai, se estiver com marca, é um inferno. Hoje choro menos.

P. O crítico Ely Azeredo escreveu, na época, que *O pacto* se distanciava de todas as tendências mais interessantes do cinema brasileiro.
R. Veja bem. Naquela época, fazer aquele filme, que nem era "a grande peça do Nelson Rodrigues", como *A falecida*, era uma bobagem. E o social? E o estético? E ter Roberto Carlos a sério? Ninguém levou a sério quando passou. Um cara que gostou do filme foi o Rubem Biáfora, que deu um prêmio de revelação. Mas era contra toda a expectativa do social, e essa é uma das razões por que eu gosto.

P. *O homem que comprou o mundo* também tem uma certa ironia com o Cinema Novo. Tem um distanciamento engraçado, é mais ligado à chanchada.
R. Aí o cinema já começa a virar o cinema industrial dos anos 70. O filme era caro, tinha dinheiro da Columbia Pictures. Não tinha a visão do Cinema Novo. Era realmente uma farsa, com essa coisa de gozação e paródia. E ao mesmo tempo um filme de produção complicadíssima. A razão de ser do filme era o [comediante] Chico Anysio. Ele ia fazer sete papéis. Um dia, quando apareceu maquiado como um homem de 150 anos, a gente falou "não dá". Parecia um palhaço. Então ele saiu do filme. Tivemos que botar outros atores para os papéis que ele ia fazer.

P. Qual foi a sua contribuição no roteiro?
R. O roteiro original do Luiz Carlos Maciel era bem menos realista, tinha coisas simbólicas, outras surrealistas. Eu só aceitaria a direção se tivesse liberdade de mexer. Então, com a ajuda do Armando Costa, escrevi diálogos novos e cenas novas, como a do futebol e da lista de compras de Rosinha.

P. O José Guerra, herói do filme, é uma espécie de Cândido [de Voltaire] brasileiro...
R. É um pouco o Zé da Silva, o pobre coitado, para fazer contraste com o jogo de interesses [nacionais e internacionais]. Tinha a sátira aos americanos e aos soviéticos porque se não o filme não passava pela censura. A única cena cortada foi a do Jardel Filho falando do País Reserva 17 diante de um mapa que identificava o Brasil.

P. Como surgiu a ideia de adaptar Shakespeare ao cangaço?
R. Desde *Garota de Ipanema*, o Leon tinha aquela ideia de atingir o público, até como uma coisa social. Além disso, o ciclo do cangaço dava dinheiro, embora a essa altura cada vez menos. A ideia, louca, era fazer quatro filmes com a mesma equipe, no mesmo lugar. Na época, eu li toda a literatura sobre o Nordeste que pude. Escrevi o argumento achando que Shakespeare cabia no cangaço. Eu tinha visto uma encenação extraordinária do *Henrique IV* por Roger Planchon, que deve ter me influenciado. A distância social entre um rei e um vagabundo se justificava mais se fosse um cangaceiro negro e o filho de um coronel branco, ainda mais com o preconceito que existe no sertão.

P. Apesar disso, a questão racial não é tematizada no filme. A direção me parece rígida nas marcações e na câmera. O filme não

tem aquela leveza que já se procurava, no sentido de fazer uma coisa mais documental.
R. Eu não procurava fazer documental. Ao contrário, eu gostaria de fazer algo que tivesse a ver com o western americano. O argumento me interessava. A relação meio pai e filho, meio homossexual dos dois. Isso foi uma escolha pessoal, mesmo. O problema é que foi a produção mais catastrófica que eu fiz na vida. Por isso hoje tenho pesadelo de pensar em ficção. Esse foi o único filme do mundo que teve greve no primeiro dia de filmagem. Fazer cenas de ação sem apoio de produção era um horror.

P. Naquele momento, como você percebia sua carreira de cineasta?
R. Eu achava que estava perdido. Aí me casei, tive o primeiro filho, e nada de dinheiro. Não tinha prazer no cinema, então para que continuar? O clima era de ditadura. Trabalhei dois meses para a revista *Realidade*, depois fui ser copidesque no *Jornal do Brasil*. E passei os dez anos seguintes sem fazer cinema. Se não tivesse o *Cabra*, eu não voltava mais.

4. *Globo Repórter*. A riqueza oral do Nordeste. Esconder a autoria.

P. A ficção traria contribuições importantes para os seus futuros documentários. Hoje, no Brasil, só se fala o contrário.
R. Eu acho que muitas vezes falta às pessoas que fazem documentário ter feito ficção. Você tem duas pontas: o jornalismo de um lado e a ficção do outro. É bom passar pelas duas. Jornalismo é prazo, checar dados, e isso é um bom exercício. Depois você se livra disso, mas sabe fazer. É preciso saber costurar depoimentos, como eu fazia no *Globo Repórter*, mesmo quando politica ou tematicamente não é interessante. E foi ótimo ter feito ficção. Fiz roteiros, lia os livros, ainda sem saber nada de dramaturgia. Dirigir atores é uma experiência que acaba te ajudando de alguma forma a não dirigir não atores.

P. A entrada para o *Globo Repórter* foi uma grande guinada na sua carreira...
R. Eu fui convidado pelo Nilson Viana para o *Jornal Nacional*. Mas o *Globo Repórter* pagava melhor e eu fui pra lá. Se tivesse ficado no *Jornal Nacional*, a minha vida teria sido outra. Eu teria sido demitido, não ia aguentar. Minha função no *Globo Repórter* era fazer de tudo: editar, fazer texto, traduzir. De repente, filmei um curta, então veio *Seis dias de Ouricuri* e passei a filmar também. Mas filmei pouco em cinco ou seis anos.

P. Como você lidou com a rejeição do pessoal da esquerda à TV Globo na época da ditadura militar?
R. Meu velho, eu tinha dois filhos para sustentar. Certamente devia haver alguma discriminação, mas eu não sentia porque simplesmente não frequentava. Estava fora do cinema, mesmo. No Brasil, hoje menos, mas na época muito, o cineasta despreza quem trabalha em televisão, em qualquer função. Porque o "grande artista" faz cinema, sabe?, cria inteiramente, e na televisão você é empregado, essa coisa toda. Em segundo lugar, agravado pelo fato de ser a Globo, a ditadura etc.

P. Você já disse que era mais interessante trabalhar na Globo na época da ditadura do que hoje. Como é isso?

R. Seguramente isso deve ser uma loucura. Eu, por exemplo, fiz muito lixo, traduzia séries que eram pura picaretagem. Mas também tinha a possibilidade de fazer outras coisas porque, de um lado os códigos estéticos eram menos rígidos, e de outro a competição no mercado era muito menor. O adversário era a TV Tupi, em decadência. Muitas vezes o Boni achava um programa "não competitivo" e ele não ia pro ar. Portanto havia, sim, a questão do mercado, mas não era tão louca como hoje. E ainda havia uma maior tolerância com o plano longo – uma série de coisas que depois se tornaram absolutamente impossíveis.

P. O *Globo Repórter* era um programa diferente dentro da Globo...
R. Isso é o que as pessoas precisam entender. O *Globo Repórter* não ficava no prédio da Vênus Platinada, mas numa casa maravilhosa com quintal. Isso conta. Lá eu montei o *Cabra* clandestinamente durante meses... A distância e a tecnologia da época dificultavam o controle da criação. Quando entrou o vídeo, em torno de 1982, o controle ficou mais fácil. O *Globo Repórter* era a única coisa feita em cinema dentro da Globo. Por isso se diferenciava do padrão Globo de qualidade. Chegava filme riscado, mal colado, enquanto as novelas e todo o resto eram feitos em videoteipe, com alta qualidade. O sonho da Globo era rentabilizar o *Globo Repórter*, o jornalismo. Passar para vídeo, claro, era inevitável. Mas queriam torná-lo também uma suíte do jornalismo da Globo. Isso significa: no *Jornal Nacional*, só se fala trinta segundos; no *Fantástico*, um minuto; no *Globo Repórter*, pode falar um minuto e meio. Basicamente é isso. O programa hoje tem uma estrutura de reportagem do *Fantástico* ampliada. No *Seis dias de Ouricuri*, eu fiz um plano de três minutos e dez segundos e outro de dois minutos. Isso hoje é inconcebível.

P. Esse documentário me parece refletir um processo de negociação interna que havia dentro do *Globo Repórter*. De um lado, a realidade bruta captada pelas câmeras e nos depoimentos; de outro, uma narração toda conciliadora e positivante. Quem escreveu o texto da narração?
R. Eu mesmo escrevi. Sei que diz coisas dispensáveis – naquele caso, bastava dizer que em tal lugar tem uma seca e tem os seis dias, nada mais. Mas isso era inviável. Eu tentei fazer a narração mais conservadora possível, com medo de que o programa não passasse na censura. Eu queria salvar o que estava na imagem, o que estava entre aspas. O bom da coisa é que entre aspas tem gente falando, como sempre.

P. Foi em *Seis dias de Ouricuri* que nasceram suas célebres "prisões" de tempo e espaço?
R. É verdade. Outro dia pensei nisso. Nasceram por instinto. Depois viriam *Duas semanas no morro*. No *Boca de lixo* eu queria botar *Uma temporada no inferno*. Não botei porque criava conotação negativa.

P. As pessoas se aproximam da câmera aos poucos. Parecem mais interessadas em ver a câmera do que em serem vistas...
R. É um pouco se queixar para o mundo inteiro. A situação lá foi terrível. Os caras estavam morrendo de fome. Vinham para botar a boca no mundo, mas na hora eu fiquei com medo de

que me linchassem. De alguma maneira, você é o outro que está lá.

P. Você dirigiu integralmente seis documentários no *Globo Repórter*, sendo que cinco foram total ou parcialmente filmados no Nordeste. Essa obsessão viria do trauma da interrupção de *Cabra marcado para morrer*?
R. No começo foi inconsciente. Depois virou uma espécie de treino voluntário, com a ajuda do Paulo Gil Soares e do Washington Novaes. Fui aprendendo a linguagem peculiar do Nordeste. Era um vestibular para o *Cabra*, mas também tem o seguinte: eu sempre disse que se me derem um tema de merda – escovar os dentes, por exemplo – no Nordeste, será melhor do que fazer um grande tema em São Paulo ou no Paraná. A riqueza oral do Nordeste, ou mesmo de certos lugares de Minas Gerais, é espantosa. A população é muito simples, composta de analfabetos ou quase analfabetos. Eles só têm um instrumento para convencer o mundo, que é a fala. Ela adquire, então, uma precisão e uma riqueza extraordinárias. O cara na cidade industrial é semianalfabeto, escreve e lê alguma coisa, a escola é péssima e ainda tem a cultura de massa. É um desastre. Se eu vou na Amazônia fazer um filme com caboclo, não adianta ter som direto porque não tem filme. Você pergunta uma coisa e ele diz "sim", faz outra pergunta e ele diz "não", faz outra e ele diz "talvez". Você quer se matar! Caboclo não fala! Agora, se você pergunta para um cara e ele dispara, então é um cearense que foi pra lá. No Rio de Janeiro também tem isso por causa da vivência popular. Você chega numa favela do Rio e eles têm setenta, oitenta anos de vida comunitária, de Carnaval. Aí surge a mulher que se refere ao presidente da República como "presentinho". Em São Paulo você não encontra isso...

P. Essa opção pelo documentário se deu num momento em que você diz ter "caído no real". Mas ela também reflete um interesse crescente pelo outro.
R. Um dia eu arranquei a página de um livro – quando eu gosto de uma coisa, arranco a página – em que um crítico, falando de um poeta, disse que existem três razões para se escutar os outros: primeiro, por uma questão de respeito e cortesia; segundo, por curiosidade; e terceiro, para esconder a autoria. O documentário é exatamente isso: esconder a autoria naquilo que vem do outro. Dizem que quem faz documentário não tem coragem de dizer aquilo e põe na boca dos outros. Mas não é isso. Por mais que você esconda a autoria, tem autoria. Um mínimo de narração, porque você escolhe palavras e monta o filme; um mínimo de música, porque você escolhe músicas; um mínimo até de posições de câmera, porque eu já me limito para achar um lugar confortável para o outro.

P. Limitar-se é fundamental?
As palavras são quase infinitas, e na ficção as escolhas são infinitas. Você pode filmar de cima para baixo, de baixo para cima, em diagonal, em plano próximo, a trezentos metros... Mas quando eu filmo documentário, elimino esse problema. Não totalmente, é claro. Mas o sumo é a palavra. Todo o resto complementa a palavra.

P. Muita gente poderia ter filmado o edifício Master e ter feito apenas um clichê sem autoria nenhuma. Logo, a atitude de montagem, seleção e recorte também faz a autoria.

R. Claro, mas a partir da necessidade do outro de se constituir como sujeito, que para mim é algo absoluto. Alguém poderia filmar os prédios, pôr música, "criar" uma coisa, mas eu não. Para mim, a criação parte do princípio de que, se eu não tenho o outro, não tenho filme. É claro que tem escolha na filmagem, na seleção da pessoa, no jogo. Depois a pessoa vai embora e você edita. Na posição da câmera, por exemplo, eu tenho que ver o olho para sentir a pessoa. Filmar mais ou menos próximo, na altura do olho. Se tiver um plano de longe é porque tem um efeito ou uma necessidade. Pronto. A partir daí a vida fica tão fácil...

P. Em *Theodorico, o imperador do sertão*, você foi além de ouvir e dar a palavra. Você criou a ilusão de que o Theodorico estava dirigindo o filme, não é?

R. Na verdade é um pouco isso. O personagem foi sugerido ao *Globo Repórter* pelo cartunista Henfil. Eu já sabia como era a sua dominação sobre os empregados. Quando cheguei no Rio Grande do Norte, o Henfil me pediu que fingisse sotaque nordestino para melhor me aproximar de Theodorico. Eu disse: "Não, ao contrário. Eu tenho que ter o meu sotaque, eu não me fundo com ele". Porque essa é uma regra para mim: não saio pra tomar cachaça e comer buchada de bode. Fui lá e o Theodorico topou na hora. Era candidato a deputado, não importa se era contra ou a favor, mas que fosse sobre ele. Aceitei o convite para ficar na casa dele porque facilitava o trabalho. No primeiro dia de filmagem, eu ia conversar com trabalhadores e ele foi junto. Eu não podia impedi-lo. A partir da segunda entrevista, ele começou a fazer perguntas. Aí eu disse ao [cinegrafista] Dib Lutfi: "Abre e inclui isso no jogo". No fundo, eu jamais conseguiria o que consegui se ele não estivesse presente. Primeiro, os trabalhadores não falariam nada espontaneamente sobre Theodorico, por distância cultural e por medo. Ele estando em campo, sua presença contaminava tudo. Achando que tudo que falasse seria bacana, ele se dirige assim a um homem: "Você não votou em mim. Eu te expulsei, não foi?". Eu vi que o filme era isso. À exceção de uma, todas as entrevistas contaram com a presença dele. E ainda pedi que ele gravasse falas de introdução e finalização do filme.

P. Você teve o mérito de perceber que ele tinha suficientes carisma e demagogia para expor tudo.

R. Aliás, o programa só foi para o ar, com mais de cinquenta minutos [foi um dos mais longos *Globo Repórter* da época] e sem narração porque o Theodorico era um ator tão bom quanto o Chacrinha, e o Chacrinha era rival do *Globo Repórter*. Era um ator extraordinário, tanto que me seduziu. E o poder pode ser sedutor. Era uma figura fascinante porque dizia aquelas coisas, vivia aquelas coisas... Às vezes, de madrugada, eu estava com insônia e me sentia tenso, apavorado, por estar na casa de um senhor de escravos. Dono de almas. Almas mortas, sabe? Não temia pelo que ele pudesse fazer comigo, mas um tal poder sobre outro ser humano é espantoso.

5. *Cabra marcado para morrer*, segundo tempo. Contra o triunfalismo. A crítica da vanguarda revolucionária.

P. Quando você retoma *Cabra marcado para morrer*, em 1981, está marcado pelas experiências na televisão.
R. Não que eu tenha descoberto a linguagem do documentário na televisão. Mas tinha, por exemplo, o negócio de chegar filmando e sair filmando. É que a televisão usa isso só como sensacionalismo. Mas eu me abismava que não houvesse essa rapidez no documentário. Todas as chegadas nas casas com a câmera na mão, sem saber se a pessoa está ou não, isso não tem no documentário clássico.

P. E as aparições da equipe? No caso do *Cabra*, tratava-se de regatar um filme, portanto fazia todo sentido.
R. Eu via tanto documentário e nunca via a equipe, as condições de filmagem, o pagamento de cachês. As pessoas não olhavam para a câmera, não ficavam livres dessa coisa. Eu passei a fazer retratos – isso é um filme, rapaz! Assim você perde toda essa besteirada. Além disso, se eu vou falar com uma pessoa, falo a um metro de distância. A três, quatro metros ninguém fala. O cara do som tem que ficar perto, só não ponha aquele pirulito, ponha a figura inteira. Não finja que não quis pôr. Ponha!

P. No *Globo Repórter* dessa fase tinha muito isso de fingir que o entrevistador não estava ali, mas estando. Voltando ao *Cabra* e à questão dos cachês, o Abraão, filho de Elizabeth Teixeira que o conduziu até a mãe, refere-se a discussões sobre dinheiro com você. Do que se tratava?
R. Ele quase impediu a filmagem. Eu tinha oferecido 10% de participação no filme à Elizabeth. Mas chegou um momento em que ele disse: "Não aceito". Recorri a amigos, tive uma crise de choro. Finalmente, ele aceitou um fixo e concordou em me levar até onde estava a mãe. Tomamos um carro e ele não dizia a cidade. Eu não sabia que estava indo para São Rafael. Ao chegar, ele não dizia a casa. Até que finalmente nos levou lá.

P. Outra coisa interessante é aquela conversa com Mariano, quando você interrompe por causa do vento no microfone e fica angustiado porque ele parece desistir de falar. Deixar aquilo na montagem foi expor uma lição?
R. Hoje eu me arrependo porque dá uma leitura equivocada da cena. Vários críticos disseram que o Mariano estava disposto e que eu cortei com o negócio do vento. Não é verdade. Desde o começo, ele ia dizer a mesma coisa. Ele estava zangado porque tinha sido expulso da Igreja Batista em função do filme, tinha medo de perder o céu etc. E eu estava tenso porque, começada a cena, vi que a caixinha do microfone tinha sido deixada sobre a mesa e estava no quadro. Eu mesmo não estava tão consciente de que podia aparecer tudo. Deixei a cena porque aparece aquela claquete absurda, mas é pena que leve a uma leitura falsa.

P. Mas hoje você não mais colocaria em risco uma cena delicada como aquela por causa de um detalhe técnico, não é? Tenho a impressão de que o seu método foi sendo cons-

truído com base em erros, arrependimentos, autocríticas etc.
R. É verdade. A prática é instintiva. A teoria vem junto ou depois.

P. Qual o papel da montagem do Eduardo Escorel no *Cabra*?
R. Importantíssimo. Montagem em vários níveis da palavra. Montagem enquanto narração. Discutia-se muito sobre que dados estavam faltando, até que ponto tinha-se que falar para explicar. E quem vai dizer o quê, já que tínhamos dois locutores [na verdade, três]. E aí o montador entra muito. O Escorel também revisava meus textos enquanto gramática, concisão e clareza. Deixei nas mãos dele a dosagem das minhas aparições em cena, para não parecer narcisismo. Cada aparição que ele deixasse seria justa, correta ou imprescindível. Dificilmente outro documentário daria tanto trabalho de montagem quanto esse.

P. São seis linhas narrativas que se imbricam no filme...
R. Era um jogo de xadrez.

P. Por que você não terminou o filme com a fala revolucionária de dona Elizabeth?
R. Esse negócio de não terminar triunfalista é essencial. Ali ela fala, como no passado, de revolução, a câmera se afasta, retiro o som e corto. Seria o grande final. A câmera se afasta da heroína e corta. Mas não é assim. Eu fiz questão de botar que "até outubro de 1983, quando esse texto foi escrito, Elizabeth só tinha reencontrado dois de seus filhos". Isso tirava o triunfalismo e levava o espectador a pensar: "E os outros?". O filme não conseguiu milagre nenhum, então gera o final para baixo, no real. O que é forte na Elizabeth, ao fazer aquele discurso revolucionário, é que ela diz isso no último dia, no último momento da filmagem com ela. A montagem é documentarizante. Nela, a cronologia da filmagem é fundamental.

P. Depois da despedida de Elizabeth, ainda vem a informação sobre a morte de João Virgínio. Outra nota para baixo.
R. Ele morreu depois das filmagens. Eu tinha que dizer. Mas está no final porque sugere que nada, nunca, está plenamente garantido.

P. Em 1984, quando o filme foi lançado, o tom geral do que sobre ele se escreveu era de que havia ali um conteúdo crítico em relação ao trabalho que você tinha feito em 1962-4. Que seria uma autocrítica sua, uma descoberta, enfim, da inviabilidade daquela atitude populista. Você partilhava desse sentimento?
R. Sim. Eu acho que tem até uma autocrítica ao Cinema Novo e um pensamento sobre o autoritarismo do CPC. Afinal, o que é a vanguarda revolucionária? É o cara que sabe, que vem da classe média. O povo é o copo vazio, que você enche com o seu saber. Tem um lado ótimo: a tentativa de fazer um Prolektkult. Mas tem esse lado autoritário. No Cinema Novo você tinha uma onipotência, para o bem e para o mal, no sentido de que o cinema poderia mudar o mundo. Ora, criar um cinema, vá lá. Criar um país tem um pouco de verdade, mas mudar o mundo é uma coisa de onipotência. O povo era divinizado em alguns filmes, e quando começa a rebarba de 1967, 1968, ele é rebaixado, como em *Terra em transe*. Havia uma relação com o povo que era muito externa, muito superior.

P. Você achava isso já naquela época?
R. Do CPC eu achava. É claro que com a passagem do tempo, anos 80, a impressão ficou maior. E com relação ao Cinema Novo, é claro que comecei a sentir isso mais com o passar do tempo.

P. Porque eu acho que o *Cabra* de 1984 é tanto um cinema do seu momento quanto o *Cabra* de 1964 era um cinema do seu momento. A esquerda em 1984 estava lambendo as feridas, recolhendo os pedaços...
R. E aí tem a crítica. Se você comparar o material das duas épocas, vai ver que em 64 os camponeses parecem deuses, não é? Um pouco porque eu não sabia dirigir e acabava ficando hierático. O [Jean-Claude] Bernardet escreveu que o *Cabra* de 64 era uma novidade em relação ao Cinema Novo, na medida em que este nunca teve operário, nunca teve a luta de classes no presente. Acredito que era um filme importante de ser feito, mesmo ruim, por ser a luta no presente e com não atores, o que dava uma visão diferente do Cinema Novo. Mas a crítica está embutida porque o *Cabra* de 84 não é o de 64.

P. Pela sua perseverança em acabar esse filme e lançá-lo nos cinemas, parece-me que você percebia a dimensão histórica que ele ia tomar. É verdade?
R. Eu tinha pesadelos. Via outros filmes brasileiros e pensava que se não fizesse o *Cabra* ia enlouquecer. Passei quase uma década assim, obcecado. Esse é um filme do qual eu posso falar na terceira pessoa. É tão pessoal que é como se eu não tivesse feito. Acho extraordinário, acho que vai durar no tempo. Muita gente queria que eu o exibisse em 16 mm, mas eu insistia em ampliar. Achava que ia bater forte em termos de política, em termos do que se fazia no cinema, de reatar com o passado de uma forma diferente em relação ao Cinema Novo. E mais do que isso, eu achava que era um grande filme como documentário, em termos de linguagem. Porque se não for bom em termos de linguagem, um filme não dura politicamente. Eu tinha uma fé quase absoluta.

P. A partir desse filme, você se concentra no particular da vida das pessoas.
R. É a coisa do concreto. Eu tenho um exemplo

muito claro: para falar do golpe militar de 1964, não adiantava mostrar tanque na rua. Tanque é tudo igual. Não tem valor heurístico, nem científico, nem de apreensão do mundo. É inútil. Assim é que eu estava pesquisando jornais do Nordeste e comecei a encontrar notícias de Marchas da Família* em Recife, João Pessoa... Em todas as cidades do Brasil houve marcha! Com isso eu ficava na região e no concreto. É claro que às vezes tem que falar do geral. Tem que falar em movimento dos sindicatos, ditadura etc. Mas é sempre a partir do particular.

6. Favela, vídeo e cultura negra. Santa Marta – duas semanas no morro. O fio da memória. O documentarista como refém.

P. Vamos passar ao *Santa Marta – duas semanas no morro*. Como você se

---

* Marcha da Família com Deus pela Liberdade, movimento organizado no início de 1964 com a finalidade de sensibilizar a opinião pública contra as medidas que vinham sendo adotadas pelo governo João Goulart. Congregou setores da classe média temerosos do "perigo comunista" e favoráveis à deposição do presidente.

aproximou do Instituto Superior de Estudos da Religião (Iser)?

R. O Iser é um lugar de antropólogos e sociólogos que pensam a religião, mas sempre foi aberto para estudar o Brasil, a vida popular. Com apoio de mecanismos internacionais de ajuda ao Terceiro Mundo, eles resolveram criar um departamento de vídeo, do qual eu fui um dos fundadores. *Santa Marta* foi um dos primeiros documentários feitos ali. Eu não queria fazer outro filme sobre camponeses, não sou especialista. Nem mesmo sei plantar batatas, entende?

P. E por que a Santa Marta e não outra favela?

R. Na época o tráfico não era como hoje, mas já dominava a maioria das favelas. Tínhamos possibilidade de contatos na Rocinha e na Santa Marta. Na Rocinha havia o problema de briga entre duas associações de moradores. Na Santa Marta, não. Era um lugar que tinha uma associação, com uma certa autonomia diante do tráfico. Ainda bem que não escolhemos a Rocinha, porque ali tem 50 mil pessoas, e isso não me interessa. A Santa Marta tinha entre 7 mil, 8 mil pessoas.

P. Você não teve que negociar com traficante?

R. Não. Marcamos uma reunião com a associação de moradores para comunicar o projeto e pedir a colaboração deles. Não tenho dúvida de que eles avisaram aos traficantes e deve ter havido um acordo. A associação teria 10% da renda do filme. Queríamos também pessoas indicadas pela associação para participar da equipe. Conheci o Sergio Goldenberg, que trabalhava com VHS na favela e passou a ser elemento importante na produção. Sempre faço isso quando encontro um cara de cinema que está no lugar. Não houve qualquer pesquisa. Ou fazia uma pesquisa intensa, ou não pesquisava nada. Eu apenas não filmava os lugares onde ficava o tráfico, para não criar problema.

P. Marcinho VP, futuro traficante famoso, tinha nessa época dezesseis anos de idade...

R. E está no filme. Aparece duas vezes. Reclama que as grã-finas não facilitam namoro e depois que só lhe dão emprego de gari. Diz que quer ser desenhista industrial, mas se não der... Nas falas dele, tem um lado de revolta e outro de aparente conformismo.

P. Pela maneira como você começa e termina o vídeo, tenho a impressão de que havia ali uma pauta: dizer que a favela era um lugar de trabalhadores, desfazer uma imagem calcada no estigma da miséria e da violência.

R. Na época havia um concurso do Ministério da Cultura com o tema da violência. O Iser apresentou um projeto e perguntou se eu fazia. Mas o que eu queria era fazer um filme sobre o cotidiano. Violência tem em todo lugar. A curiosidade era sobre como eles viviam, as razões deles. Trabalhar sem *parti pris* sobre algo que eu não conhecia. É claro que havia essa ideia de tirar o estigma, mas não com discurso. E olha que o estigma não era tão grande como hoje. O primeiro tiroteio urbano que assustou a cidade foi no morro Dona Marta em 1987. Foi a mudança de qualidade do tráfico. Mas o essencial era mostrar que a favela é uma sociedade, assim como o depósito de lixo [tema de *Boca de lixo*]. Em todo lugar a sociedade humana se forma.

P. Em *Santa Marta* aparecem pela primeira vez as performances musicais, que se tornariam uma marca dos seus documentários.
R. Naquele morro de 7 mil pessoas é impressionante o nível de qualidade musical. Tem gente ali que compôs músicas incríveis e jamais gravou. A diferença é que ali eu faço clipes que hoje não faria mais. Se bem que tem uns clipes lá bonitos, com uns rostos na janela, umas figuras extraordinárias.

P. Pela primeira vez você usava o vídeo fora da televisão. Isso o libera da tensão da economia de material e acaba determinando o seu futuro, não é?
R. Não, veja bem: aí é que tem a hesitação. No *Cabra* eu captei cerca de quinze horas para um filme de duas horas. No *Santa Marta*, foram 23 horas para um vídeo de 52 minutos. Imagina o custo disso. Em compensação, na época não havia o *transfer*, não era digital, não existia a possibilidade dos cinemas. Já *O fio da memória* eu não poderia fazer em vídeo. Tinha sido pago para fazer um filme. Fiz em 16 mm, com rolinho de onze minutos e fita do Nagra de 15. A todo momento termina a imagem, termina o som. Durante quinze anos, não passou filme meu no cinema, já que *O fio da memória* nunca teve lançamento comercial. Passou mais na TV.

P. Por que você escolheu a Casa da Flor como o elemento aglutinador de *O fio da memória*?
R. Eu recebi o catálogo de uma exposição e vi as imagens da casa, tendo ao lado aqueles textos espantosos do Gabriel Joaquim dos Santos. Ele quase não fala da obra, mas faz um diário do que aconteceu com o Brasil, com ele e com as pessoas ao seu redor. Isso era o mais fascinante. Quando pensei no filme, a primeira ideia foi o Gabriel. Mas tinha lá o grande tema – os cem anos da abolição da escravatura, a memória geral. Filmei ao longo de vários anos, sem qualquer roteiro. Aí senti que o Gabriel era essencial. E digo mais: se eu tivesse conhecido antes, poderia ter incluído algo do Bispo do Rosário, com sua necessidade de anotar tudo o que tem no mundo, senão o mundo acaba.

P. O fato de ser financiado por televisões estrangeiras alterou o seu processo de apresentação?
R. Isso foi um inferno. Tinha que explicar o que é umbanda, candomblé... Se estivesse montando para o Brasil, podia ter dispensado aquele prólogo histórico. No Brasil, as pessoas sabem quem foi a princesa Isabel. Mas eu tinha que falar para o francês, o espanhol, o inglês. Foi a montagem mais infeliz da minha vida.

P. Mas pelo menos a repercussão no exterior compensou o sacrifício?
R. O filme foi exibido na íntegra na Inglaterra. Na França, cortaram meia hora. Na Espanha, passou na hora da sesta para 1 milhão de pessoas. Mas aí você pergunta como foi a resposta – e não tem resposta. O que adianta saber que 1 milhão viram? Se não tem feedback, é zero para mim.

P. De que maneira o fato de você ser branco determinou sua conduta em relação a esse tema?

R. Atrapalhou bastante. Você pode se sentir culpado em relação a ser da classe dominante, a ser classe média, a ser branco, a ser mil coisas, não é? Mas como essa agrega todas as outras, eu acho que atrapalhou mais. Eu tinha um financiamento para um filme de encomenda sobre a abolição e tinha de ser digno disso. Espero ter aprendido duas coisas: primeiro, não faço mais temas gerais; segundo, não entro em coisas que me deem culpa. Na vida, eu tenho culpa diariamente, mas nos filmes não me sinto culpado. Nem culpado, nem refém.

P. Qual é a situação do documentarista refém?
R. Por exemplo, filmar tribos de índios. Nunca filmei porque sei pouco sobre índio, não entro em avião monomotor, nem em lugar que tem muito mosquito. Mas o pior é que nessas situações sempre tem o antropólogo da tribo, tem a Funai, e eu posso ficar refém deles. Por isso evito filmar movimento organizado. Quanto mais desorganizado, mais eu estou livre. Esse filme do ABC [*Peões*], eu pude fazer porque tratava do passado. Era difícil explicar que nós queríamos gente da greve, mas não precisava ser forçosamente militantes. O militante tem uma parte que tende ao discurso pronto. Eu explicava isso com medo – e mesmo assim eles acabavam indicando militantes. Então a regra é a seguinte: pegar aquele que não te deixa refém pelo poder que ele possa ter. Ao filmar o desorganizado, o desprotegido, meu compromisso é puramente ético. Quanto mais desprotegido, mais eu sou obrigado eticamente a respeitar. Meu compromisso com as pessoas do Master e do Babilônia é que a comunidade e cada um não se sintam traídos ou prejudicados. O que eu mais gosto em relação a *O fio da memória* é que não é um filme que os militantes encampem. Ele não está a serviço de uma coisa específica, entende?

P. O Spike Lee diz que só pretos deviam filmar pretos...
R. Isso é a coisa do politicamente correto americano. Lá é assim: eu mando um projeto sobre lésbicas e vem a pergunta: "O senhor é lésbico? Não? Então não serve". Costumo dizer que para se conseguir fazer um filme nos Estados Unidos, o ideal é ser excepcional, negra, lésbica, com Aids se possível, e se for anã, melhor ainda. Essa ganha todos os concursos. Nisso eu acho que tem um lado positivo, de consciência civil, que é dar poder às minorias, aos oprimidos, o que reforça a dignidade. Mas tem também o lado negativo, que simplesmente torna impossível, mesmo para o cineasta negro, ter liberdade. Ao contrário do que diz o Spike Lee, eu vou achar ótimo o dia em que o negro do Brasil for filmar branco, o índio filmar a cidade etc. Eu, por exemplo, não me interesso por filmar a classe dominante, a Barra da Tijuca, essas coisas que é preciso mesmo documentar. Não filmo porque quero fazer coisas distantes de mim. Eu quero filmar o outro. Nem quero filmar contra, nem fingir uma adesão simpática a alguém de quem eventualmente não gosto. Não vou filmar um nazista, tendo que enganar o nazista para ele dizer que é nazista. Não filmo para derrubar ninguém. Filmo para que eles se elevem, para que voem.

```
7. Comida e morte.
Boca de lixo e a
liberdade de filmar
o desorganizado.
Limites da ética.
```

P. Comida e morte são presenças subliminares constantes nos seus filmes.
R. Mas ninguém come nos meus filmes!

P. Pelo contrário, come-se e fala-se muito em comida. *Boca de lixo* é sobre comer ou não comer; em *Santa Marta* e *Santo forte* há muitas referências à comida. Em *Babilônia 2000*, as pessoas estão preparando a ceia do Ano Novo. Tem sempre alguém a oferecer um cafezinho ou um lanche à equipe. Filmar o cotidiano é sempre filmar o ato de comer...
R. Nunca pensei sobre isso. Se tem, é inconsciente. É contingente.

P. E quanto à morte?
R. Não se pode filmar a vida pulsando sem a presença da morte. Não é que se fale da morte, mas a vida é intensa e a morte é que paralisa tudo. Mas eu não sei se tenho perguntado ou falado sobre isso nos filmes.

P. Não necessariamente, mas a morte aparece. *Cabra marcado para morrer* é tanto sobre as pessoas que sobreviveram quanto sobre aquelas que morreram no caminho. E termina com a notícia da morte do João Virgínio. Já em *O fio da memória* tem o Gabriel Joaquim dos Santos, que já havia morrido, e dois personagens que morrem entre a filmagem e a montagem.
R. E em vários filmes também tem gente que conta assassinatos. O fantástico de uma coisa que é filmada no presente puro, uma coisa que está acontecendo, é que você não quer que aquilo paralise. Mas ela está sempre ameaçada.

P. Em *Boca de lixo*, reencontramos essa disposição restauradora, que já se manifestava no *Santa Marta*, no sentido de reconstruir a dignidade das pessoas.
R. Eu acho que não é tentar dar ou conferir dignidade às pessoas. É tentar fazer aparecer. Ao contrário do que sou na vida real, meus filmes veem o mundo com um olhar feliz. E aqui estou citando alguém de que não me lembro. Faço para mostrar que a vida continua – como no título do filme de Abbas Kiarostami –, mas brotando deles mesmos, e não organizada por você. Nas condições mais infames se formam regras de convivência. O homem não é bicho. Primeiro, porque se adapta a tudo. Depois, porque forma uma sociedade onde é possível. Não tem nenhuma transcendência – nem utopia social, nem Deus. Essa dignidade pode estar no ridículo. Veja como o público ri com *Edifício Master*...

P. E esse riso lhe incomoda?
R. Rir não deve ser proibido. Aliás, nada deve ser proibido. E nem sempre os risos simultâneos exprimem a mesma coisa. Você pode rir do outro ou rir com o outro. Você pode rir porque a pessoa definitivamente é engraçada. Você pode rir um riso nervoso, constrangido. Tem o riso de classe. O filme está aberto a todas as leituras.

P. No lixão de Itaoca, você também era uma espécie de catador, em busca do que fosse humanamente aproveitável.
R. Ninguém quer fazer filme sobre o lixo. É uma coisa odiosa para os outros, mas eu gosto. Eu fumo muito, logo não sinto cheiro. É difícil, humanamente, mas dá para filmar bem. Eu faço daquilo o que eu quero. É barato, não tem sindicato nem partido me enchendo o saco. Eu sou inteiramen-

te livre. Isso está na minha mão. Por isso eu fico nas mãos deles. Ninguém espera que o filme seja bom ou ruim. É um projeto de risco. Essa é a liberdade que eu procuro.

P. Havia pessoas no lixão que estavam preocupadas com a divulgação de que eles, eventualmente, comem do lixo. Você acaba mostrando gente a comer diretamente do lixo. Não teria rompido aí um limite ético?
R. É claro que eu queria mostrar como as coisas acontecem. Comem no lixo e levam para casa – isso é uma coisa óbvia e tem essa resistência. No início das gravações, a Jurema manda desligar a câmera e diz que a comida é para os porcos etc. Depois eu fui fazendo amizade com ela, e foi uma sedução. E no final ela diz que come sim, sem problemas. Mas que não precisava ficar dizendo para os outros porque não adiantava nada. Muita gente não entende que eu tenha botado isso. Se botei é porque é significativo. Um filme não muda a vida de ninguém. As imagens deles comendo são planos curtíssimos. Fiz duas projeções para eles e ninguém protestou. Hoje eu diria que não as incluiria, mas por uma outra razão: aquilo servia também para provar que eles comiam, que era verdade. A imagem servia como prova, ilustração. Uma coisa é as pessoas confessarem. Outra é eu provar pela imagem. Hoje eu não poria. Posso até vir a retirar no futuro.

8. Documentários sociais. Filmando com Igreja e sindicatos. Os romeiros do Padre Cícero.

P. Que importância você reconhece em documentários "menores" como *O jogo da dívida*, *Volta Redonda – memorial da greve*, *A lei e a vida* e *Mulheres no front* para a evolução da sua carreira?
R. Nenhuma em *O jogo da dívida*. Foi chato porque tinha que ser didático, tinha que explicar e tinha que entender de economia. Não digo que seja ruim, mas ter que pesquisar e lidar com dados como 50 milhões de dólares, porcentagens etc., era um horror. Com *Volta Redonda* foi diferente. A diocese patrocinava, a filmagem foi agradável. Mas eu estava envolvido com algo maior, que era *O fio da memória*. Tanto que deixei para o Sergio Goldenberg montar e nós assinamos juntos. Acho interessante porque no Brasil existem poucos filmes sobre operários.

P. A diocese interferiu?
R. A Igreja queria aparecer mais no filme. Eu tive uma briga homérica com gente da Comunidade Eclesial de Base [CEB]. Argumentava que era inútil fazer um livro, um filme, seja o que for, se fica parecendo "coisa de comunista", "coisa de católico" etc. O tal negócio do refém... Dom Waldyr Calheiros foi quem fez a conciliação. Fizemos, então, uma versão específica para o trabalho das CEB. Mais difícil ainda foi evitar o final triunfalista. Eu preferi terminar com um cara simpático, mas tímido e humilde, que fala sobre o futuro dos filhos, mais ou menos assim: "Estava certo de que fossem metalúrgicos, mas agora, com a Companhia Siderúrgica Nacional desse jeito, já não sei mais". Há documentários sobre o movimento sindical em que parece que os operários estão prestes a tomar o

poder. Tempos depois, vemos que nos enganaram. Eu não quero que me enganem. Os pais, a Igreja, o partido já me enganaram demais.

P. Você ficou refém também do sindicato?
R. Eu gravei uma conversa sobre a greve durante um curso noturno para metalúrgicos. De dez operários que falaram, sete criticavam o sindicato e o grevismo. Eu vi logo que aquilo não ia entrar no filme. Porque ninguém quer reflexão, quer propaganda. Um dia desses fui procurado para fazer um filme sobre o Movimento dos Trabalhadores Rurais Sem Terra [MST]. Disse que não parecia indicado para a tarefa. Só poderia filmar se tivesse carta branca inteiramente, e não seria para fazer um filme sobre "o" MST. Podia fazer um acampamento do MST. Aí teria um cara ali lutando, mas que de repente é machista e tal... Aí começa a interessar. Agora imagine se o MST vai produzir um filme desse com o dinheiro deles. Mesmo que eu arranje o dinheiro, será que eles vão me dar essa liberdade?

P. Por que, então, você aceitava fazer esses vídeos?
R. Em primeiro lugar, eu precisava sobreviver.

P. E hoje não precisa?
R. Hoje, ao contrário, eu preciso fazer um longa-metragem atrás do outro, senão eu não sobrevivo. E nem vivo.

P. Você pouco se refere a *Mulheres no front*, que é um típico filme de Eduardo Coutinho. Todo baseado em fala, com personagens carismáticos...
R. O projeto era bacana. Tem uma força na voz daquelas mulheres... As promotoras populares vivem situações incríveis e são singulares.

P. Você costuma dizer que *Os romeiros do Padre Cícero* não está à altura do mito. Explique isso, por favor.
R. O Padre Cícero é um tema extraordinário, mas nós tivemos que filmar antes que o dinheiro da [TV alemã] ZDF saísse e, o que é pior, com uma equipe que eu não conhecia, da produtora TV Viva, de Recife. Não me entendi bem com o fotógrafo, perdemos muito tempo e acabei tendo que voltar com outra equipe, numa romaria mais fraca. O que interessa na romaria do Padre Cícero é o seguinte: você filma as pessoas em Alagoas, por exemplo, e mostra quem são elas. Aí você as acompanha na viagem a Juazeiro, faz a romaria e as pessoas voltando. *Les Mâitres Fous* [*Os mestres loucos*, 1955], do Jean Rouch, é isso. As pessoas estão num ritual espantoso, comem sangue de cachorro, se enlameiam e no dia seguinte um trabalha no porto, o outro... São pessoas integradas. Mas eu não consegui. Fiz uma péssima pesquisa, fiquei sem o ambiente de partida da família alagoana. Ao chegar em Juazeiro, piorou. A mulher não conseguia rezar direito porque tinha a câmera. Filmar ação é às vezes insuportável. Perdi os personagens. Ficou sem unidade. Uma reportagem com um grave defeito dramático.

P. Tem as pessoas comendo nas pausas da romaria, que são ótimos momentos...
R. Os ranchos são extraordinários. Poder filmar os dois dias de romaria sem sair do rancho seria maravilhoso.

P. Esse vídeo de alguma maneira ajudou a posicio-

ná-lo tematicamente para *Santo forte*?

R. Esse negócio de religião sempre foi muito forte. No período de 1993 a 1997, eu não sabia o que fazer da vida. Sentia-me desmoralizado, numa crise brutal. Então veio o projeto da TVE [*Identidades brasileiras*], que eram dez filmes de cinquenta minutos sobre o Brasil. Graças a Deus não saiu. Eu ia morrer nesse filme, tendo que trabalhar com dez montadores, quatro meses, 2 milhões... Foi na parte sobre o Rio de Janeiro que eu achei a pesquisa do *Santo forte*.

9. Santo forte. Religião e vida concreta. O transe em palavras.

P. Eu acho que de alguma maneira você sempre esteve se preparando para fazer *Santo forte*. Seu interesse pela religião das pessoas invariavelmente aparecia nos filmes.

R. Para mim, as coisas básicas de uma pessoa são: nascimento, origem, família (biológica ou não), amor, trabalho, dinheiro, sexo, saúde, morte e religião. Porque se tem morte, tem que ter religião. No Brasil, as pessoas se encontram com os deuses na esquina, tropeçam neles como se fosse o birosqueiro. Para a Igreja Universal, o diabo está aqui, está no ônibus. O devoto do Padre Cícero fala com a estátua e por aí afora. Então não é um filme sobre religião, é um filme sobre a vida concreta. E a vida concreta é permeada de religião. Eu achava que isso não tinha em cinema. O que se tinha era a visão da religião como coisa alienada ou então os filmes sobre rituais. Por outro lado, eu aprendi sobre a trajetória religiosa das pessoas. Não tem nada a ver com o universo americano ou europeu. Ninguém entende isso fora do Brasil. Elas vão para uma religião, voltam para a outra, é fantástico! E sempre por razões ligadas à vida prática. O que tem de dor de corno que faz mudar de religião... Descrentes é que elas nunca ficam.

P. Você já leu muito sobre o assunto, não é?

R. Muito. Não vi na prática. Só fui na umbanda e no candomblé umas poucas vezes. Mas tinha lido muito sobre vida e religião.

P. A decisão de não filmar cultos, transes etc., deixando que isso surgisse da narração das pessoas, abre espaço para o espectador formar imagens mentais que são maravilhosas.

R. Exatamente. O termo "imagens mentais" é essencial. A princípio, eu estava certo de fazer a coisa baseada na palavra, mas não sabia que não ia incluir os cultos. Chegamos a filmar várias horas de umbanda. Filmei a Vera, que era nossa guia no morro, em visita a uma vidente. Pensei em filmar as personagens numa igreja da Assembleia de Deus, ao pé do morro. Tentei filmar na Igreja Universal, mas não me autorizaram. E aí, no processo de montagem, comecei a ver onde cabia uma imagem ou outra, em meio à gente falando. Ficava um horror. Acabei deixando somente um batizado, filmado com uma câmera amadora, porque a gravação ia ser mostrada no presente a alguém que ia comentar. Então muda, porque não é mais um arquivo. Ficaram também as estátuas dos santos da umbanda, que são uma coisa atemporal e fora do espaço. Aquele kitsch maravilhoso, estátuas de putas... Achei que eram um elemento forte, que não podia tirar.

P. Por que você deixou a exibição da dançarina no clube noturno de Copacabana? É a única sequência que destoa da concentração do filme na favela.

R. Se formos no rigor, ela não deveria estar no filme. Mas era a única que falava do emprego com dramaticidade e eu achei que aquela imagem tinha uma força extraordinária. Ela é uma pombagira, mesmo. Eu fiquei fascinado pela imagem dela dançando. Os princípios às vezes são para ser transgredidos.

P. Como no *Cabra*, você parecia confiar muito no poder de *Santo forte*...

R. À diferença de que, no *Cabra*, as pessoas que viam o filme antes da estreia, em geral, gostavam. Aqui, muita gente achava o filme chato. Diziam que eu exigia demais do espectador, que deveria cortar vinte ou trinta minutos. Mas eu acreditava contra tudo e contra todos. O filme tinha fala incorporada. Quando o documentário não tem fala incorporada, nem dez minutos você aguenta.

P. A capacidade daquelas pessoas de criarem em nós essas imagens mentais é fantástica. Porque o espectador "vê" o que elas estão contando e vê o aporte da imaginação delas.

R. E fica livre. É um pouco como na literatura. Você conta um fato espantoso e não tem essa imagem. Assim como os espaços vazios são feitos para você se debruçar sobre aquilo e botar o que quiser. Esse cara imagina que isso aconteceu assim. Se ele receber um santo, tiver um transe durante a filmagem, será muito menos interessante do que o transe que ele conta.

P. Nós ficamos no meio — entre o que aconteceu e o que não aconteceu.

R. O que é um dilema insolúvel. O que aconteceu? É verdade ou mentira? Não interessa até que ponto é teatro. Você deixa de ter essa discussão, entende? Deixa de ser importante. A pessoa conta magistralmente o que viveu no transe, e aí tem aquele espaço. Aquele espaço é para você. É indizível, impenetrável, porque sagrado.

P. Por que decidiu que *Santo forte* não seria apenas mais um vídeo do Cecip, e sim um filme transferido para película e lançado nos cinemas?

R. Eu queria que fosse filme desde o início. Não queria essa limitação de trinta minutos, cinquenta minutos. Eu prezo que não acabe nunca a possibilidade de uma sala escura com uma tela. É a coisa coletiva, para o mal e para o bem. Não fico contente com televisão por causa disso. Uma sala escura com gente que sai de casa, paga ingresso pra ver um filme... Você conseguir que uma pessoa faça esse sacrifício espantoso de ir ver aquele filme e não outro. A TV a pessoa vê distraída, ouve, pega pelo meio. É uma tragédia. Ninguém tem mais contato face a face. No cinema é uma forma de se ter isso.

10. Babilônia 2000. A filmagem democratizada. O cinema do presente. A imagem devolvida.

P. Quando você chega no *Babilônia 2000*, está se sentindo mais vitaminado.

R. *Santo forte* foi uma injeção extraordinária. A ideia do *Babilônia 2000* nasceu em julho de 1999. Mandei para vários concursos e perdi todos, inclusive um do Ministério da Cultura. O roteiro tinha três linhas:

um dia, um morro etc. E mais três laudas dizendo por que é impossível fazer um roteiro dos filmes que eu faço. Eu não sei o que vai acontecer! Então não ganhei nada. O que me salvou foi o encontro com o João Moreira Salles, através do Donald Ranvaud.

P. A escolha do morro da Babilônia se impôs somente pela posição geográfica?
R. Sim. É a única favela da praia. Eles convidam familiares que moram longe para ver os fogos, fazem festa e churrasco em função disso.

P. Como foi a experiência de delegar decisões de filmagem a outras equipes?
R. Foi ótimo. A crítica em geral foi medíocre com o *Babilônia*. Alguns críticos acharam que não tem criação porque é só gente falando. Outros ficaram vendo a diferença de estatuto entre as minhas entrevistas e as das outras equipes. Não perceberam que eu filmei com vagar apenas quatro ou cinco pessoas, com horário marcado, tripé, essas coisas. Os outros, ao contrário, saíram ao léu e tiveram muito mais prazer do que eu. O prazer da reportagem, sabe? Sair com a equipe, abordar, se não funcionar entra em outra casa, a mulher está de roupa transparente e por aí vai... Encontrar as coisas por puro acaso. No começo eram duas câmeras. Se tivesse mais uns dias, seriam oito. Alguns cinegrafistas eram meio amadores e tinham que fazer o som também. Mesmo assim, e num lugar barulhento como a favela, não perdemos nada por motivos técnicos. Foi muito divertido porque não era "o grande filme", mas se atirar na aventura. Eu é que estava péssimo no dia, devido à tensão, à incerteza e ao medo de não conseguir.

P. O processo coletivo continuou na montagem, não foi?
R. A equipe influenciou bem mais do que nos meus outros filmes. Diz a [montadora] Jordana [Berg] que eu me sentia como se o filme não fosse meu. Acho que estava em discussão a noção de autoria. Arrependo-me de não ter posto no filme, ou ao menos no cartaz, os diretores de filmagem. Depois assinava como direção geral. O fato é que todos os caras de som e imagem inventaram coisas, perguntaram coisas.

P. Eu presenciei parte das filmagens daquele Réveillon e recordo você a dizer que queria filmar o fracasso de uma equipe em controlar aquele caos. E que estava fracassando mesmo nisso.
R. Quando começo um filme, quero ter a consciência de que pode não dar nada. Sempre pode resultar num desastre, num filme medíocre ou chato.

P. Às vezes tenho a impressão de que a angústia é um combustível da sua criação...
R. Pode ser. Em *Edifício Master*, por exemplo, durante a pesquisa eu estava num humor podre, mas a filmagem foi maravilhosa. Tirando os momentos de nervosismo do café da manhã, quando não falo nem com filho, o resto era uma beleza.

P. Ainda em relação ao *Babilônia 2000*, você filmou nas mesmas locações de *Orfeu do Carnaval* e conversou com atores do filme de Marcel Camus. Em nenhum momento se sentiu tentado a usar um pequeno trecho do clássico?

R. Essa é a questão do que eu chamo de cinema do presente. Lamento não ter apanhado numa locadora uma fita VHS e mostrado para o cara lá no morro. O garotinho falando "Orfeu, toca para o sol nascer", aquela bobagem. E ele agora velho, funcionário de jornal, vendo o filme. Isso seria presente absoluto, e não arquivo. Se eu botasse as cenas depois, você ia vomitar. Em *Edifício Master*, tinha a mulher que já dançou no Japão. Eu queria filmá-la segurando uma fotografia em que aparece de pom-pom rosa enorme, com a mão no ombro de dois japonesinhos. Era fantástico! Mas eu esqueci e acabei filmando as fotos separado. Isoladas da presença humana, elas eram apenas arquivo. Quando foram filmadas? Um ano depois? Quando? Tanto faz. O passado só podia estar no filme se de alguma forma estivesse incorporado ao presente.

P. Nessa prática de levar fotos das pessoas, exibir o filme para elas, você está como que devolvendo as imagens que roubou. Existe culpa nisso?

R. Costumo dizer que o pecado original do documentário é o roubo da imagem alheia. Mesmo que seja autorizado, que siga todas as regras e que você tente ser fiel, sempre tem um pouco disso. O índio diz que rouba a alma. Walter Benjamin fala em devolver a imagem do povo. Para mim, é devolver não ao povo em geral, mas à pessoa em particular. No *Cabra* era isso todo o tempo: devolver o filme para os outros. Não só como algo altruísta. O filme foi exibido para eles também porque eu achava dramaturgicamente bom. No caso de *Boca de lixo*, eu trabalhava numa ilha de edição onde era possível congelar a imagem e tirar uma fotocópia. Achei aquilo um milagre! Então a gente tirava cópia de todo mundo que aparecia em close e levava de presente, para quebrar o gelo. Virou um elemento dramática e humanamente importante. Em outros casos, a intenção era presentear, mesmo. Aquilo tem um valor para aquela gente, que não tem fotos de família na parede, a não ser de casamento.

P. Em vários momentos as pessoas se referem à própria fala e aparência. Elas estão se autoconstruindo diante da câmera e demonstram controle sobre **a própria imagem. Até que ponto você estimula isso?**

R. Isso mostra que é uma filmagem. A Djanira, em *Babilônia 2000*, sai-se com essa definição de filmagem: "Nós demos o melhor de nós e vocês deram o melhor de vocês". Isso é o que vale, não adianta assinar contrato. Mas ela diz isso com uma certa pompa e arremata: "Falei bonito?". É extraordinário! Não tem esse discurso de que no documentário tudo é verdadeiro e natural. É teatro também. Tem a Roseli, que pergunta: "Passo um batonzinho ou você quer pobreza, mesmo?". Nada mais carioca do que isso. E ela está criticando o que muitos documentários são. Por exemplo, um menino de rua sabe perceber se você quer que ele seja mauzinho. "Então vou dizer que matei meu pai e minha mãe." Esse mesmo menino, se achar que você o quer infeliz, vai dizer: "Meu pai me estuprou...". Se a pessoa sabe o que o diretor quer, acabou!

```
11. Edifício Master.
Solidão e
sofrimento. O
documentário
encontra a matéria-
-prima do melodrama.
```

P. *Cabra marcado para morrer* foi uma matriz para seus documentários também enquanto construções em família. Pais, filhos, irmãos formam sempre uma rede entre suas personagens.
R. Isso é consciente. Quem faz filme no Brasil é geralmente intelectual de classe média ou que ascende à classe média. A família é aquilo do qual queremos nos livrar. A família é "careta". Ora, a minha família pode ser uma tragédia, mas eu quero saber o que é a família dos outros. O *Master* está cheio de referências a origem, paternidade, não saber a paternidade. Coisas do melodrama. O trabalho às vezes não é tão importante, mas a família é uma questão maior. É só perguntar para quem não tem. Para nós, intelectuais, o tema central é a opinião sobre o mundo.

P. Os moradores do edifício Master, por pertencerem a uma classe média baixa, pareceram mais ciosos da sua autoimagem e da imagem do prédio do que os habitantes das favelas onde você filmou antes?
R. Em relação à autoimagem, eles se preservam muito mais. Afinal, existe uma porta, uma campainha. Interior e exterior são muito claros. O apartamento é o refúgio. Na favela, a abordagem é mais simples porque interior e exterior são quase ligados. Em relação ao prédio, não. Esteja certo de que mais pessoas do Master falaram mal do edifício – embora nem todas estejam no filme – do que as do morro. O pessoal da favela tem uma noção maior de que não deve falar mal do lugar em que vive porque este já é estigmatizado. O prédio, ao contrário, não faz comunidade. Eu mesmo moro há trinta anos num prédio e não conheço ninguém. Adoro quando subo sozinho no elevador. Mas é claro que isso aumenta a solidão das pessoas.

P. À época do lançamento do filme, você insistia em dizer que esse não era um filme sobre a classe média. Por que isso era tão importante para você?
R. O filme é sobre pessoas singulares que moram num prédio, e que eventualmente são da classe média. Ao classificar as pessoas, você começa a objetivar o outro, tomá-lo como emblema de alguma coisa. Aí é sociologia, é a morte desse tipo de cinema. Equivale a um assassinato simbólico da pessoa. O típico pode aparecer depois, mas eu não estou preocupado com ele.

P. Não houve nenhuma reclamação ou cobrança por parte dos entrevistados depois de ver o filme pronto?
R. Não. Como eles não são figuras públicas, nem alimentam expectativas de ver a vida mudada por causa do documentário, fica uma gratuidade extraordinária. Por isso eles falam o que falam, e não falariam nunca para a TV Globo, *Big Brother*, talk shows etc., que iriam ao ar logo em seguida. Se eu fosse um repórter famoso da TV, mudaria tudo. As pessoas iriam "vender" suas "mercadorias". É claro que existe um teatro, mas não é contaminado pela noção de mercadoria. O fato é que em nenhum filme meu houve alguém que se tenha dito prejudicado.

P. Copacabana teria prédios muito mais exóticos, caso o interesse fosse esse…
R. Eu não queria o prédio-bordel. Não me interessa

o anormal. Ao contrário do que diz a lenda, de perto as pessoas são normais. Interessa-me encontrar no excepcional aquilo que é normal.

P. Você nunca havia se acercado tanto do seu próprio mundo como nesse filme. O que isso lhe trouxe de novo?
R. Sofrimento. Em matéria de produção, não houve qualquer problema. Mas, em termos humanos, acabou sendo uma experiência mais dolorosa do que a favela. Quando se elimina o problema da violência e da pressão econômica imediatas, aflora o cotidiano, com suas alegrias e dores anônimas. Ao final de cada dia de gravação, eu estava exausto de tantas experiências emocionais duras.

P. De cada depoimento de *Edifício Master* se poderia retirar um roteiro de ficção.
R. Este, junto com *Santo forte*, foi o filme mais "ficcional" que já fiz. A religião, em si, é uma construção ficcional. No cotidiano, a mesma coisa. Toda pessoa que passa uma memória para outra forçosamente ficciona, por vários motivos. Esse mundo do imaginário popular brasileiro é o que alimenta a vitalidade da telenovela, e isso bate neles de volta. São mundos que se comunicam. Há no filme diversos exemplos de melodrama familiar, inclusive o principal deles: quem é meu pai? Isso é matéria real e ao mesmo tempo de ficções. A história do abandono, do reconhecimento. Todo o filme é sobre vida privada. Pouco se fala de Brasil.

P. Copacabana só aparece enquanto referência verbal. Não lhe ocorreu conversar com alguns moradores do Master na rua?
R. A "prisão" no prédio era essencial. Eu tinha uma ideia que antecedeu o filme – a de que na cidade grande o problema é olhar e ser olhado. Janelas que dão para outras janelas... Ver sem ouvir, ouvir sem ver. Enquanto realizava o filme eu li alguns livros do [sociólogo e filósofo alemão] Georg Simmel, onde ele fala da inquietude e da solidão provocadas pelas relações de choque na grande cidade moderna. Acho que isso acabou repercutindo no que encontrei no Master.

12. Ficcionistas e documentaristas. Jonas Mekas, o antípoda amado. Claude Lanzmann, Frederick Wiseman.

P. Vinte anos depois de lançar *Cabra marcado para morrer*, você não sente vontade de atualizar a história?
R. Eu não gosto de voltar ao "local do crime". Se volto um dia no edifício Master ou no morro da Babilônia, só vou ter a rotina de um dia, o que é intolerável. É nesse sentido que os meus documentários têm muito de ficção. Rotina é chato, não dá filme. Aquela personagem que está maravilhosa no filme pode ser desinteressante na vida real. O filme é um condensado de um lugar e de umas pessoas que, enquanto reais, podem me decepcionar. É por isso que eles devem ficar contentes com os filmes. Lá estão maravilhosos...

P. Cite alguns documentaristas que lhe inspiraram de alguma maneira.
R. Vou dizer: Buñuel, Stroheim, Fritz Lang, Rossellini, Renoir, Cassavetes, Straub e Godard. Aí está – nenhum é documentarista.

É um pouco para dizer que às vezes se aprende muito mais com grandes ficcionistas. De Joris Ivens eu gosto quando ele fez som direto. Quando tem som, fica mais difícil idealizar. Flaherty era mais ficcionista do que Nelson Rodrigues, embora tenha nele uma coisa poética muito forte.

P. E Jean Rouch?
R. Rouch, sim. Quando entra o som direto, muda totalmente. Mas o cinema direto americano, de que vi pouco, não me emociona. Absolutamente extraordinário me pareceu *Shoah*, de Claude Lanzmann. Nove horas sobre nazismo no presente, sem uma única imagem de arquivo. Destaco dois filmes de Straub [e Danièle Huillet]: *Sicília!* [1999], que é ficção, e *A morte de Empédocles* [1987], que é o amor pelo som direto, sem off etc. Recentemente, chorei às bandeiras despregadas com *As I Was Moving Ahead, Occasionally I Saw Brief Glimpses of Beauty* [2001], do Jonas Mekas. Como todos os filmes dele, é um diário. Nesse caso, um diário-testamento, com narração gravada na própria moviola dele. O Jonas Mekas nunca montou um som sincronizado na vida. Quase nenhum plano tem mais de oito segundos, não tem um som real, é piano ou a voz dele, gravados anos depois. Ou seja, é tudo ao contrário do que eu faço, e, no entanto, eu chorei, porque nenhum filme me deu essa sensação do tempo que passa. Eu odeio o underground americano, mas o Mekas é um grande lírico. Ele põe uns cartões que eu gostaria de usar nos meus filmes: "Neste filme não acontece nada". E mais adiante: "Este é um filme político". Nada é mais glorioso do que isso!

P. Sem sair dos Estados Unidos, que tal o Frederick Wiseman?
R. Gosto de alguns, mas nada me apaixonou.

P. Ele também trabalha com as "prisões", no caso institucionais.
R. Exatamente. Ele tem uma regra espacial, mas a forma de aproximação é totalmente diferente. Ele jamais se dirige às pessoas. E tem esse vezo americano de que o filme tem que servir para alguma coisa. Eu não estou nessa. De certa forma, não quero que o filme sirva para nada, nem estou interessado na instituição.

P. Você nunca pensou que certas personagens que você filma são loucas e não têm noção do que estão representando ali?
R. Tem algo de loucura, como nós, mas eu não estou dizendo que eles são loucos. A comunidade que os cerca não vai passar a considerá-los loucos a partir daquilo.

BIOFILMOGRAFIA

1933: Nasce em São Paulo, a 11 de maio, filho de Maria Carolina de Souza Queiroz e Alberto de Oliveira Coutinho. Irmão de Jorge e Heloísa de Oliveira Coutinho. Mais tarde, ganharia a meia-irmã Silvia Cristina, do segundo casamento do pai.

1947: Frequenta cinemas e começa a participar de maratonas de memória em programas de rádio.

1952: Entra para a Faculdade de Direito da Universidade de São Paulo. Frequenta o cineclube do Museu de Arte Moderna de São Paulo.

Coutinho aos 15 anos com a irmã Heloísa em Campos do Jordão.

1953: Abandona o curso de direito.

1954: Assiste ao Seminário de Cinema no Museu de Arte de São Paulo – MASP. Ingressa no jornalismo, trabalhando como revisor e copidesque da revista *Visão* durante três anos.

1957: Ganha o correspondente a 2 mil dólares no programa *O dobro ou* *nada*, da TV Record, respondendo sobre Charles Chaplin. Com o dinheiro, viaja para a Europa. Participa do Festival da Juventude, em Moscou. De lá, segue para Paris, onde cursa o Institut des Hautes Études Cinématographiques (Idhec) com uma bolsa de estudos.

1958-9: Começa a fumar, em Paris. Frequenta a Cinemateca Francesa e o Théâtre des Nations. No Idhec, realiza o curta-metragem de ficção *Le Téléphone*, baseado em ópera de Gian Carlo Menotti, e um documentário encenado sobre La Maison du Brésil, onde morava. Ajuda o jornalista Michel Simon a traduzir para o francês as peças *Gimba, o presidente dos valentes*, de Gianfrancesco Guarnieri, e *Pluft, o fantasminha*, de Maria Clara Machado.

1960: Na Maison du Brésil, em Paris, dirige uma montagem da peça *Pluft, o fantasminha*, sua primeira e única experiência com direção teatral. Diploma-se nos cursos de direção e montagem do Idhec. Durante viagem de passeio, filma com Rolf Orthel um pequeno documentário, nunca editado, sobre a aldeia de Saint-Barthélemy, nos Alpes franceses. Retorna ao Brasil no final do ano.

1961: Faz assistência de direção para Amir Haddad na peça *Quarto de despejo*, de Eddy Lima, com produção de Antônio Abujamra, no Teatro de Arena. Aproxima-se do Centro Popular de Cultura (CPC) da União Nacional dos Estudantes (UNE), em São Paulo. Muda-se para o Rio de Janeiro em dezembro.

1962: Ajuda a produzir a peça *Mutirão em novo sol*, encenada durante o I Congresso dos Trabalhadores Agrícolas em Belo Horizonte. Faz a gerência de produção de *Cinco vezes favela*, primeiro longa-metragem do CPC. Durante a produção do episódio *Pedreira de São Diogo*, dirigido por Leon Hirszman, deixa a equipe para documentar o Brasil a bordo da UNE Volante. Filma em vários estados, mas o material não chega a ser montado. Por meio da UNE Volante tem seu primeiro contato com Elizabeth Teixeira, viúva do líder camponês João Pedro Teixeira, recém-assassinado em Sapé, Paraíba. Ao retornar ao Rio de Janeiro, é convidado a dirigir o segundo longa do CPC. Sugere adaptar poemas de João Cabral de Melo Neto. Viaja para Pernambuco, seguindo o curso do rio Capibaribe, mas João Cabral retira a autorização de uso dos poemas. Coutinho resolve, então, fazer um filme sobre João Pedro Teixeira.

Coutinho com Rolf Orthel em Paris.

1963: Colabora na produção do documentário *Maioria absoluta*, de Leon Hirszman. Atua no filme *Os mendigos*, de Flávio Migliaccio. Pesquisa e reúne recursos para a produção de *Cabra marcado para morrer*.

1964: Em fevereiro, começa a filmar *Cabra marcado para morrer*. Os trabalhos no engenho Galileia (Pernambuco) são interrompidos pelo golpe militar de 31 de março de 1964. A equipe refugia-se e os materiais são dispersos.

1965: É corroteirista do longa-metragem *A falecida*, baseado em Nelson Rodrigues e dirigido por Leon Hirszman. Faz gerência de produção do documentário *Rio, capital mundial do cinema*, de Arnaldo Jabor.

Coutinho por volta de 1966.

1966: Em substituição a Nelson Pereira dos Santos, originalmente escalado para dirigir o episódio brasileiro do longa-metragem *ABC do amor* (coprodução entre Argentina, Brasil e Chile), escreve e dirige *O pacto*.

1967: Colabora no roteiro de *Garota de Ipanema*, dirigido por Leon Hirszman, e faz uma pequena figuração no filme. Escreve um primeiro tratamento, não aproveitado, de *Engraçadinha depois dos trinta*, adaptação do romance *Asfalto selvagem*, de Nelson Rodrigues. Substituindo Luiz Carlos Maciel, dirige seu primeiro longa-metragem, a comédia política *O homem que comprou o mundo*, em que também colabora no argumento, faz o roteiro final e uma figuração no papel de mendigo.

1968: Viaja para a Bulgária, onde *O homem que comprou o mundo* foi exibido no Festival da Juventude e, a convite, para a Tchecoslováquia, onde presencia a invasão das tropas soviéticas. Atua em *Câncer*, de Glauber Rocha, finalizado somente em 1972.

1969: Com Armando Costa, escreve os argumentos de *A vingança dos doze*,

BIOFILMOGRAFIA 337

dirigido por Marcos Farias, e de *Faustão*.

1970: Escreve o roteiro e dirige o longa-metragem *Faustão*. Em Pernambuco, conhece Maria das Dores de Oliveira, com quem se casaria e teria os filhos Pedro e Daniel.

1971-4: Trabalha como copidesque e eventual crítico de cinema no *Jornal do Brasil*.

1972-6: É corroteirista de três longas-metragens de ficção: *Os condenados* (1974), de Zelito Viana, *Lição de amor* (1975), de Eduardo Escorel, e *Dona Flor e seus dois maridos* (1976), de Bruno Barreto.

1975-84: Convidado a trabalhar na redação do *Jornal Nacional* da TV Globo, prefere juntar-se à equipe do *Globo Repórter*. Além de editar programas e exercer uma série de outras funções, dirige reportagens curtas e seis documentários, a saber: *Seis dias de Ouricuri* (1976), *Superstição* (1976), *O pistoleiro de Serra Talhada* (1977), *Theodorico, o imperador do sertão* (1978), *Exu, uma tragédia sertaneja* (1979) e *O menino de Brodósqui* (1980).

Atua também como um dos editores do programa *Domingo Gente*.

1981-2: Retoma o projeto de *Cabra marcado para morrer*, agora como documentário de recuperação da memória histórica. Reencontra Elizabeth Teixeira e seus vários filhos, assim como camponeses envolvidos com a produção de 1964. Colabora no roteiro de *Índia, a filha do sol*, de Fábio Barreto.

1983: É responsável pela edição e texto da parte documentária da série *Anarquistas, graças a Deus*, dirigida por Walter Avancini e exibida na TV Globo em 1984. Assiste e se encanta com *Shoah*, de Claude Lanzmann.

1984: Amplia *Cabra marcado para morrer* para 35 mm e lança o filme, causando comoção por onde passa. Exibido em vários países, ganha prêmios em festivais no Rio de Janeiro, em Paris (Cinéma du Réel), Havana, Berlim, Tróia (Portugal) e Salso (Itália), entre outros.

1985: Exibe *Cabra marcado para morrer* pelo mundo afora. É um dos criadores do departamento de vídeo do Instituto Superior de Estudos da Religião (Iser).

1986: Trabalha com Helena Salem na pesquisa e roteirização da série *90 anos de cinema – uma aventura brasileira*, dirigida por Eduardo Escorel e Roberto Feith, exibida em 1988 pela TV Manchete. Dirige o documentário *Tietê – um rio que pede socorro*, episódio da série *Os caminhos da sobrevivência*, coordenada por Washington Novaes e exibida na TV Manchete. É um dos fundadores do Centro de Criação de Imagem Popular (Cecip).

1987: Dirige o documentário *Santa Marta – duas semanas no morro*, iniciando parceria com Sergio Goldenberg.

1988: Começa a preparação do documentário de longa metragem *O fio da memória*.

1989: Dirige com Sergio Goldenberg o documentário *Volta Redonda – memorial da greve*. Com produção do Cecip, realiza o documentário *O jogo da dívida: quem deve a quem?*

1991: Conclui *O fio da memória*, coproduzido com a Televisión Española, La Sept/Arte e Channel Four.

1992: Com produção do Cecip, dirige os documentários *A lei e a vida* e *Boca de lixo*, iniciando parceria com Theresa Jessouroun.

1993: Com uma bolsa da Fundação Vitae, inicia pesquisa para a realização de um documentário sobre a saga da construção da ferrovia Madeira-Mamoré, projeto que não se desenvolveu.

1994: Dirige o documentário em vídeo *Os romeiros do Padre Cícero* para a televisão alemã ZDF.

1995: Dirige para o Cecip o vídeo *Seis histórias*, no qual Jordana Berg estreia como sua montadora. Com Theresa Jessouroun, realiza o institucional *A casa de Darcy*. Roteiriza a série *Imagens da história*, dirigida por Zelito Viana para a TV Educativa.

1996: Dirige para o Cecip o documentário *Mulheres no front*.

1997: Dirige para o Cecip os documentários *A casa da cidadania*, *Semente da cidadania* e *Dá pra segurar!*. A convite da TV Educativa, pesquisa para o projeto da série *Identidades brasileiras*, que não foi produzida. Dá início às filmagens de *Santo forte*. Valéria Ferro estreia como sua técnica de som direto.

1999: Realiza para o Cecip o vídeo *Um lugar para se viver*. Estreia o longa-metragem *Santo forte*, em que utiliza pela primeira vez o processo de *transfer* de vídeo para película e relança sua carreira nos cinemas.

2000: Dirige o documentário de longa metragem *Babilônia 2000* com cinco equipes autônomas na noite de Ano Novo. À produção do Cecip se associam pela primeira vez João Moreira Salles e a VideoFilmes. Jacques Cheuiche estreia como seu diretor de fotografia e Beth Formaggini faz a primeira de suas várias colaborações com Coutinho. Realiza o curta em vídeo *Porrada!* com a TV Pinel, para evento sobre os cinquenta anos da televisão no Brasil. Dirige um institucional sobre o Programa Infância Desfavorecida no Meio Urbano (Pidmu).

2001: Dirige o documentário de longa metragem *Edifício Master*, consagração da maturidade e do método do diretor. Beth Formaggini filma os bastidores de *Edifício Master* em *Apartamento 608: Coutinho. doc*. Ganha bolsa da Fundação Guggenheim para o projeto "À sombra de São Paulo", nunca realizado. Daniela Muzi, Daniela Santoro, Maria Aparecida Costa e Maria Eduarda Mattar fazem o documentário *Cinema de reportagem – a obra de Eduardo Coutinho*.

2002: Lança *Edifício Master*. Faz a voz (off) do juiz em *Madame Satã*, de Karim Aïnouz.

2002-3: Dirige o documentário de longa metragem *Peões* em paralelo a *Entreatos*, de João Moreira Salles.

2003: Faz a voz (off) do personagem do pai no documentário *Nelson Freire*, de João Moreira Salles. É editado no Brasil o livro-entrevista *O cinema segundo Eduardo Coutinho*, de Claudio M. Valentinetti. O Centro Cultural Banco do Brasil (SP) realiza a primeira retrospectiva abrangente das diversas fases da sua obra e edita importante catálogo. É homenageado no 7º Festival de Cinema Luso-brasileiro de Santa Maria da Feira (Portugal) com o lançamento do livro *Eduardo Coutinho: o homem que caiu na real*, de Carlos Alberto Mattos.

2004: Lança *Peões*. Na Paraíba, filma os encontros do longa-metragem *O fim e o princípio* e tem sérios problemas de saúde. Consuelo Lins lança o livro *O documentário de Eduardo Coutinho: televisão, cinema e vídeo*.

2005: Lança *O fim e o princípio*. Recebe do governo federal a Ordem do Mérito Cultural.

2006: Filma o longa-metragem *Jogo de cena*.

2006-7: Com o pseudônimo Chantecler, escreve colunas de horóscopo satírico na revista *piauí*.

2007: Lança *Jogo de cena*. No Festival de Gramado, recebe o primeiro Kikito de Cristal pelo conjunto da obra.

2008: Filma o longa-metragem *Moscou*. Alexandre Carlomagno faz o documentário *Cabra marcado para viver*. Felipe Bragança organiza coletânea de entrevistas para a série de livros *Encontros*.

2009: Lança *Moscou*. Grava a programação de TV que resultaria no longa-metragem *Um dia na vida*. O MoMA de Nova York faz retrospectiva de sua obra.

2010: *Um dia na vida* é exibido em sessões semiclandestinas. René Tardin faz o documentário *Coutinho repórter*.

2011: Dirige o documentário de longa metragem *As canções*. O Festival Internacional de Documentários de Amsterdã (IDFA) faz retrospectiva de seus filmes.

2012: Os festivais É Tudo Verdade e Edoc (Equador) fazem retrospectivas de suas obras. María Campaña Ramia e Cláudia Mesquita organizam o livro *El Otro Cine de Eduardo Coutinho*, lançado no Equador.

2013: Refaz o contato com alguns personagens de filmes anteriores para o projeto "Reencontro", descontinuado. Na Paraíba, revisita personagens para *A família de Elizabeth Teixeira* e *Sobreviventes de Galileia*, extras do DVD de *Cabra marcado para morrer*. Filma os encontros que resultariam em *Últimas conversas*. Concede entrevista a Carlos Nader, que dá origem ao longa-metragem *Eduardo Coutinho, 7*

João Moreira Salles, José Carlos Avellar e Coutinho em pré-estreia de *Moscou*.

Diploma da Academia de Hollywood.

de outubro. Participa como entrevistador do filme *Sete visitas*, de Douglas Duarte. É convidado a integrar a Academia de Artes e Ciências de Hollywood. O Museu Reina Sofía (Madri) e a Mostra Internacional de Cinema de São Paulo fazem retrospectivas de seus filmes. É homenageado na Flip – Festa Literária Internacional de Paraty. É lançada a coletânea de textos e entrevistas *Eduardo Coutinho*, organizada por Milton Ohata.

2014: Em janeiro, aceita convite para fazer um filme sobre o massagista do voleibol Luisão para o projeto Memória do Esporte Olímpico Brasileiro. É morto pelo filho Daniel Coutinho a 2 de fevereiro. Em clima de intensa comoção, vários personagens de seus documentários comparecem ao seu funeral. O Instituto Moreira Salles lança o DVD de *Cabra marcado para morrer* e realiza retrospectiva de seu trabalho. Claudio Bezerra lança o livro *A personagem no documentário de Eduardo Coutinho*. O Movimento dos Trabalhadores Rurais Sem Terra (MST) cria a Brigada Audiovisual Eduardo Coutinho.

2015: Jordana Berg monta e João Moreira Salles finaliza o longa-metragem *Últimas conversas*, que estreia postumamente.

2016: O Pacific Film Archive da Universidade de Berkeley faz mostra de seus filmes. A *Folha de S.Paulo* produz o média-metragem *Reencontros com Eduardo Coutinho*, dirigido por João Wainer.

2017: Eliska Altmann e Tatiana Bacal iniciam a organização de série de livros sobre filmes de Coutinho vistos por cientistas sociais e cineastas. Os festivais Ambulante (México) e de Cartagena de las Indias (Colômbia) fazem retrospectivas de sua obra.

2018: Milena de Moura Barba dirige *Canções em Pequim*, reeditando na China o formato de *As canções*.

2019: O Instituto Itaú Cultural realiza a exposição *Ocupação Eduardo Coutinho* e apoia, junto com o Instituto Moreira Salles, a edição deste livro. Josafá Veloso estreia o documentário *Banquete Coutinho*. Jordana Berg passa a integrar a Academia de Artes e Ciências de Hollywood.

Filmes e vídeos de Eduardo Coutinho

Le Téléphone (1959)
La Maison du Brésil (1959)
Saint-Barthélemy (1960, inacabado)
O pacto (1966, episódio do longa *ABC do amor*)
O homem que comprou o mundo (1968)
Faustão (1970)
Seis dias de Ouricuri (Globo Repórter, 1976)
Superstição (Globo Repórter, 1976)
O pistoleiro de Serra Talhada (Globo Repórter, 1977)
Theodorico, o imperador do sertão (Globo Repórter, 1978)
Exu, uma tragédia sertaneja (Globo Repórter, 1979)
O menino de Brodósqui (Globo Repórter, 1980)
Cabra marcado para morrer (1964-1984)
Tietê – um rio que pede socorro (1986)
Santa Marta – duas semanas no morro (1987)
Volta Redonda – memorial da greve (1989, codireção de Sérgio Goldenberg)
O jogo da dívida: quem deve a quem? (1989)
O fio da memória (1988--1991)
A lei e a vida (1992)
Boca de lixo (1992)
Os romeiros do Padre Cícero (1994)
Seis histórias (1995)
A casa de Darcy (1995, codireção de Theresa Jessouroun)
Mulheres no front (1996)
A casa da cidadania (1997)
Semente da cidadania (1997)
Dá pra segurar! (1997)
Um lugar para se viver (1999)
Santo forte (1999)
Babilônia 2000 (2000)
Porrada! (2000)
Edifício Master (2002)
Peões (2004)
O fim e o princípio (2005)
Jogo de cena (2007)
Moscou (2009)
Um dia na vida (2010)
As canções (2011)
A família de Elizabeth Teixeira (2013)
Sobreviventes de Galileia (2013)
Últimas conversas (2015, finalizado por João Moreira Salles)

ÍNDICE ONOMÁSTICO

Ab'Sáber, Tales 125
Abujamra, Antônio 43, 130, 336
Acciaresi, Angel 62
Aïnouz, Karim 62, 339
Alencar, José de 109
Allende, Salvador 312
Almeida, Débora 262-63
Altmann, Eliska 28, *103*, *106*, *150*, *171*, 200, 208, *210-11*, *214*, *220*, *222*, 226, *243*, *260*, *269*, 341
Amado, Jorge 59
Amaury Jr. 279
Amorim, Ofélia 55
Andrade, Fábio 275
Andrade, João Batista de 98-99, 146, 216
Andrade, Joaquim Pedro de *45*, 63, 70, 76, 98
Andrade, Mário de 59, 223-24
Andrade, Oswald de 59
Aniceto 155, 227
Anysio, Chico 71, 313
Araújo, Eliakim 160
Araújo, Inácio 155

Araújo, Mateus 297
Aronovich, Ricardo *71*, 74
Arraes, Miguel 54, 109
Arthuso, Raul 275
Assis, Chico de 44
Assis, Francisco de 12
Aun, Bianca 29
Aureliano, Liana 63, 312
Avancini, Walter 338
Avellar, José Carlos 57, 94, *167*, 184, 300, *340*
Azeredo, Ely 94, 313

Bacal, Tatiana *103*, *106*, *150*, *171*, *210-11*, *214*, *220*, *222*, *243*, *260*, *269*, 342
Baptista, Arnaldo 240
Baratier, Jacques 307
Barba, Milena de Moura 240, 302, 341
Barcellos, Caco 140
Barrault, Jean-Louis 35
Barreto, Fábio 59, 338
Barreto, Luiz Carlos 59
Barros, Arildo de 270

Barros, Luís de 94
Bastos, Othon 127
Batista, Cícero Romão (Padre Cícero) 169-70, 172, 326-27
Bazin, André 35
Bedran, Bia 160
Beethoven 188
Bellezia, Alberto *264*, 271
Beltrão, Andréa 16, *242*, 259-63
Benedek, László 312
Benevides, Carolina 28, 248
Benjamin, Walter 228, 276, 296, 330
Berg, Jordana 13, 18, 136, 174, 185, 198, 203, 215, 236-37, 243, 245, 247, 249-50, 262, 276-78, 292, 329, 339, 341
Bergman, Ingmar 42, 307
Bernardet, Jean-Claude 43, 123, 258, 265-66, 282, 290, 297, 307, 320,
Bernhardt, Sarah 42
Bernstein, Arthur 70
Bethânia, Maria 74
Beto, Carlos Moreira 28

Bezerra, Claudio 127, 129, 239, 341
Bezerra, Theodorico 104-07, 256
Bezerra dos Santos, Agnaldo 157
Biáfora, Rubem 34
Bispo do Rosário 322
Bitter, Daniel 171
Bloch, Débora 259
Blota Júnior 36
Bó, Armando 62
Boal, Augusto 43-44
Bodanzky, Jorge 98
Bom, Djalma 216, 220
Boni (José Bonifácio de Oliveira Sobrinho) 315
Borges, Miguel 45, 309
Borges, Vavy Pacheco 28
Bosch, Hieronymus 81
Bourdieu, Pierre 296
Bragança, Felipe 108, *208*, 340
Brecht 42, 308
Bresser-Pereira, Luiz Carlos 115
Brito, Antônio Carlos de (Cacaso) 59
Bruno, Maria Carlota 127
Buñuel, Luis 34, 94, 96, 297, 332

Calazans, Teca 115
Caldeira, Osvaldo 98
Calheiros, Waldyr 146, 325
Callado, Antonio 53
Calleia, Joseph 94
Camargo, Aspásia 150
Campos, Aurélio 36
Campos, Denilson 300
Campos de Almeida Braga, Almir 55
Camus, Marcel 192, 213, 329
Capeller, Ivan 268
Capovilla, Maurice 97
Capra, Frank 95
Cardoso, Fernando Henrique 147, 195
Cardoso, Laura 259
Cariry, Rosemberg 170
Carneiro, Mario 74

Cartola 240
Carvalhaes, Shirley 300
Carvalho, Vladimir 53, 55, 114, 124-25
Carvana, Hugo 61, 71
Casaldáliga, Pedro 149
Cassavetes, John 297-98, 332
Castelo Branco, Humberto de Alencar 109
Cavalcanti, Alberto 37, 94
Ceccon, Claudius 13, 28, 57, 114, 135, 148
Chabrier, Irène 39
Chacrinha 317
Chantecler (pseudônimo de Coutinho) 87, 340
Chapelin, Sérgio 98, 109
Chaplin, Charles 36, 44, 94, 297, 299, 306-07, 336
Cheuiche, Jacques 13, 28, 136, 193-94, 198, *201*, 203-04, 243, 245, 250-51, 271, 293-94, 339
Cheval, Ferdinand 151
Cloquet, Ghislain 38
Coelho, Paulo 89
Coimbra, Carlos 80
Collor de Mello, Fernando 147, 158
Combe, Georges 123
Conniff, Ray 75
Corisco 79
Cortés, Fernando 62
Cortez, Raul 71
Costa, Armando 71, 78, 313, 337
Costa, Maria Aparecida 302
Coutinho, Alberto de Oliveira 335
Coutinho, Daniel de Oliveira 93, 115, 136, 193, 208, 247, 249, 299-30, 338, 341
Coutinho, Heloísa de Oliveira 28, 34-35, 335
Coutinho, Jorge de Oliveira 335
Coutinho, Pedro de Oliveira 93, 115, 338
Coutinho, Silvia Cristina 335
Couto, José Geraldo 240

Cristiano Júnior 156
Cruz e Souza, Ercy da 155, *157*
Cukor, George 94
Cunha, Euclides da 84

Da-Rin, Silvio 19, 126
Dahl, Gustavo 76, 97
Dantas, Marcello 167, 267
De Sica, Vittorio 94
Deleuze, Gilles 15
Diaz, Enrique 268-272
Diegues, Cacá *45*, 309
Dines, Alberto 93
Dreyer, Carl 243
Duarte, Douglas 250, 256, 302, 341
Duarte, Fernando 53
Duarte, Rogério 312
Dumont, José 170
Dutra, Vera 226

Eduardo, Cléber *257*
Élis, Bernardo 59
Enya 240
Escorel, Eduardo 28, 56, 59, 115, 116, *124*, 130, 170, *250*, 274, 282, 289-90, 295, 300-1, 319, 338
Estevam, Carlos 44, 308
Estrela, Nonato 113

Fabris, Mariarosaria 183
Fagundes, Coriolano 125
Falcão, Andréa 171
Faria, Reginaldo *66, 69*
Farias, Marcos *45*, 53, 63, 77, 107, 309, 338
Farkas, Thomaz 23, 169, 312
Feith, Roberto 130, 338
Feldman, Ilana 275
Fernando (tio) 36
Ferraz, Eucanaã 234
Ferreira, Mário 99
Ferreira, Virgulino (Lampião) 79
Ferro, Marc 122
Ferro, Valéria 13, 28, 198, 238,

201, 240, 250, 271, 295
Field, Syd 312
Figueiredo, João Baptista 114
Filho, Aderbal Freire 268
Filho, Antunes 43
Filho, Jardel 71, 311
Flaherty, Robert 124, 333
Flaubert, Gustave 87, 276
Fleischmann, Peter 38
Ford, John 94
Formaggini, Beth 28, 127, 198, 208, 210, 241, 292, 301, 339
Francisco (papa) 171
Franco, Itamar 147
Fregolente 74
Frei, Eduardo 312
Freire, Madalena 55
Freire, Paulo 55, 135
Fróes, Gisele 259
Fry, Peter *150*
Furtado, Jorge 162

Gaia, Valmir 108-09
Galano, Ana Maria 158
Garcia, Bel 268
Garcia, Léa 259
Gardnier, Ruy *257*
Gaudí, Antoni 151
Gervitz, Roberto 146
Godard 332
Goffman, Erving 297
Goldenberg, Sergio 28, 136, 143-45, 301, 325, 338
Gomes, Eliezer *80, 84*
Gomes, Jorge *80*
Gomes da Silva, Sérgio 160
Gonçalves, Maria Nilza 16, 263
Gonçalves, Milton 71, 115, 154
Gonzaga, Ademar 94
Gonzaga, Luiz 109, 267
Gonzaguinha 267
Goulart, João 44, 54, 311
Griffith, D. W. 38
Grillo, Gilda 43, 307
Grumbach, Cristiana 28, 136, 189,

193, 198, 208, 258, 260, 267, 301
Guarnieri, Gianfrancesco 42-43, *307*, 336
Guelero, Lana 263
Guerra, José 74-76, 313
Guerra, Ruy 308
Guimarães, Patrícia 183
Guimarães, Zeca 28, 238
Gullar, Ferreira 118, 154, 221

Haddad, Amir 12, 44, 148, 336
Hamburger, Cao 131
Hamburger, Esther 302
Hamburger, Tom 131
Hawks, Howard 298
Henfil 104, 317
Hesse, Herman 89
Hime, Francis 74
Hirszman, Leon 44-45, 52, 57-58, 63, 70, 77, 107, 146, 216, 221, 297, 308, 336-37
Hitchcock, Alfred 60, 307
Hölderlin 298
Hudon, Wieslaw 123
Huillet, Danièle 297, 333

Isabel (princesa) 150, 322
Ivens, Joris 38, 123, 297, 333

Jabor, Arnaldo 15, 63, 337
Jackson, Michael 139
Jacobbi, Ruggero 35
James, Henry 96
Jessouroun, Theresa 136, 167, 232, 301, 339
João Paulo II (papa) 184
Joplin, Janis 195
Julião, Francisco 44, 53,
Justino, Manoel 127

Kalatozov, Mikhail 38
Kelly, Grace 75
Kiarostami, Abbas 204, 324
King, Henry 312

Kogut, Sandra 260
Kubitschek, Juscelino 196
Kubrick, Stanley 71
Kuhn, Rodolfo 66
Kusnet, Eugênio 74

Labaki, Amir 28
Lacerda, Felipe 280
Lage, Natália 259
Lang, Fritz 297, 332
Langlois, Henri 35
Lanzmann, Claude 297-98, 332-33, 338
Le Corbusier 38
Leandro, Anita *257*
Leão, Nara 60
Lee, Spike 139, 323
Lessa, Bia 268
Lévi-Strauss, Claude 151, 296
Lhomme, Pierre 38-39
Lima, Eddy 336
Lima Jr., Walter 70, 97, 99
Lins, Consuelo 28, 107, 138, 192, 199, *209*, *212*-13, 227-28, 230, 264-*65*, 281, 301
Littín, Miguel 66
Liuzzi, Laura 28, 87, 234, 237, 242, 276, 288
Loewental, Fritz 88
Lubitsch, Ernst 95
Lula da Silva, Luiz Inácio 146-47, 149, 156, 215-16, 218-23, 279
Lund, Kátia 13, 140-41, 192
Lutfi, Dib 66, 111, 317

MacDougall, David 297
Machado, Maria Clara 42, 336
Maciel, Luiz Carlos 70, 312-13, 337
Maciel, Manoel Deodoro 157
Magno, Carlos 77
Maia, João 234
Malaparte, Curzio 123, 128
Malraux, André *295*
Maria Bonita 79

Maria de Jesus, Carolina 44
Marker, Chris 38, 280
Martins, Helder 170
Marzo, Cláudio 71
Masini, Fernando 108
Mattar, Maria Eduarda 302, 339
Mauro, Humberto 36, 94,
Medeiros, José *79*, 84
Medeiros, Katia 160
Mekas, Jonas 298, 332-33
Melo Neto, João Cabral de 47, 308
Mendes, Nelson Teixeira 80
Mendonça, Acir 47
Menezes, José Antônio *100*
Menotti, Gian Carlo 39, 336
Mesquita, Cláudia 28, *104*, 164, *209*, 220, 228, 230, *274*, 340
Migliaccio, Flávio 60, 71, 75, 115, 337
Minc, Carlos 159
Miranda, Julio César de 28
Mocarzel, Evaldo 302
Moisés, Chico 227, 230-31
Monteiro, Régis 74
Montenegro, Fernanda 57
Moraes, Paulo de 37, 268
Moraes, Vinicius de 37, 58, 239-40
Moreira, Cid 98, 101
Moreira, Eduardo 270-71
Motta, Zezé 259
Moura, Edgar 113, 118-*19*, 121,*124*, 294
Müller, Anna Luiza 29
Murnau 42
Muzi, Daniela 302, 339

Nader, Carlos 207, *214*, 228, 243, 245, 257, 303, 340
Negra Li 259
Neves, David 56
Neves, Luiz 311
Nicolau, Rosane 28
Niemeyer, Oscar 144
Nilsson, Leopoldo Torre 62
Niskier, Clarice 259

Novaes, Washington *100*, 130, 316, 338
Novaes e Cruz, Adelina 28

Obama, Barack 223, 279
Ohata, Milton 34, *42*, 94, 96, *116*, *126*, *205*, 210, *220*, *234*, *239*, *249*, *258*, *275*, *277*, *297*, *302*, 341
Oliveira, Domingos 97, 260
Oliveira, Márcio Amaro de (Marcinho VP) 139-40, 321
Oliveira, Maria das Dores de 93, 338
Oliveira, Osvaldo de 80
Oliveira, Wolney 170
Ordones, Simone 270
Oricchio, Luiz Zanin 17
Orico, Vanja 60
Orthel, Rolf 38, 42, 47, 307, 336
Overbeck, Martha 127

Paranaguá, Paulo Antônio 86
Pearce, Larry 96
Pedro II 150
Peixoto, Inês 270
Penna, Hermano 98
Penoni, Isabel *269*
Pêra, Abel 74
Pêra, Marília 16, 41, 71, 75, 259, 262-64
Pereio, Paulo César 74
Pereira, Geraldo 193, 208, 242
Pessanha, Pablo 167
Piccolo, Ernesto 28, 236, 260, 268, 292, 299
Piolet, Marc Henri *257*
Pires, Roberto 74
Pirmez, Emily 243
Planchon, Roger 313
Plínio Marcos 77
Portinari, Cândido 100, 111
Portinari, João Cândido 111
Prazeres, Heitor dos 173
Presmann, Elie 39

Queiroz, Maria Carolina de Souza 335
Queiroz, Raquel de 296

Rains, Claude 94
Ramia, María Campaña *274*, 340
Ramos, Graciliano 87
Rancière, Jacques 296
Rangel, Bárbara 300
Ranvaud, Donald 192, 329
Renoir, Lean 297, 332
Rescala, Tim 136, 167, 175
Resnais, Alain 38
Ribeiro, Isabel *66*
Ribeiro, Lucila 43
Rieper, Ana 211, *211*, 240
Rimbaud, Arthur 42
Ripper, Luiz Carlos 107
Riskin, Robert 95
Roberto Carlos 67, 222, 232, 237, 273, 289, 312-13
Rocha, Glauber 57-58, 61, 70-71, 80, 98, *100*, 337
Rodrigues, Jofre 57
Rodrigues, Márcia 74
Rodrigues, Nelson 57-59, 312-13, 333, 337
Rogéria 74
Rolando 77
Rosa, Guimarães 227, 296
Rosa, Noel 238-39
Rose, Stephen [Estêvão Rosa, Etienne Rose (pseudônimos de Coutinho)] 34, 86-87
Rossellini, Roberto 297
Rossini, Rogério *124*
Rouch, Jean 185, 262, 297, 326, 333
Roulien, Raul 96

Sá, Luís Felipe 190
Sadoul, Georges 36
Saldanha, Jorge 113, *124*
Salem, Helena 58, 130, 338
Sales Gomes, Paulo Emílio 35, 37

Salles, João Moreira 13, 18, 28, 57, 62, 86, 101, 127, 129, 137, 140-41, 192, 198, 206, 213-15, 218, 236, 241, 243, 249-50, 256, 259, 262, 266, 272-73, 276, 288-301, 329, 339-41
Salles, Murilo 280
Salles, Walter 78, 192
Salvá, Alberto 98
Santoro, Daniela 302
Santos, Américo 21, 28
Santos, Edison 99, 101
Santos, Gabriel Joaquim dos 297, 322, 324
Santos, João Francisco dos (Madame Satã)
Santos, Jorge 196
Santos, Josimar 196
Santos, Nelson Pereira dos 44, 63, 93, 311, 312, 337
Saraceni, Paulo César 70, 98
Saraiva, Leandro *104*, 205, 249
Sarli, Isabel 62
Sarno, Geraldo 98, 170
Schwarz, Roberto 125
Selonk, Patricia 259
Serra, José 215-16
Serran, Leopoldo 59
Shakespeare, William 78, 81, 87, 313
Shatovsky, Alberto 94
Silva, Benedita da 156, 235
Silva, Heidy Vargas *100*
Silva, José Mariano Santana da 53, 120
Silva, Sinval 158
Simmel, Georg 296, 332
Simon, Michel 42, 307, 336
Simonal, Wilson 240
Sinatra, Frank 203
Soares, Jofre 170
Soares, Paulo Gil 97-98, 316
Soto, Helvio 66
Souza, Luiz Carlos (Luizão) 130
Souza, Rosilene Batista de 225

Spyer, Cecilia 235, *238*
Stam, Robert 165-66
Storck, Henry 123
Straub, Jean-Marie 297-98
Stroheim, Erich von 297, 332
Sucksdorff, Arne 195

Talina (tia) 34, 181
Tania Alves 115
Tanko, J. B. 59
Tapajós, Renato 146, 216, *220*, 222
Tavares, Gerson 63, 310
Tavares, Maria da Conceição 147, 149
Taylor, Elizabeth 96
Tchekhov, Anton 268-69, 271, 296
Teixeira, Abraão 113, 120-21, 126-27, 318
Teixeira, Carlos *120*
Teixeira, Elizabeth Altino 27, *46*-47, 51, 53, 55, 112-14, 120-*124*, 126-129, 177, 181, 184, 230, 235, 241, 294, 300, 309-11, 318-19, 336, 338
Teixeira, Humberto 240
Teixeira, Isaac 113, 128
Teixeira, João Pedro 46, 51-53, 100, 113, 116, 120-21, 123, 128, 336
Teixeira, José Eudes 127, 300
Teixeira, Juliana Elizabeth 128
Teixeira, Maria José 128
Teixeira, Marinês 127
Teixeira, Marta 127
Teixeira, Nevinha 128
Teixeira, Peta 300
Teresa Cristina (imperatriz) 150
Thiré, Cecil 53
Thomson-Deveaux, Flora 300
Timberg, Nathalia 74
Toledo, Sérgio 146
Tom Zé 240
Tonacci, Andrea 266
Torres, Fernanda 16, 259, 261-64, 291
Trinh T. Minh-ha 265
Troell, Jan 95
Truffaut, François 309

Valente, Eduardo *257*
Valentinetti, Claudio M. 339
Varda, Agnès 38
Vargas, Darcy 173
Vargas, Edith Maria 173
Vargas, Getúlio 144, 173
Vargas, Maja 183
Vavá 223
Vellozo, Fábio 28
Veloso, Josafá 292, 303, 341
Viana, Nilson 97, 314
Viana, Zelito 28, 57, 59, 70-71, 114, 130, 311, 338-39
Vianna, Fernanda *242*, 270
Vianna, Vera *66*, 67, *69*
Vianna Filho, Oduvaldo 52
Viany, Alex 44-*45*, 94
Vieira, Tuca 29
Villaça, Paulo 43, 307
Visconti, Luchino 42, 52, 307, 310
Viveiros de Castro, Vanda 129
Voltaire 74, 313

Waack, William 279
Wainer, João *242*, 303
Wanderléa 67, 273, 289, 312
Welles, Orson 44, 78
Wilde, Oscar 87
Wiseman, Frederick 332
Wisnik, José Miguel 234
Wittgenstein 187

Xavier, Ismail 234, 257

Zaluar, Amélia 151
Zangrandi, Raquel 28, 225
Zumbi 150
Zurlini, Valerio 176

Boitempo

Direção geral
Ivana Jinkings

Comercial
Frederico Indiani, Higor Alves, Ivam
Oliveira, Joanes Sales, Maurício
Barbosa, Raí Alves, Talita Lima,
Tulio Candiotto

Comunicação
Artur Renzo, Clarissa Bongiovanni,
Dharla Soares, Heleni Andrade,
Kim Doria, Marina Valeriano

Editorial
Carolina Mercês, Isabella Marcatti,
Livia Campos

Financeiro-administrativo
Débora Rodrigues, Elaine Ramos,
Luciana Capelli, Marlene Baptista

Jinkings Editores Associados Ltda.
Rua Pereira Leite, 373
05442-000 São Paulo SP
Tel.: (11) 3875-7250 / 3875-7285
editor@boitempoeditorial.com.br
www.boitempoeditorial.com.br

Instituto Moreira Salles

Presidente
João Moreira Salles

Superintendente executivo
Flávio Pinheiro

Equipe editorial
Acássia Correia, Denise Pádua,
Flávio Cintra do Amaral e
Samuel Titan Jr.

Digitalização e tratamento de imagens
Joanna Americano Castilho
(coordenação)
Nrishinro Mahe

Instituto Moreira Salles
Av. Paulista, 2439, 6º andar
CEP: 01311-936
São Paulo - SP
www.ims.com.br

Itaú Cultural

Presidente
Milú Vilela

Diretor-Superintendente
Eduardo Saron

Superintendente administrativo
Sérgio Miyazaki

Núcleo de Audiovisual e Literatura
Gerência: Claudiney Ferreira
Coordenação: Kety Nassar
Produção executiva: Ana Paula
Fiorotto e Paula Bertola
Roteiro, captação e edição: Karina
Fogaça

Núcleo de Memória e Pesquisa
Gerência: Tatiana Prado
Coordenação: Eneida Labaki
Produção executiva: Fernando Galante

Núcleo de Comunicação e
Relacionamento
Gerência: Ana de Fátima Souza
Coordenação: Carlos Costa
Equipe: Yoshiharu Arakaki

Itaú Cultural
Av. Paulista, 149
CEP: 01311-000 São Paulo SP
Tel.: (11) 2168 1777
atendimento@itaucultural.org.br
www.itaucultural.org.br

© desta edição, Boitempo, 2019
© Carlos Alberto Mattos, 2019

Todos os direitos reservados.

Edição e preparação: Tiago Ferro
Coordenação editorial: Isabella Marcatti
Revisão: Lívia Deorsola, Livia Lima, Andressa Veronesi
Índice onomástico: Andressa Veronesi
Capa, projeto gráfico e diagramação: Mika Matsuzake
Produção gráfica: Acássia Correia

Créditos das imagens
p. 2 (esq.), 3, 30, 33, 37, 43, 60, 87, 90, 335, 336 – Acervo familiar
p. 2 (dir.), 48, 71, 72, 75, 114, 120 – Divulgação Mapa Filmes
p. 4, 152 – Divulgação Cinefilmes
p. 132, 162, 168 – Divulgação Cecip
p. 6, 193, 196, 197, 238, 283 – Zeca Guimarães
p. 7, 252, 271, 272 – Bianca Aun
p. 39, 40, 41, 56, 102, 105, 110, 111, 140, 145, 176, 232, 244, 352 – Fotogramas dos filmes/vídeos
p. 46 – Alberto Ferreira/Agência JB
p. 54 – Mário Rocha
p. 61 – Divulgação São José Filmes
p. 64, 68, 80, 82 – Divulgação Saga Filmes
p. 78 – Paulo Martins
p. 118, 218, 221, 226, 258, 279, 341 – Acervo IMS
p. 124 – Ana Maria Galano
p. 157 – Cleumo Segond
p. 5, 178, 186, 187, 190 – Cláudia Linhares Sanz
p. 200, 201, 204, 219 – Márcio Bredariol
p. 237, 291 – Carlos Alberto Mattos
p. 247 – Leonardo Souza
p. 264 – Divulgação VideoFilmes
p. 295 – Rolf Orthel
p. 337 – Ricardo Aronovich
p. 340 – Anna Luiza Müller

CIP-BRASIL. CATALOGAÇÃO NA PUBLICAÇÃO
SINDICATO NACIONAL DOS EDITORES DE LIVROS, RJ

M39s
Mattos, Carlos Alberto, 1954-
Sete faces de Eduardo Coutinho / Carlos Alberto Mattos. - 1. ed. - São Paulo :
Boitempo : Itaú Cultural : Instituto Moreira Salles, 2019.
: il.

Biofilmografia e índice onomástico
ISBN 978-85-7559-727-9 (Boitempo)
ISBN 978-85-7979-126-0 (Itaú Cultural)

1. Coutinho, Eduardo, 1933-2014 - Crítica e interpretação. 2. Coutinho, Eduardo, 1933-2014 - Entrevistas. 3. Diretores e produtores de cinema - Biografia - Brasil. I. Título.

19-59469   CDD: 927.9143
                                            CDU: 929:791

É vedada a reprodução de qualquer parte deste livro sem
a expressa autorização da editora Boitempo.

1ª edição: outubro de 2019

Coutinho com a claquete do projeto *Reencontro* (2013), não realizado.

Publicado em outubro de 2019, por ocasião da Ocupação Eduardo Coutinho do Itaú Cultural, cinco anos após a morte do cineasta, este livro foi composto em Adobe Garamond Pro, corpo 11/15, e impresso em papel Pólen Bold 90 g/m² pela Edições Loyola para a Boitempo, o Instituto Moreira Salles e o Itaú Cultural, com tiragem de 2 mil exemplares.